ДЛЯ ВСЕХ СОВРЕМЕННЫХ БИЗНЕСМЕНОВ!

С этой книгой вы
освоите современный язык,
на котором говорят
и понимают друг друга
представители всех слоев
бизнес-сообщества.

Ron Sturgeon

GREEN WEENIES
and
DUE DILIGENCE

Insider Business Jargon —
Raw, Serious and Sometimes Funny

Mike French Publishing
Lynden, Washington

Рон Стерджен

Рон Стерджен
Супертолковый иллюстрированный
англо-русский
словарь
делового
жаргона

более **1200**
современных выражений

Санкт-Петербург
Прайм-ЕВРОЗНАК

УДК 811. 111: 65(038)
ББК 81.2 англ. — 4 + 65
С79

Права на перевод получены соглашением
с Mike French Publishing, 1619 Front Street, Lynden, WA 98264
при содействии Columbine Communications and Publications,
16707 Saddle Court, Sonora, CA, USA 95370.

Все права защищены. Никакая часть данной книги
не может быть воспроизведена в какой бы то ни было форме
без письменного разрешения владельцев авторских прав.

Стерджен, Р.
С79   Супертолковый иллюстрированный англо-русский словарь делового жаргона / Рон Стерджен. — СПб.: Прайм-ЕВРОЗНАК, 2009. — 412 [4] с.: ил.

ISBN 978-5-93878-823-7

С этой книгой вы легко освоите современный язык, на котором говорят и понимают друг друга представители всех слоев бизнес-сообщества. Словарь состоит из 12 разделов по числу отраслей и сфер бизнеса, в которых активно употребляются те или иные слова и устойчивые выражения. Каждое выражение не только объясняется, словарь приводит пример ситуации реального общения, где они употребляются сильно, точно и к месту.

Этот толковый словарь обогатит лексику современного бизнесмена любого уровня, и особенно тех, кто ведет совместный бизнес или выходит на международный уровень. Для студентов экономических факультетов, вузов, курсов МВА этот словарь станет настольной книгой не только по предмету «английский бизнес-язык», но и ярким, увлекательным гидом-справочником по бизнесу вообще. Книга принесет массу удовольствия любому человеку, начинающему или продолжающему изучать современный английский язык.

Научно-популярное издание

Рон Стерджен

**СУПЕРТОЛКОВЫЙ ИЛЛЮСТРИРОВАННЫЙ
АНГЛО-РУССКИЙ СЛОВАРЬ ДЕЛОВОГО ЖАРГОНА**

Иллюстрации *Gahan Wilson*
Художественный редактор В. Гусаков

Подписано в печать 12.11.2008. Формат 84х108^1/$_{32}$.
Усл. печ. л. 21,84. Тираж 3 000 экз. Заказ № 9318.

«ПРАЙМ-ЕВРОЗНАК». 195220, Санкт-Петербург, пр. Непокоренных, д. 17, к. 4
Общероссийский классификатор продукции ОК-005-93,
том 2; 953000 — книги, брошюры

Издание осуществлено при техническом участии ООО «Издательство АСТ».
ОАО «Владимирская книжная типография». 600000, г. Владимир, Октябрьский пр-кт, д. 7.
Качество печати соответствует качеству предоставленных диапозитивов

© 2005 by Ron Sturgeon
© Перевод с английского: Шейко-Маленьких И., 2008
© Издание на русском языке: «Прайм-ЕВРОЗНАК», 2009
© Серия, оформление: «Прайм-ЕВРОЗНАК», 2009

ISBN 978-5-93878-823-7
ISBN 0-9717031-1-6 (англ.)

Содержание

Предисловие 6
Вступление 12

Часть I
«Зеленый новичок»

Глава 1. Жаргон и все то, без чего никак не обойтись 17
Глава 2. Менеджмент и стратегические вопросы 111
Глава 3. Маркетинг и продажи 142
Глава 4. Бухгалтерия, инвестиции, контракты и технологии 157
Глава 5. Работники и операции 192
Глава 6. Бизнес-планирование, приобретения и лишения 231

Часть II
Усердие все превозмогает

Глава 7. Жаргон 274
Глава 8. Вложения 301
Глава 9. Бухгалтерия 312
Глава 10. Банки: заем и ссуда 338
Глава 11. Недвижимость, страхование и контракты 354
Глава 12. Бизнес-планирование, приобретения и ликвидация 371
Терминологический словарь 381

Предисловие

Когда Рон попросил меня написать предисловие к своей новой книге «Супертолковый иллюстрированный англо-русский словарь бизнес-жаргона», я был одновременно польщен и обрадован. За те 20 лет, что мы с Роном знакомы, я успел понять, что написать эту книгу следовало только ему и никому другому. Рон из тех людей, встреча с которыми запоминается на всю жизнь.

Есть такие люди, которым все удается, и есть другие — у них получается все, что нужно первым. Рон относится к первой категории — он человек действия. Начав почти что с нуля (его отец умер, когда Рон заканчивал школу), он добился всего, о чем мечтал, — добился умом, воображением, ясностью видения и неукротимой энергией. Там, где другие впадают в ступор при виде непроходимых завалов, он четко выстраивает алгоритм действий. Книга «Супертолковый иллюстрированный англо-русский словарь бизнес-жаргона» не просто перечень деловых терминов и их значений. Она вводит в мир нового языка — что может помочь проворачивать большие дела. У Рона есть видение перспективы, которое позволило ему достигнуть невероятного.

Слова об «уникальности» издания обычно сразу набивают оскомину покупателям книжных серий. Через их руки прошли тысячи, если не миллионы обложек, и поверить в неповторимость нового экземпляра становится невозможно. Но и для них у меня есть новости. Увидев эту книгу, они убедятся, что такое все же случается. Множество опубликованных словарей и цитатников посвящено отнюдь не тем словам, что звучат в Америке на заседаниях советов директоров компаний, — зато здесь они приводятся во всей красе. Бизнесу присуще свое наречие, и подобно тому, как языки разбиваются на диалекты, профессии тоже порождают свои пословицы и поговорки.

Данная книга полезна для любого читателя: и для опытного босса, и для молодого предпринимателя, лишь только приоткрывающего дверь в мир сделок, который теперь сможет не тратить годы на изучение нюансов языка бизнесменов. Согласитесь, не так уж редко на переговорах звучат выражения, смысл которых нам неизвестен. Однако попросить разъяснений подчас значит выставить себя полным профаном и стать объектом насмешек. Поэтому человек, не понимающий термин, предпочитает «набрать воды в рот», чем выказать свое невежество.

Рон обладает уникальным опытом, позволяющим писать подобные книги. Достойный Мюнхгаузена подход «спасение из болота — дело рук самого бегемота» дает ему возможность подойти к привычным вещам с неожиданной стороны. Окончив одну только школу, он заключил по меньшей мере две грандиозные сделки, участвуя в финансовых проектах с миллионным оборотом. На его месте я взял бы девиз «Миссия выполнима!» — ведь Рон никого и ничего не страшится. Он знает, «почем фунт лиха и фунт изюма»; «набив себе шишки во всех местах», он стал непревзойденным мастером переговоров.

Я познакомился с Роном в 1985 году, когда он пригласил меня для консультаций, так как не знал, что делать со своим кладбищем ржавых автомобилей. Под моим руководством он осуществил компьютеризацию своего бизнеса. Я сразу увидел в нем человека, имеющего цель и желающего ее достичь; он же использовал свои знания и советы для того, чтобы вдвое поднять уровень продаж за четыре месяца. Не помню, чтобы кто-то до или после него добился таких же успехов. Уже тогда он начинал учить многие слова, приведенные в книге, и выглядел весьма колоритной фигурой.

В последующие годы мне все больше нравилось с ним работать. Впрочем, многостороннее личное дарование Рона произвело на меня сильное впечатление еще с первых дней знакомства. Мне нравилось, что он не боится бросать вызов самому себе. Рон всегда принимал к сведению критику (неважно, прямую или дипломатичную, от друзей или от врагов) как возможность вынести урок и измениться в лучшую сторону. Немногим из нас удается «отделить послание от гонца», беспристрастно его оценив, и принять эффективные меры исходя не из эмоций, а смысла, если таковой имеется. Такое умение нам всем следовало бы впитать с молоком матери. Способность Рона понять, чего же он хочет, и доходчиво объяснить это другим (когда с добрым юмором, когда саркастично, однако всегда очень бурно) строилась по кирпичикам, воплощенным в предлагаемых оборотах.

Из всех, кого я встречал, Рон обладает самым развитым воображением; добавьте к этому дар рекламы и продвижения товаров. Приведу пример. Решив торговать подержанными запчастями, причем сугубо в розницу, Рон весь первый месяц продаж каждый день выдавал бесплатно автомобиль. Акция, разумеется, вызвала всеобщий ажиотаж. День удовольствия обходился ему в сотню долларов, поскольку раздаваемую рухлядь на колесах Рон накануне приобрел по полтиннику.

Выражения, включенные в книгу, укрепили его творческое мышление — и, надеюсь, таким же образом помогут читателю.

Мне довелось со стороны наблюдать, как Рон расширял свою империю металлолома. Один из его талантов состоит в потрясающем умении добывать деньги и управляться с ними. В 1992 году я наблюдал, как хитроумно он выкупил склад первоклассных, но очень потрепанных автомобилей у разорившейся фирмы, переложив на плечи продавцов всю финансовую ответственность. Он и вправду хорошо знает смысл всех приводимых в книге словечек и умеет их к месту использовать. Некоторые забавные выражения, если ввернуть их в нужный момент, могут обезоружить даже опытного краснобая, облегчив вам дальнейший переход к сути дела.

Уверенность в себе у Рона росла вместе с объемом словаря, и в итоге он провернул самую впечатляющую сделку в духе легенды о Давиде и Голиафе. В 1997 году, когда фирма *ADP* (*Automatic Data Processing*) с нарушением антимонопольного законодательства приобрела поставщика компьютерного обеспечения, программами которого пользовался Рон, мистер Стерджен лично отправил электронные письма более чем четырем тысячам своих коллег. В посланиях он просил их высказать возражения, если им кажется, что сделка нарушает условия честной конкуренции. Совершенно самостоятельно Рон чуть ли не наизусть выучил антимонопольное законодательство — как, впрочем, и многое другое. Американское министерство юстиции получило 127 им же заготовленных жалоб (их отправили вышеупомянутые адресаты четырех тысяч писем) и начало расследование обстоятельства сделки. Во время процесса адвокат подсудимого спросил Рона, что он знает о компании *Oracle**.

«Oracle? — переспросил Рон. — Знакомое слово, оно мне где-то уже встречалось. Ваша честь, это случайно не название одной из планет?»

Полагаю, уже тогда Рон был тем еще хитрюгой. Впрочем, он и сейчас станет уверять вас, что не знал, что такое *Oracle*. На суде он валял дурака, уверяя всех, что он простой собиратель ржавых железок, «яма на широком шоссе компьютерного прогресса». В конце концов фирму *ADP* присудили к уплате крупного штрафа; под угрозой оказалось само существование этой компании, понесшей убытки в десятки миллионов долларов. К чему здесь этот рассказ? Помните, что, вооружившись новыми выражениями, целеустремленностью и волей к самообразованию, вы тоже способны свернуть любые горы.

Следующим шагом Рона стало сплочение 320 коллег в ограниченное партнерство с британской компанией, что позволило создать новое компьютерное обеспечение для переработчиков автомобильного лома, принесшее ему миллионы долларов. Тем временем, продолжая работать над собой, Рон узнал много нового о компьютерах и программах — и, конечно, выучил новые полезные обороты.

---

* *Oracle* – одна из крупнейших компаний на рынке программного обеспечения для бизнеса, систем обработки баз данных и прочих компьютерных наворотов.

В 1999 году Рон продал свое дело компании Ford Motor, ринувшись в создание империи недвижимости. Затем, как часто случается, вместе с тремя другими вкладчиками он выкупил у *Ford Motor* свой филиал, включавший шесть «точек», когда-то открытых Роном, и еще 20 новых отделений по всем Соединенным Штатам. Молодой «помоечный пес» заматерел и стал одним из вожаков в своей области.

Заслуживает внимания его первая книга «Ваш первый миллион долларов на малом бизнесе»*. Опубликованная в четырех странах за пределами США, она сейчас готовится к третьему переизданию.

Рискованные, но легальные комбинации позволили Рону «на своей шкуре» ощутить соль и перец тех выражений, которыми он теперь делится с окружающими. Что, кстати, лишний раз говорит о его всегдашнем невероятном великодушии и отсутствии эгоизма. Согласитесь, черты эти присущи немногим; большинство авторов носятся со своими идеями, как настоящие скупердяи (от чего, кстати, сами же мучаются). Рон же призывает всех вслед за ним расширять свой словарь — и кругозор, естественно.

Книга «Супертолковый иллюстрированный англо-русский словарь бизнес-жаргона» объемлет целый спектр профессий и специальностей. Не сомневаюсь, что она понравится каждому, кто когда-либо стеснялся спросить о смысле нового для себя выражения.

Особенно же я рекомендую эту книгу тем, кто учится предпринимательству или надеется другим путем когда-нибудь войти в мир бизнеса. В книге приводится рассказ Рона о том, как его однажды увещевали не выдавать «язык посвященных» посторонним. Однако советчик, как и многие другие, не знал, с кем связался.

Даже сейчас, став невероятно преуспевающим дельцом, Рон помнит себя мальчиком, заработавшим первый доллар на старом «фольксвагене». Поэтому он не упускает случая «протянуть руку помощи» начинающим.

Готовьтесь не раз улыбнуться по ходу чтения — как от текста, так и от замечательных рисунков Гаэна Уилсона.

---

* *Р. Стерджен, Д. Фитцпатрик.* Ваш первый миллион долларов на малом бизнесе — СПб., Прайм-ЕВРОЗНАК, 2009.

Обещаю, что это чтение доставит вам редкое по глубине удовольствие.

Помните также девиз «Миссия выполнима!». Обороты, что вам предлагаются, могут стать инструментами для воплощения вашей мечты. Вас ждут развлечение и обучение одновременно. Постарайтесь увидеть Рона таким, каким его вижу я: при каждом удобном случае смакующим свои сочные выражения с неистребимым техасским произношением. Тогда, не сомневаюсь, вам станет ясно, почему он — лучший кандидат на создание этой книги.

Большинство из нас найдет, что почерпнуть из копилки Рона Стерджена. Не побоюсь сказать, что нам исключительно повезло слушать «курс лекций» в исполнении самого «профессора».

ХОВАРД НУСБАУМ,
*основатель компании Inc. 500,
почти всю жизнь проработавший консультантом
по улаживанию конфликтов*

Вступление

Несколько слов в преддверии слов.

Предполагаю, что люди вроде меня, не окончившие даже колледжа, нечасто берутся за составление словарей или справочников. Формальное образование мне заменил жизненный опыт. Тем, кто знает меня, известно, как я неравнодушен к бизнесу. Порой мне больно бывает смотреть на то, как в нем блуждают другие, — настолько, что всей душой хочется помочь тем, кто делает первый шаг. Жизнь убедила меня, что для воплощения своей мечты иметь «корочки» не обязательно: всем необходимым знаниям человек может научить себя сам.

Мой отец умер, когда я был еще школьником; вскоре мне стало негде жить. Все наследство составило две тысячи долларов (отец надеялся, что я отдам их на обучение в колледже) и старый «фольксваген», которым я владел «на паях» с братом. Вскоре мы открыли мастерскую по «воскрешению» старых «фольксвагенов»; работая без выходных и живя в доме на колесах, я даже тогда не мог спокойно говорить о бизнесе. Я жадно, словно губка, впитывал из окружающего мира все, что могло меня хоть чему-нибудь научить.

В 1977 году, через шесть лет после окончания школы, я получил возможность купить целый парк домов на колесах. «Выбирай: или они, или я», — сказала моя подружка. Я выбрал не в ее пользу, а она, соответственно, не в мою. Что тут скажешь...

Впоследствии я увлекся починкой машин, переживших аварию. Сложив в одном месте тридцать пять бывших автомобилей, я стал разбирать их на запчасти. Власти города потребовали, чтоб я убрал «свалку металлолома». Пришлось взять в аренду участок земли, возвести разборный шатер и открыть в нем первое из тех предприятий, что впоследствии гордо назвались «центрами переработки». Тогда же, сказать по правде, это больше напоминало помойку.

Еще в молодости я познакомился с Брайаном Нерни и Глинтом Джорджем. Они стали для меня лоцманами в море финансов, помогая учиться всему: от процедуры приобретения и списания имущества до кредитования, маркетинга и стратегических исследований. Глинт помог мне разработать план маркетинга, особо отмеченный в 1994 году публикацией журнала «*INC Magazine*».

Начав дело с одним работником — моим братом-близнецом, — я вскоре возглавил предприятие из 150 человек, имевшее шесть отделений по всему Техасу и 15-миллионный объем продаж. В 1999 году я продал дело компании *Ford Motor*, доведя продажи до уровня 25 миллионов долларов в течение следующих полутора лет. Подробности моей биографии можно найти на сайте www.autosalvageconsultant.com.

Сейчас мне 51 год, и я продолжаю учиться. Если у вас пропало ощущение, что вы учитесь, в этом виноваты только вы сами. Надеюсь, что моя первая книга «Ваш первый миллион долларов на малом бизнесе» воодушевила вас на то, чтобы продолжать самообразование, читая книги по своей теме.

Идея данной книги родилась лет шесть назад, когда я впервые услыхал оборот «зеленый новичок». Встречаясь с другими дельцами (включая кредиторов и потенциальных покупателей рискового капитала), мне стало ясно, что у них есть множество выражений и поговорок, известных только «своим». Спрашивать, что они значат, казалось бестактным; меж тем далеко не все обороты становились ясны из контекста. Вскоре для записи новых единиц «словаря» я стал брать на встречи свой наладонник. Партнеры, видя это, делали паузу, чтобы, рассмеявшись, послушно дать мне нужное определение. Затем я показывал список почти всем, кого знал или кому был представлен, прося их добавить недостающие словечки.

«Полевые» презентации машин для кредиторов и партнеров-акционеров были напряженным, но интересным мероприятием. Посещавшая их публика в выражениях не стеснялась, однако далеко не все из них оказались печатными.

Поиск оборотов «через третьи руки» оказался труднее, чем я ожидал. Большинство людей в обычной беседе не могли привести больше одного-двух примеров употребления бизнес-терминов. Однако опрошенные прямо-таки фонтанировали этой лексикой, оказавшись в привычной «протокольной» ситуации, когда выражения сыпались из них, как из рога изобилия. Другими словами, люди владели «языком бизнеса», не умея его описать.

Первое размещение акций я произвел в 1998 году, незадолго до того, как фирма *Ford Motor* начала «закидывать удочки» насчет покупки моего предприятия. Хотя все происходило чаще по-домашнему, чем в официальной обстановке, мне пришлось иметь дело с инвесторами, вникая в смысл таких «умных» слов, как «график раскрытия счетов» (то есть график дисклоуза*), «официальный представитель», «судебное распоряжение». Тогда же я познакомился с Джо Меннесом, оказавшимся невероятным кладезем стратегических планов и помогавшим мне собирать средства.

Последующие переговоры с *Ford Motor* обогатили мою копилку новой серией выражений. По условиям сделки я проработал вместе с *Ford Motor* еще полтора года, после чего сделал второе размещение акций, призванное начать повторный аукцион по продаже моего бизнеса. Спустя несколько месяцев на нас вышла фирма *Copart* (самый крупный игрок в этой нише) с намерением поглотить зарождающееся предприятие. Исполнительный директор фирмы Уиллис Джонсон тоже, как и я, начинал с автомобильного лома. Вскоре мы «продались» фирме *Copart*, и я узнал новые фигуры речи.

Надеюсь, мне и дальше удастся непрерывно пополнять мой список; пока что это делается почти еженедельно.

---

* Дисклоуз — норма страхового права, предусматривающая обязанность страхователя немедленно поставить в известность страховщика о любых фактах, характеризующих объект страхования, которые имеют существенное значение для суждения об изменении степени риска, принятого на страхование.

Я продолжу обновлять эту книгу при помощи всех оборотов, которые мне дано выучить. Буду признателен всем читателям, предложившим новые единицы словаря или уточнившим значения уже имеющихся. Пишите мне по адресу rons@greenweenies.com.

На одной из деловых встреч с фирмой венчурного капитала ее директор заметил, как я записываю новое слово. Он спросил, что происходит; я объяснил. Директор не замедлил сделать мне внушение, сказав, что этот жаргон (или сленг, если угодно) разрабатывался целые годы ценой многомиллионных потерь и приобретений. Новичкам, продолжал он, следует набивать себе те же шишки, что украсили их предшественников; а вот позволять им «срезать углы» — дело неблагородное. Закончил он буквально следующим: «Не дари наши слова всяким выскочкам; пусть помучаются, чтобы уроки лучше запомнились». Как вы уже догадались, я не внял совету.

Бизнес, включающий в себя ведение дел, заключение сделок, контроль финансовых потоков, приобретения и лишения, чреват всякими неожиданностями, что вовлекает в его орбиту весьма колоритных героев. Одно несомненно: предприниматель любого уровня нуждается в том или ином виде помощи. Знание «языка посвященных» будет помогать вам изо дня в день, не говоря уже о том, что сделает вас менее пресной фигурой. Мои партнеры часто говорят, что общение со мной заменяет им телевизор, театр и цирк, вместе взятые. Но, повторюсь, я продолжаю учиться.

Книгу я разделил на две части. В «Зеленую крошку» вошли в основном «шутки юмора», в раздел «Усердие все превозмогает» я включил серьезные слова, которые вы наверняка встретите и захотите понять. В обоих разделах я своевольно разделил высказывания или слова на главы, относящиеся к тем сферам предпринимательства, где, на мой взгляд, наиболее велик шанс их встретить — или к месту употребить.

Надеюсь, вам так же понравится знакомство с результатом, как нравился мне процесс сбора материала.

Рон Стерджен

Часть I

«ЗЕЛЕНЫЙ НОВИЧОК»

Конечно же, написание именно этого раздела доставило мне максимум удовольствия. Некоторые обороты словно сами просились на страницы еще до того, как я понял, что составляю словарь. Предлагаемый список далек от полноты; думаю, что не вошедшие в него выражения исчисляются сотнями. В большинстве случаев я добавил фразы, поясняющие, как правильно употреблять то или иное словечко. Намереваюсь пополнить книгу при переиздании. Имейте в виду, что в конце дается инструкция для желающих прислать мне новые слова или комментарии.

Глава 1

ЖАРГОН И ВСЕ ТО, БЕЗ ЧЕГО НИКАК НЕ ОБОЙТИСЬ

Большинство терминов первой главы могут быть использованы во многих областях бизнеса, так что я не ограничил их каким-либо одним разделом.

ALPHA DOG (*букв.: собака класса «Альфа», собака-вожак*). Прирожденный лидер. Человек, увлекающий за собой масштабом личности, идеями, убеждениями, обаянием, или харизмой, не обязательно вызванной званием или положением. В упряжке ездовых собак главенствует именно *alpha dog*, поскольку он хороший лидер, хотя не всегда самый крупный или сильный пес.

ENG | The positive reactions to Mike's commanding presence during the meeting made it obvious that he's the **alpha dog** in our group.

RUS | *Положительное отношение к тому, что Майк верховодил во время встречи, показало что он прирожденный лидер.*

AMBULANCE CHASER (*букв.: охотник за «скорой помощью»*). Термин из разряда пренебрежительных, обозначающий профессионала или поставщика услуг, который распоряжается деньгами клиентов, недавно переживших несчастье или находящихся под впечатлением от чужого горя. Выражение произошло от названия личных юристов, которые сопровождают жертв по дороге в больницу с места происшествия.

ENG | I can't believe Susan temporarily moved to San Francisco to find clients who want to sue their insurance companies after the big mudslide. She's such an **ambulance chaser**.

RUS | *Я не могу поверить, что Сьюзан временно переехала в Сан-Франциско в поисках клиентов, которые хотят возбудить дело против* своих страховых компаний после больших скандалов. Ведь она так любит «нагреть руки на чужой беде» (**ambulance chaser**).

ARROW HAS LEFT THE BOW (*букв.: стрела сорвалась с тетивы*). Покаянный или злорадный способ сказать, что уже поздно что-либо менять в деле, проекте или операции из-за того, что они привели к неожиданным результатам, когда «поезд уже ушел», и «почки отвалились». (См. также: *Shoot and then aim* и *Toothpaste is out of the tube*.)

ENG | Ted commented that by the time the agency's marketing and distibution plan had been approved and implemented, **the arrow had left the bow**, and perhaps consumer-testing in more markets should have been conducted first.

RUS | *Тед высказал мнение, что к тому времени, как план агентства по маркетингу и распространению был одобрен и претворен в жизнь, было уже поздно что-либо менять (**the arrow had left the bow**), и, возможно, вначале следовало провести проверку уровня спроса на большем количестве рынков.*

ARROWS IN THE/YOUR BACK (*букв.: стрелы в спине*). Обозначает испытания, выпадающие на долю отважных мыслителей, лидеров и людей, склонных к риску. Выйдя на тропу бизнеса, трудно уклониться от множества летящих стрел. Лидеры со *стрелами в спинах* накопили большой опыт — где-то хороший, где-то плохой, где-то дорого обошедшийся; но так или иначе ценный. В России про таких говорят: «тертый калач», «стреляный воробей», «прошедший огонь и воду». (См. также *Scars on my body* и *Dirty fingernail person*.)

ENG | Having all those **arrows in our backs** is an expensive way to learn that we can't always buy real estate and furn a profit. There are too many market variables that can change.

RUS | *Все эти синяки и шишки (**arrows in our backs**) – дорогой способ выучить, что сама по себе покупка недвижимости не всегда прибыльна. Существует множество параметров рынка, которые могут меняться.*

ASSHOLES AND ELBOWS (букв.: *задницы и локти*). Выражение относится к людям, зарывающимся с головой в работу. Когда из тонущей лодки вычерпывают воду, видны одни зады и мелькающие локти.

ENG | The situation got so tough as we got closer to the deadline that it became **assholes and elbows**.

RUS | *Когда до крайнего срока сталось всего ничего, всем пришлось работать, как проклятым, настолько все было тяжело (**assholes and elbows**).*

BAKE YOUR NOODLE (букв.: *запечь лапшу*). Предоставить услугу, обычно не входящую в стандартный набор. Соответствует русским выражениям: «погладить шнурки», «вывернуться наизнанку».

ENG | Brian asked David, «if I **bake your noodle** and prepackage the part, then will you buy it?»

RUS | *Брайан спросил Дэвида: «Если я "расшибусь в лепешку" (**bake your noodle**), но упакую эту запчасть, тогда ты ее купишь?»*

BALLOON (букв.: *воздушный шар*). Обозначает идею или концепцию. *Воздушный шар* отпускается в воздух, и если идея слаба или не имеет смысла, в него можно выстрелить из дробовика. (См. также: *Out of the box* и *Straw man*.)

ENG | Sylvester, our doggedly persistent **balloon** guy, floated several ideas at our staff meeting, but most of his **balloons** on boosting efficiency were rejected as unworkable.

RUS | *Сильвестр, наш упорный и настойчивый генератор идей (**balloon** guy), выдвинул несколько пред-*

ложений на собрании персонала, но большинство его прожектов (**balloons**) *по стимулированию эффективности были отвергнуты как недееспособные.*

BANANA PROBLEM (*букв.: задачка на банан*). Проект настолько простой, что даже большая бессловесная горилла может с ним справиться. Обычно используется в сочетаниях: «один банан» для очень легкого и «два банана» для просто легкого задания. Аналогично русским выражениям: «ежу понятно», «детский сад», «яйца выеденного не стоит».

ENG | What's taking him so long to get your office set up? It's a two **banana problem** at most.

RUS | *Почему он так долго ставит нам офисные программы? Это же пара пустяков (two* **banana problem***).*

BAPTISM OF FIRE (*букв.: крещение огнем, боевое крещение*). Трудная ситуация, с которой столкнулась компания или человек, она способна привести к крупной неудаче или грандиозному успеху. Например: публичное размещение акций; новый директор нанят для управления борющейся компанией; попытки поглощения предприятия конкурентами. Человека, пережившего *крещение огнем* и уцелевшего, признают «настоящим стреляным воробьем», «прошедшим огонь, воду и медные трубы».

ENG | Pete, having saved at least five plants from closure, had surely proved that he could survive a **baptism of fire**.

RUS | *Пит, спасший от закрытия как минимум три завода, убедительно доказал, что «прошел боевое крещение»* (**baptism of fire**)*.*

BE CAREFUL WHAT YOU ASK FOR, YOU JUST MIGHT GET IT (*букв.: проси осторожно, ведь ты можешь получить, что просишь*). Собственно, примерно это и означает. Будьте осторожны с тем, что вы ищете или требуете, поскольку вы можете получить желаемое, и оно повернется к вам неожиданной стороной. Я в свое время служил в компании интернет-игр, которая отчаянно стремилась к расширению круга своих пользователей. И тут без нашего ведома корпорация *Microsoft* назвала последнее наше детище «игрой дня» и сообщила об этом на своем сайте. В течение дня игру попытались загрузить более 100 тысяч человек. Наш сервер не выдержал нагрузки, и мы оказались отрезаны от Интернета — что отнюдь не хорошо, если вы хотите зарабатывать в Сети. (См. также: *Dog chasing* и *Catching the car*.)

ENG | In my early negotiations with Ford Motor Co. I told my friend and negotiator Brian to tell Ford «to shove it». He quickly asked me if that was what I really wanted. Brian warned, «**Be careful what you ask for, you might just get it**», and pointed out that I was risking a lot with my words, as Ford might walk away forever.

RUS | На предварительных переговорах с компанией Ford Motor я попросил своего друга и коллегу Брайана Ford Motor послать к черту. Он быстро спросил, уверен ли я, что вправду хочу этого. Брайан предупредил: «Умерь запросы, ведь ты можешь получить, что просишь» (**Be careful what you ask for, you might just get it**), и указал, что я многим рискую, говоря так, ибо Ford Motor мог уйти от нас навсегда.

BEE WITH A BONE (*букв.: пчела с костью*). Человек, озабоченный тем, что не относится к сфере его компетенции и даже к проблемам его уровня. Вообразите, на что была бы похожа пчела, взявшаяся за кость.

ENG | Jerry is a real **bee with a bone**. He's only an intern, but he complains about our recent executive restructuring.

RUS | *Джерри слишком много о себе воображает (**bee with a bone**). Он всего лишь практикант, но уже смеет судить о перестановках в руководстве.*

BELT AND SUSPENDERS (букв.: *ремень и подтяжки*). Дополнительные ресурсы, требующиеся для поддержки амбициозного или трудного бизнес-плана. Дополнительное исследование, например, стало бы *ремнем и подтяжками* для обеспечения макроанализа всех пунктов бюджета. С момента, когда этот анализ завершен, вы можете быть уверены, что цифры или другие данные правильны и никого не подведут. Это также относится к тому, что принято называть *Plan B* («План Б», резервный план или обеспечение безопасности в случае провала). Выражение, близкое к русскому «подстелить соломку», может также описывать по-настоящему отзывчивого человека или команду, которые воистину могут стать *ремнем и подтяжками*; без их способностей к воплощению планов идея может провалиться. (См. также: *Plan B.*)

ENG | Although the manufacturing division had all the required capability for our new product lines, the distribution channels would surely need a **belt and suspenders**, including more trucks and drivers, as this division was low on several resources.

RUS | *Производственное подразделение имело все необходимые для запуска новых товарных линий мощности, но каналы распределения нуждались в должной поддержке (**belt and suspenders**), включая увеличение количества грузовиков и водителей. Это подразделение испытывало недостаток ресурсов.*

BETWEEN THE DEVIL AND THE DEEP BLUE SEA *(букв.: между чертом и глубоким синем морем)*. Ситуация, требующая принять решение, когда все варианты, как Сцилла и Харибда, неприятны или нежелательны. Это напоминает пребывание между скалой и пропастью и называется также *Hobsons choice*. И вправду, что бы вы предпочли — встречу с дьяволом или с морской пучиной? В России такую ситуацию называют «между молотом и наковальней» (См. также: *Devil you know is better than the one you don't,*

Probable death is better than certain death, и *Pile of shit that stinks the least.*)

ENG — We were faced with continuing the old product line that was still breaking even, or dumping it and starting over with a more expensive but more promising lineup of new products. We were caught **between the devil and the deep blue sea**.

RUS — *Мы столкнулись с выбором между продолжением производства устаревшей продукции, которая не отличалась надежностью, и необходимостью подготовки к выпуску более дорогой, но перспективной линии новых товаров. Мы оказались «между молотом и наковальней»* (between the devil and the deep blue sea).

BIGGER THAN A BREADBOX OR SMALLER THAN A CAR (букв.: *больше хлебницы, но меньше автомобиля*). Часто используется для описания стоимости, параметров рынка или другого фактора, когда он неизвестен или не определен. Выражение может также применяться для обсуждения возможности или угрозы, о которых известно очень мало. Обычно его произносят, когда даются инструкции, направленные на попытку помочь с исследованиями или пониманием ситуации, облегчающими принятие решений последующим шагам. Я всегда использую эту фразу, когда кто-либо говорит мне о низкой цене, так как понятие «низкая цена» может быть субъективным. На ранних стадиях дискуссии понимание, что какая-то величина *больше хлебницы, но меньше автомобиля*, может порой закончить дискуссию или предотвратить напрасный выброс энергии.

ENG — Greg thought the idea of selling the add-on product was a good one, but no one really knew whether the market was **bigger than a breadbox or smaller than a car**, so more studies were needed to decide if it was feasible.

RUS — *Грег подумал, что идея организации продаж сопутствующих товаров была неплохой, но никто не знал, окажется ли рынок больше хлебницы, но меньше автомобиля* (bigger than a breadbox or smaller than a car). *Для того чтобы принять решение, необходимо было провести дополнительное исследование рынка.*

BINACA BLAST (букв.: *порыв «Бинака»*). Выражение производится от освежителя дыхания, популярного в 1970-е годы. В бизнесе оно описывает некое внезапное событие, заявление или другое происшествие, привносящее «глоток свежего воздуха». Является почти что антонимом выражения *Turd in the punchbowl*.

ENG	The introduction of sexier and sportier hybrid electricity-gasoline powered vehicles is a **Binaca blast** which has re-ignited America's love affair with cars.
RUS	*Выход на сцену более спортивных и эффектных машин с гибридным двигателем, работающим и на электричестве, и на бензине, стал тем свежим дуновением (**Binaca blast**), которое воспламенило «роман Америки с автомобилем».*

BIO BREAK (букв.: *биологический перерыв*). Перерыв в деловой встрече для посещения туалета. Пожалуй, больше добавить нечего.

ENG	Wouldn't you know it, all day at work I passed by the restroom several times and didn't have to go, but the one hour that I have a meeting, I couldn't hold it — I had to take a **bio break**.
RUS	*В течение рабочего дня я несколько раз проходил мимо уборной, но не испытывал желания посетить ее; мне стало невмоготу именно тогда, когда шла встреча, и пришлось сделать биологический перерыв (**bio break**).*

BLIND MAN AND THE ELEPHANT (букв.: *слепой и слон*). Метафора ситуации, когда нет видения полной картины, но есть уверенность, что часть, с которой вы соприкасаетесь, может представлять целое. Выражение происходит от стихотворения Редьярда Киплинга о том, как компания слепцов пытается понять, что такое слон, ощупывая разные его части. (См. также: *Close to the trees, Can't see the forest for the trees, Weatherman syndrome, Open the window and see the weather, Sitting on the nickel* и *Chasing nickels around dollar bills.*)

ENG | His situation was just another case of the **blind man and the elephant**, claimed Ken Lay of Enron fame. He said he was guilty of not seeing the whole corporate picture and was under-informed or misled by others who committed the fraud.

RUS | *«Ее ситуация оказалась лишь разновидностью случая "слепец и слон"* (**blind man and the elephant**)», — заявил Кен Лей, обвинитель в деле компании Enron. Он утверждал, что вина ее руководства состояла в отсутствии видения общей картины положения в корпорации. Мошенники ввели в заблуждение высший менеджмент «Энрон» или утаили от него правду.*

BLOOD ON THE FLOOR (*букв.: кровь на полу*). Метафора того, что ждет человека, который был или мог быть ответственным за ненадлежащее исполнение обязанностей. Может включать в себя увольнение, выговор на собрании или другое серьезное наказание. Последствия оплошности будут столь суровы, что вызывают ассоциации с изготовлением отбивных котлет, размазыванием по стенке и полетом «клочков по закоулочкам». Такое бывает и в случае, если директора́ обанкротившейся компании просят кредиторов о снисхождении. Те, как правило, не идут на уступки до тех пор, пока не появится немного *крови на полу*.

ENG | When Mr. Dell hears that 15 percent of his brand-named PCs are crashing in the first year of service, the **blood on the floor** will be that of the quality control staff.

RUS | *Когда Майкл Делл услышит, что 15% персональных компьютеров его компании ломаются в первый год службы, кому-то точно придется плохо* (**blood on the floor**), *и этот «кто-то» — сотрудник отдела контроля качества.*

BOIL OUT (*букв.: выпарить*). Предпринять что-либо для окончательного решения вопроса. (См. также: *Bake-off, Beauty contest* и *Last man standing*.)

ENG | We need to **boil out** our best candidate for the CEO position.

RUS | *Нам нужно выявить (**boil out**) лучшего кандидата на должность исполнительного директора.*

BOOTH BUNNY (*букв.: балаганная красотка*). Пренебрежительное название привлекательной женщины, которую нанимают для работы на презентациях.

ENG | GM had more **booth bunnies** than all the other exhibitors combined. You would think their female marketing executive would notice what other companies are doing to attract buyers — building better cars!

RUS | *Генеральный менеджер выставил для рекламы своих автомобилей больше красавиц (**booth bunnies**), чем все другие участники выставки вместе взятые. Похоже, даме-руководительнице отдела маркетинга стоило обратить внимание, на то что делают другие компании, чтобы привлечь покупателей, — выпускают качественные автомобили!*

BREAK YOUR PICK (*букв.: сломать свою кирку*). Провал в совершении трудного или, возможно, вообще невыполнимого дела. Обычно это задание, которое многие пытались выполнить, но потерпели неудачу, так что их *ледорубы поныне торчат из скалы*. Уроки, вынесенные из предыдущих провалов, могут быть очень ценными. Там, где многие «сломали свои зубы или копья», нужны дополнительные забота и планирование, а вероятность успеха невелика.

ENG | Many marketers have tried to understand what the ultimate customer niche is, but all have **broken their picks** on this classic business puzzle.

RUS | *Многие участники рынка пытались выявить реальный сегмент покупателей, но все «сломали зубы» (have **broken their picks**) об эту классическую бизнес-задачку.*

BUTTONED UP (*букв.: застегнуто*). Относится к плану, финансовой политике компании или даже к личному опыту или алгоритму решения, которые были тщательно проверены, изучены или документированы так, чтобы «комар носу не подточил». Такая характеристика обычно несет положительные черты, поскольку *застегнутое, идеально подготовленное* не сулит много сюрпризов. Некоторые мои коллеги обвиняют меня в занудстве, но я думаю, что всего лишь *застегнут*. (См. также: *Vetted* и *Sand below our feet*.)

ENG | We've done our due-diligence homework to ensure that we're **buttoned upon** this acquisition.

RUS | Мы постарались, чтобы убедиться в том что мы полностью готовы (**buttoned upon**) к этому приобретению.

CAN'T BE THE ARMS AND LEGS (букв.: *не может быть руками и ногами*). Предупреждение, обычно делаемое руководителем или менеджером, показывающее, что хотя он и может разработать план, ему не под силу работа по его воплощению. Под «руками и ногами» имеются в виду сотрудники, которые будут заняты реализацией планов, и используемые ими ресурсы. Обычно компании не хватает не тех не других.

ENG | Brent said he could train the top sales administrators in new selling skills, but **could not be the arms and legs** to make sure the required follow up and sales successes were achieved.

RUS | Брент сказал, что он берется за то, чтобы «привить» администраторам по продажам новые навыки, но не может сделать за них всю работу (**could not be the arms and legs**) и поручиться, что будут достигнуты требуемые показатели.

CHAIR PLUG (букв.: затычка для стула). Тот, кто посещает собрания, но лишь «просиживает штаны», ничего не внося в общее дело.

ENG | Geoff never gives us his opinion. He's not much more than a **chair plug**.

RUS | *Джефф никогда не высказывает свое мнение. Он просто «мертвая душа»* (**chair plug**).

CHANGING THE TIRES WHILE THE CAR IS GOING DOWN THE ROAD (букв.: меняя шины, в то время как автомобиль едет вниз по дороге). Обычно быстрый темп не позволяет измерить результаты ранее, чем будет сделан следующий шаг. Поэтому решение о новых шагах должно приниматься «с колес», в то время как предприятие движется вперед. «Коней на переправе не меняют», поэтому для изменений и принятия решений и машине, и бизнесу стоит делать остановки. (См. также: *Drinking from a fire hose.*)

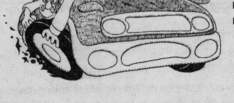

ENG | Our sales turnaround was so intense that we were often **changing the tires while the car was going down the road**, making alterations before we even knew the effects of our last changes.

RUS | *Наше развитие было столь интенсивным, что мы часто меняли коней на переправе* (were **changing the tires while the car was going down the road**) *и перестраивались, даже не успев узнать результаты последних нововведений.*

CHEW ON MY LEG (букв.: жевать ногу). Комментарий или действие, основанные на глупости или ошибочном мышлении оппонента в споре. Когда ваше дело проиграно, но вы все равно продолжаете защищать «неверное мнение», лучше готовьтесь к тому, что ваш босс начнет *жевать вам ногу*. Выражение также может относиться к менеджеру, который постоянно «пудрит работникам мозги», требуя лучшего результата, больше данных или отчетов, других изменений или улучшений. Процесс обычно, хотя и не всегда, ассоциируется с недостаточно успешной компанией, подразделением, положением или работником.

ENG | Don't **chew on my leg** as you have for the last 10 months regarding our production cost per unit, which has already beaten your goal.

RUS | *Не надо «проедать мне плешь»* (**chew on my leg**), *как вы делали последние 10 месяцев, требуя оценить факторы стоимости нашей продукции, в то время как объем продаж давно превысил плановые показатели.*

CHIPMUNKING (*букв.: делая что-то, как бурундук*). Выражение описывает кого-либо на встрече, держащего в руках некое устройство и что-то лихорадочно набирающего большими пальцами, возможно, посылая текстовое сообщение или вводя данные. (См. также: *Thumb expert*.)

ENG | David wasn't paying attention to the projection charts, he was too busy **chipmunking** on his Treo or Palm.

RUS | *Дэвид самозабвенно предавался ковырянию* (**chipmunking**) *своего наладонника, не обращая внимания на графики исполнения проекта.*

CLOSE ENOUGH FOR GOVERNMENT WORK (*букв.: почти как работа правительства*). Ехидное замечание, относящееся к чему-нибудь не очень высокого качества; вполне адекватное выражение, поскольку правительство работает еще хуже.

ENG | Sarah commented that the trim and paint work, which was definitely substandard, was **close enough for government work**.

RUS | *Сара высказала мнение, что выравнивание вмятин и покраска, определенно выполненные ниже всяких стандартов, оказались «почти как работа правительства»* (**close enough for government work**).

CLOSE ONLY COUNTS IN FARTS, GRENADES, ATOMIC BOMBS, HORSESHOES AND PREGNANCY (букв.: «почти» — годится в расчетах только тогда, когда дело касается пукания, гранат, атомных бомб, подков и беременности). Я предполагаю, что это выражение ясно без объяснений. Вкратце смысл его в том, что на высоких переговорах «почти» или «приблизительно» не означают почти ничего конкретного и чаще всего являются неприемлемыми. Проще говоря, вы или достигаете запланированного успеха, или нет. В любой из перечисленных выше областей приблизительные расчеты сойдут, но в других — вряд ли. Я оставляю вашему воображению создать предложение для примера. Это воистину хороший способ сказать остальным, что «приблизительно» не принимается.

CLOSE TO THE TREES OR TOO CLOSE TO THE TREES (букв.: близко к деревьям или чересчур близко к деревьям). Выражение означает, что вы слишком погружены в предмет обсуждения, вопрос, операцию или проект, чтобы иметь отстраненный всеобъемлющий взгляд на решение проблемы, ее воздействие, выгоду или побочный эффект. Это сжатая версия русской поговорки «За деревьями леса не видеть». Что вы видите, стоя от дерева в шести дюймах? Кору, конечно. Но у вас нет даже понятия о том, сколько еще деревьев растет вокруг или куда вы попали. (См. также: *Blind man and the elephant, Weatherman syndrome, Sitting on the nickel, Open the window and see the weather, Can't see the forest for the trees* и *Chasing nickels around dollar bills.*)

ENG | You're so **close to the trees** that the daily operating woes prevent you from seeing one of your employees failing to do his management job.

RUS | Вы «за деревьями леса не видите» *(so* **close to the trees***)*, и текущие оперативные проблемы заслоняют от вас то обстоятельство, что один из ваших менеджеров не справляется с руководящей работой.

COASTING WILL ONLY GET YOU TO THE BOTTOM OF THE HILL (букв.: скатиться можно только к подножию холма). Относится к замедляющим ход усилиям, привычке «плыть по течению» или к чересчур осторожным и пассивным бизнес-планам. Те, кто надеется «почивать на лаврах или прошлых успехах», тоже попадут лишь *к подножию этого холма,* а не на вершину следующего. (См. также: *coast.*)

> **ENG** We've had great success with our aggressive sales promotions, but your new strategy amounts to coasting, and that will only get us to the **bottom of the hill**.
>
> **RUS** *Мы достигли большого успеха с агрессивными спецпредложениями в продажах, но наша новая стратегия сводится к пассивному скольжению, что «приведет лишь к подножию холма»* (**bottom of the hill***).*

COLOR COMMENTARY (*букв.: цветной комментарий*). Что-то вроде сноски в разговоре. Это дополнительное описание, замечание или пояснение во время дискуссии или разговора. Добавление кое-какого цвета черно-белому рисунку придает ему характер и делает рисунок более интересным или информативным.

> **ENG** Following the sales talk, Joe's **color commentary** included an insightful observation regarding how many fast-talking salespeople hit their sales goals but fail to maintain margins.
>
> **RUS** *Продолжая разговор о продажах, Джо для полноты картины (***color commentary***) добавил проницательное наблюдение, оценивающее, сколь много быстро говорящих агентов по продажам имели достижения в своем деле, но проваливались на удержании завоеванных преимуществ.*

COMPANY CHOLESTEROL (*букв.: холестерин компании*). Это мертвый груз: накопление информации, лишнего персонала или другого балласта, который затрудняет достижение результатов.

> **ENG** The Chief Restructuring Officer said he had never seen so many excess employees and it was no wonder **company cholesterol** had dramatically slowed down the decision-making in every department.
>
> **RUS** *Директор по реструктуризации сказал, что никогда не видел так много лишних работников. Неудивительно, что этот балласт (***company cholesterol***) серьезно замедлял принятие решений в отделах.*

CONE OF SILENCE (букв.: *конус тишины*). Выражение из старого телесериала *Get Smart*. Секретный агент Максвелл Смарт должен был встретиться с коллегой под большим стеклянным куполом, так что только тот, с кем он говорил, мог слышать его слова.

ENG | The VP of HR Donna called her friend Lori, an HR director at another company, to verify a job reference. Lori gave her the straight story, but told her to keep it under the **cone of silence**, as the company wasn't supposed to release that information.

RUS | *Донна попросила свою знакомую Лори, директора другой компании, заверить ей рабочую характеристику. Лори выполнила просьбу, но попросила сохранить все в тайне (**cone of silence**), поскольку компания не предполагала обнародовать эту информацию.*

COOL HUNTING (букв.: *охота за крутизной*). Выискивание свежих исследовательских данных при анализе рынка для выяснения «что сейчас круто».

ENG | Apple spent lots of time and money **cool hunting** before they finalized the design of the iPod.

RUS | *Фирма Apple потратила много времени и денег на разведку (**cool hunting**), прежде чем закончить дизайн нового iPod.*

CORVETTE TO BUY MILK (букв.: *«Корвет» для поездок за молоком*). Используется для описания системы, очень мощной и, возможно, дорогой, но применяемой для «стрельбы из пушки по воробьям». Например: ситуация, когда новая типография, строительство которой обошлось в 750 тысяч долларов, работает всего два часа в день.

ENG | The new computer system was very powerful and was capable of doing much more than we could utilize. I know management said they bought an impressive one, but it seems to me like it's like having a **Corvette just to buy milk**.

RUS | *Новая компьютерная система была очень мощной и способной выполнять гораздо больше заданий, чем нам было нужно для дела. Начальство считало, что компания обзавелась эффективным инструментом, но мне казалось, что это «стрельба из пушки по воробьям» (**Corvette just to buy milk**).*

CRASH THE CAR (*букв.: разбить машину*). Да, так оно и есть — ничего хорошего это не означает. *Авария* способна привести компанию к немедленному банкротству или вынуждает принять решение, ведущее в итоге к провалу. Обычно у машины только один водитель, который и отвечает за поломку; это правило срабатывает и в бизнесе. За крушение ответственен кто-то один.

ENG | When the director from corporate came to visit, we knew the purpose was to find out who **crashed the car** and made all of our profits drop.

RUS | *Когда к нам прибыл с визитом директор из корпорации, мы знали, что смысл его появления — в поиске того, кто был во всем виноват (**crashed the car**), чьи усилия привели к снижению прибыли.*

CRUSADER (*букв.: крестоносец*). Это человек, готовый отправиться в крестовый поход за правое дело. (См. также: *Evangelist*.)

CURING CANCER (*букв.: вылечивая рак*). Обычно используется для описания требования «прыгнуть выше головы» или «выпрыгнуть из штанов» — невозможного или просто слишком трудного, равносильного поиску лекарства от рака или переговорам о всеобщем мире.

ENG | Considering how few employees we have, our boss is asking us **to cure cancer** with his unrealistic demands.

RUS | *С учетом того, сколько у нас работников, наш босс с его нереальными запросами требует, чтобы мы «прыгнули выше головы» (**to cure cancer**).*

CUTTING THE DOG'S TAIL OFF ONE INCH AT A TIME (*букв.: отрубая собаке хвост по кусочку*). Обычно используется в форме предупреждения: «Никогда не рубите собаке хвост по кусочку». Для настоящей живой собаки это будет пыткой, и в конце концов обидчику вполне могут отплатить той же монетой. Термин обычно употребляют, чтобы предостеречь от исходящего «сверху» вредного или

травматичного изменения «в час по чайной ложке», которое только выматывает силы. Такая затянутая «процедура» или агония может иметь негативные последствия. Обычно этот метод противопоставляется изменению «всего и сразу». (См. также: *Shovel instead of a spoon*.)

ENG	When someone needs to be terminated, don't **cut the dog's tail off one inch at a time** by demoting him continuously until he quits; just make the cut quickly and humanely.
RUS	*Когда кто-то должен быть уволен, не надо «отрубать собаке хвост по кусочку»* (**cut the dog's tail off one inch at a time**) *— не стоит специально понижать его в должности, дожидаясь, чтобы он ушел сам; увольняйте быстро и безболезненно.*

DANCE WITH THE ONE WHO BROUGHT (BRUNG) YOU

(*букв.: танцуй с тем, кто тебя привел*). Не ссорьтесь с кредитором, продавцом, бизнес-партнером, руководителем или инвестором, внесшими большой вклад в успех вашего предприятия. Иногда у нас нет другого выбора, кроме как поменять близких коллег, но в общем-то мы должны оставаться верны тем, «кто девушку ужинает», и, если потребуется, именно с ними улаживать наши дела. (См. также: *Don't change horses in midstream*.)

ENG	If you **dance with the one who brought you**, you're likely to have a business and personal friend for life, as well as a valuable asset in your company.
RUS	*Помните, что «кто девушку ужинает, тот ее и танцует»* (**dancing with those who brought you**). *Возможно, вы приобретете бизнес-партнера и личного друга на всю жизнь, который внесет ценный вклад в вашу компанию.*

DEATH FROM A THOUSAND CUTS (*букв.: смерть от тысячи порезов*). Описание ситуации, когда рой комаров побеждает медведя: множество мельчайших «против» перевешивают очевидное для всех «за». Деловые предложения, следующие за письмом о намерениях, редко разбиваются от столкновения всего лишь с одним крупным препятствием. Обычно жизнь подбрасывает целый ряд мелких трудностей и хлопот, не дающих заключить важное соглашение. Выражение также относится к ситуации, когда человек или его план терпят неудачу, причина которой не одна проблема или неверный шаг, а совместное влияние многих факторов. (См. также: *Last straw*.)

ENG | Following months of negotiations, the merger proposal suffered a **death from a thousand cuts**, although there was no single deal-breaking component.

RUS | *Долгие месяцы переговоров «задушили» предложение о слиянии (**death from a thousand cuts**), хотя мы так и не услышали ни одного действительно обоснованного возражения.*

DEVIL YOU KNOW IS BETTER THAN THE DEVIL YOU DON'T (*букв.: знакомый черт лучше незнакомого*). Ваши нынешние коллеги иной раз далеки от идеала, но те, на кого вы их променяете, могут оказаться еще хуже. Иногда лучше иметь дело со знакомой проблемой, чем ввязываться в новый поединок с более жесткими правилами. (См. также: *Don't change horses in midstream, Pile of shit that stinks the least*.)

ENG | He didn't like either employee's performance, but he had to make a choice, so he decided that **the devil he knew was better than the one he didn't**, and kept the one that he knew was at least capable of producing the goods.

RUS | *Ему не нравился этот работник, но, оказавшись перед выбором, он решил, что «знакомый черт лучше незнакомого» (**the devil he knew was better than the one he didn't**). Поэтому он решил не отказываться от услуг человека, справляющегося хотя бы с производством товаров.*

DIRT IN THE OYSTER (*букв.: грязь в устрице*). Жемчужина, которой еще предстоит вырасти и быть поднятой со дна моря.

ENG | Our widget is **dirt in the oyster**. It just needs some tweaking.

RUS | *Наше устройство — нешлифованный алмаз (**dirt in the oyster**). Его нужно лишь довести до ума.*

DNA (*букв.: ДНК*). То, что принесло компании успех на старте; истоки бизнеса или того, что позволило вам процветать.

ENG | Dave knew if we could stop adding product lines unrelated to our core business and get back to focusing on our **DNA**, we would achieve record profits.

RUS | *Дейв считал, что, отказавшись от увеличения количества товарных линий, не связанных с основным бизнесом, и вернувшись к своему ДНК (**DNA**), мы достигли бы рекордных показателей.*

DOG CHASING AND CATCHING THE CAR (*букв.: собака, что погналась за машиной и поймала ее*). Вы никогда не думали, что сделала бы собака с пойманным автомобилем? Представьте, как она повисает на выхлопной трубе, затем залезает в салон и берет управление в свои руки — вернее, в лапы. Похожий сценарий часто осуществляется в бизнесе. Вас может воодушевлять предстоящая сделка; но когда договор заключен, настроение партнеров меняется. Сознание того, что теперь вы должны действительно исполнить обещанное, подчас ошеломляет не меньше, чем предложение выпить воды из пожарного шланга. (См. также: *Be careful what you ask for, you might get it.*)

ENG	We closed the deal for the delivery of additional parts, and then, like a **dog chasing and catching the car**, we suddenly found ourselves actually working through the logistics of cramming 15 trailer loads per day into our tiny warehouse.
RUS	*Мы заключили контракт на поставки дополнительных запчастей и затем, как та «собака, что гонится за машиной и ловит ее» (**dog chasing and catching the car**), вдруг обнаружили, что теперь в нашу хлипкую мастерскую ежедневно будут въезжать 15 гигантских трейлеров.*

DOG'S BREAKFAST (*букв.: собачий завтрак*). Выход, далеко отстоящий от желаемых результатов. В более широком смысле это относится к любому результату или процессу, приносящему проблемы или не соответствующему стандарту.

ENG	When we discovered our advertising campaign was offending a large sector of our market, we knew we'd be **eating a dog's breakfast** once the quarterly report came.
RUS	*Получив сведения о том, что наша рекламная кампания обрушила крупный сектор рынка, мы понимали, что сразу по появлении квартального отчета нам придется «попрыгать» (**eat dog's breakfast**).*

DOG YEARS (*букв.: собачьи годы*). Пренебрежительный намек на переизбыток времени, которое кто-либо тратит на простое задание. Собачий возраст соотносится с человеческим как один к шести; работнику таким образом вменяют в вину, что он просит вшестеро больше времени, чем нужно на самом деле.

ENG	Ted said he had applied for the permit at the city over six months ago and it should have been done in one month at most. But, he opined, «They do everything down there **in dog years**.
RUS	*Тэд сказал, что обратился за разрешением к властям города более полугода назад, хотя получение этой бумаги занимает максимум месяц. По его мнению, «они там наверху» меряют все собачьими годами (**in dog years**).*

DON'T CHANGE HORSES IN MIDSTREAM (*букв.: коней на переправе не меняют*). (См. также: *Dance with the one that brought you.*)

ENG | Even if you are frustrated by the slow pace of progress, **don't change horses in midstream**; stick what is working for you instead.

RUS | Даже если вас огорчает медленный ход дела, не меняйте коней на переправе (*don't change horses in midstream*); лучше подстегните тех, кто сейчас в работе.

DON'T CHANGE THE DOG FOOD WITHOUT TALKING TO THE DOG (*букв.: не меняйте еду собаки, не спросив у нее самой*). Другими словами, не выходите на рынок с новой услугой, новым или обновленным продуктом, не изучив досконально вкус потребителя. (Кстати, не вздумайте дать клиенту понять, что он у вас ассоциируется с собакой). Выражение также описывает кадровиков, вносящих в политику фирмы непродуманные изменения, способные плохо повлиять на работников. В России клиент, подвергшийся такой процедуре, может сказать: «Без меня меня женили...»

ENG | We knew we **had changed the dog food without talking to the dog** after sales plunged on our revamped formula, which we had not consumer tested well enough.

RUS | Мы узнали, что «без нас нас женили» (*we had changed the dog food without talking to the dog*) после того, как уровень продаж опустился значительно ниже, чем предусматривали переделанные наспех, еще не проверенные как следует на покупателях расчеты.

DON'T HAVE A DOG IN THE FIGHT (*букв.: не пускайте собаку в драку*). Имеется в виду, что не надо принимать прямого участия в тлеющем или уже разгоревшемся конфликте между коллегами. Когда сражение уже идет или вот-вот начнется, иногда лучше просто держаться от него в стороне, особенно если вам нечего терять или приобретать. Независимо от того, кто ругается — главы департаментов, боссы, их подчиненные или соревнующиеся компании, — лучше игнорировать их склоки. Выражение также относится к ситуации, попросту вас не волнующей, так что вы не заинтересованы ни в одном из возможных исходов.

ENG | I could see the board fighting over firing our marketing chief, but since I didn't know him or **have a dog in the fight**, I didn't really care.

RUS | *Я видел, что правление сражается с нашим шефом по маркетингу, но, не зная его и не собираясь лезть в драку (***have a dog in the fight***), я не особо вникал в ситуацию.*

DON'T LEAVE FOR CHICAGO UNTIL ALL THE LIGHTS HAVE TURNED GREEN (*букв.: не уезжайте в Чикаго, пока все огни не загорятся зеленым*). Пренебрежительное определение для того, кто никак не может тронуться с места. Этот человек словно ждет, когда все семафоры покажут «чикагскому поезду» нужный свет. Увы, зеленые огни никогда не загораются все одновременно, так что этот пассажир никогда не уедет. Равно как и любой другой, кто боится начать предприятие и проявляет сверхосторожность, доходящую до абсурда.

ENG | Jim will never pull the trigger and close on this deal. He **won't leave for Chicago until all the lights have turned green**.

RUS | *Джим никогда не нажмет курок, чтобы закрыть это дело. Он вечно тянет резину. (Не* **won't leave for Chicago until all the lights have turned green***).*

DON'T (OR CAN'T) KNOW WHAT YOU DON'T KNOW (*букв.: ты не знаешь, чего ты не знаешь*). Легко строить большие планы и думать, будто вам известны все азы бизнеса, но все знать невозможно. Единственная тема, что вы пропустили, может отомстить вам за прогул урока. Вы даже не заметите, что вам не хватает крупицы знания о чем-либо, а именно она вдруг окажется решающей. Чтобы тщательно все распланировать и задать уместные вопросы, нужно разобраться хотя бы в азах своей темы, допуская, что потребуется еще больше информации. Никогда не уверяйте себя, что все «схвачено» и предусмотрено. Реальный выход состоит в том, чтобы стать более открытым к сотрудничеству. Вовлекайте больше людей в дискуссии и «мозговые штурмы», производите «опросы аудитории», выясняя, что думают другие.

ENG The launch of disposable diapers worldwide was well planned, but since Bill **didn't know what he didn't know**, sales in Korea only trickled. That's because the product's brand name means «trash» in Korean.

RUS *Презентации впитывающих подгузников на разных рынках были прекрасно спланированы, но, поскольку Билл «не знал того, что не знал» (**didn't know what he didn't know**), продажи в Корее шли «в час по чайной ложке». Дело в том, что на корейском языке название марки товара означало «халтура».*

DRINKING FROM A FIRE HOSE (*букв.: пить из пожарного шланга*). Имеется в виду объем работы, непосильный ни для одного человека. Вообразите попытку пить, не отрывая рта от работающего пожарного шланга. Это и будет ярким описанием самого сложного задания, особенно связанного с полной перестройкой бизнеса. (См. также: *Coming up or going down, Changing the tires while the car is going down the road.*)

ENG The CEO was **drinking from a fire hose**; all of his company's departments were failing, and since the CFO had abandoned ship, he now had to fill those shoes, too.

RUS *Исполнительный директор крутился как белка в колесе (**drinking from a fire hose**); все отделы его компании пришли в упадок, и с тех пор как главный бухгалтер тоже дал деру, исполнительному директору пришлось взять на себя и его обязанности.*

DRY HOLE (*букв.: сухая скважина*). Рискованное предприятие, приносящее сплошные убытки. Изначально это выражение применялось к нефтяной скважине, разработка которой стоила много денег, но не приносила и капли «черного золота». Сейчас его используют для описания любого бесплодного предприятия.

ENG | Everyone knew it was a **dry hole** when they saw the quality of the employees; they couldn't execute on anyone's plan.

RUS | *Все поняли, что это гиблое дело (**dry hole**), осознав по работе сотрудников, что те не способны выполнить ни одного предписания.*

EAT THE ELEPHANT ONE BITE AT A TIME (*букв.: отъедать от слона по кусочку*). Чем в одиночку браться за пугающе большой проект во всей его полноте, лучше двигайтесь к значительной цели по чуть-чуть, делясь полномочиями с другими. Большие проекты и достижения

могут внушать ужас, но надо же с чего-то начать: «вода камень точит». Так, для преодоления сбоя в работе нескольких отделов нужно выработать алгоритм наведения порядка и по очереди применять его в каждом подразделении. Когда станет страшно, вспомните притчу о двух лягушках, попавших в кувшин с молоком.

ENG | Keith knew that it wasn't going to be easy penetrating the national wholesale market, but he vowed to **eat the elephant one bite at a time** by systematically calling on every potential customer.

RUS | *Кейт знала, что компании будет непросто проникнуть на оптовый рынок, но дала зарок «съесть слона по кусочкам»* (**eat the elephant one bite at a time**), *методично осаждая каждого из потенциальных клиентов.*

EATING YOUR OWN DOG FOOD (букв.: *пробовать свой собачий корм*). Компания, проверяющая свой продукт на себе.

ENG | We've got **to dog food that product** before selling it to the general public.

RUS | *Нам пришлось испытать этот продукт на себе* (**to dog food that product**), *прежде чем мы начали его продажу широкой аудитории.*

ELVIS YEAR (букв.: *год Элвиса*). Это год, когда продукт, услуга или работник процветают. Годы идут, а король продолжает блистать.

ENG | Profits are up, spending is down, this is our **Elvis year**!

RUS | *Прибыли растут, а потери снижаются — это наш звездный час* (**Elvis year**).

EMOTIONALLY INVESTED (*букв.: эмоционально инвестировано*). Так говорят о деле, совершенном в «союзе бумажника с сердцем». Финансовое участие — это еще не все: настоящая нацеленность на успех требует также эмоционального интереса. Впрочем, такое участие предполагает необходимость приложения душевных сил, и в случае провала сердце страдает от потерь не меньше бумажника. Инвесторы открытых компаний, имея финансовые паи, лишены возможности вкладывать душу. (См. также: *Skin in the game* и *Head in the game.*)

ENG | Monty had bought some shares in the ESOP (employee stock option plan). However, he wasn't **emotionally invested** because he didn't care how the company produced results so long as his stock didn't lose value.

RUS | *Монти приобрел часть пакета акций. Но он не был эмоционально вовлечен в дело (**emotionally invested**), поскольку его не заботило, каким образом компании удается столь долго демонстрировать высокие результаты, сохраняя ценность его инвестиций.*

EMPEROR'S NEW SUIT OR EMPEROR'S NEW CLOTHES (*букв.: новый костюм или новая одежда императора*). Выражение произошло от сказки Г.-Х. Андерсена «Новое платье короля». Напомню, герои этой истории — мошенники, убедившие императора, что прекрасные одежды, которые они ему кроят, не видны тому, кто глуп или не соответствует своей должности. Конечно, никаких одежд не было вообще, но никто в городе не желал признаваться, что их не видит. Сейчас это выражение относится к тем, кто продолжает делать очевидную глупость из страха признаться в том, что совершил ошибку. Даже будучи пристыженными, такие люди продолжают настаивать на своем.

ENG | Even though the rest of them wanted to go along with the pretense, I could see through the **emperor's new clothes** right away.

RUS | *Хотя каждый из них рад был притворяться и дальше, я видел «голую правду» сквозь «новое платье короля» (**emperor's new clothes**).*

EMPTY SHIRT OR SUIT (*букв.: пустая рубашка, пустой костюм*). Человек, лишь делающий вид, что способен на что-то важное или значительное, и потому не внушающий доверия, — одним словом, «ноль без палочки», пустое место. Ждать от него важных сведений смысла нет; это своего рода зицпредседатель Фунт, производящий впечатление важного человека. С таким же успехом под пиджаком может быть манекен или пустое место. (См. также: *All hat and no cattle.*)

ENG | The guys from corporate seemed like **empty suits**, because they weren't listening to us; what they talked about accomplishing simply wasn't achievable, and everyone knew it.

RUS | *Ребята из корпорации выглядели как «нули без палочки»* (**empty suits**), *поскольку даже не слушали нас; показатели, о которых болтали, были попросту недостижимы, и это понимал каждый.*

END ZONE (*букв.: конечная зона*). В точности как в американском футболе — это место, где вы забиваете гол. Относится как к точке желаемых достижений, так и к уже полученному результату.

ENG | After months of striving for his sales goals, he finally reached the **end zone**.

RUS | *После месяцев стремлений добиться успеха в продажах он наконец вышел в свою конечную зону* (**end zone**).

EVANGELIST (*букв.: евангелист*). Своего рода проповедник, постоянно распространяющий новости о компании. Этому человеку присуща ревностная вера в успех предприятия. (См. также: *Crusader.*)

ENG | Sammy was so proud of the company and the new line of dishwashers, he was the best **evangelist** we ever could hope for. He sold more by word of mouth than the advertising did.

RUS | *Сэмми так гордился компанией и ее новой линией посудомоечных машин, что оказался лучшим пиарщиком* (**evangelist**), *которого мы когда-либо надеялись подобрать. Его слова принесли нам больше продаж, чем вся служба рекламы.*

EYE CANDY (*букв.: конфетка для глаз*). Так обозначается любое изображение, используемое, чтобы сделать «конфетку» из упаковки или сайта компании. Я знаю: вы ждали от меня комментария в духе Фрейда. Но, увы, его сделали гораздо раньше.

ENG | The website had the best **eye candy** I had ever seen. The pages flowed, and the ordering process was crisp and friendly. There was not one sexy girl on the site, and it worked great.

RUS | *Такого отличного оформления сайта (**eye candy**) я в жизни не видел. Страницы грузились легко и быстро, диалог с машиной шёл внятно и дружелюбно. Сайт со множеством красивых девушек работал прямо-таки безотказно.*

FEED THE DUCKS WHEN THEY ARE QUACKING, DON'T LOOK FOR DUCKS TO FEED (*букв.: кормите уток, когда они крякают, а не ищите уток, чтобы их покормить*). Выражение применяется к поискам инвесторов или партнеров. Лучше поймать момент, когда утки пришли к вам голодными, чем потом гоняться за ними с хлебом. То же и с инвесторами: готовьтесь встречать их, когда они выказывают интерес, а не ходите за ними в надежде продать им свои акции.

ENG | Brian advised, rather than trying to go to every potential lender, that we should whisper down the lane, as it was a small community of prospects and we should let them come to us. Then we could **feed the ducks when they are quacking, rather than just looking for ducks to feed**.

RUS | *Брайан сказал, что нам лучше пустить о себе слух, чем ходить к каждому потенциальному кредитору. Круг потенциальных клиентов был очень узок, и нам следовало позволить им найти нас. Таким образом мы могли не искать клиентов, а спокойно ждать, когда они сами к нам придут (**feed the ducks when they are quacking, rather than just looking for ducks to feed**).*

FILLING IN THE POTHOLES (*букв.: заполняя рытвины*). Защитная тактика по исправлению просчетов стратегии. Выражение также относится к исправлению неожиданных проблем в операции или плане. Выбоины на дороге часто выглядят маленькими и совсем не опасными, но, будучи вовремя не отремонтированными, они вырастают в большие проблемы.

ENG | The mechanics spent many extra hours **filling in the potholes** caused by the lack of a preventive maintenance program.

RUS | *Механики провели много сверхурочных часов, «заполняя выбоины»* **(filling in the potholes)**, *вызванные недостатками первичной подготовки.*

FINANCIAL GIGOLO (букв.: финансовый жиголо). Известный человек, введенный в совет директоров для того, чтобы завоевать доверие клиентов; он делает только то, что ему скажут, не вмешиваясь в управление по-настоящему. Выражение было пущено в оборот в 1934 году Вильямом О. Дугласом, будущим судьей Верховного суда США.

ENG | Everyone knew when Clinton's ex commerce secretary was appointed to the board of our diaper subsidiary that he was just a **financial gigolo** and would do whatever the president of our division wanted. He darn sure knew nothing about diapers.

RUS | *Когда в состав нашего отдела подгузников вошел бывший секретарь Клинтона, все понимали, что он всего лишь «финансовый жиголо»* **(financial gigolo)**. *Не зная ничего о подгузниках, он будет делать все, что ему скажет начальник подразделения.*

FLYING CIRCUS (букв.: летучий цирк). Важная презентация, проводимая руководителями фирмы на борту самолета. Выражение часто содержит насмешку над попытками начальства оправдать расходы на корпоративную авиацию. (См. также: *Dog-and-pony show*.)

ENG | We knew the **flying circus** would leave the corporate headquarters when we heard that they were going to be making a follow-on stock offering.

RUS | *Мы думали, что правление корпорации избавится от «летучего цирка»* **(flying circus)**, *когда услышали, что они собираются провести повторное размещение акций.*

FOAM THE RUNWAY (букв.: *смазать беговую дорожку*). Заем или вброс капитала, произведенный в последнюю минуту компанией, стоящей на грани банкротства. Только за счет подобных мер ей удается исполнить свои планы.

ENG	If that big loan last week hadn't **foamed the runway** for us, we definitely would have gone out of business.
RUS	*Если бы нас не подхлестнул (**foamed the runway**) крупный заем, полученный на прошлой неделе, мы наверняка вышли бы из бизнеса.*

FORTUNE COOKIE (букв.: *печенье с предсказанием*). Остроумный способ сказать «Эврика!», намекнув на то, что вы одобряете идею.

ENG	When I heard that idea on how to build sales, I said «What a **fortune cookie**».
RUS	*Услышав о его плане осуществления продаж, я сказал: «Что за "печенье с предсказанием" (**fortune cookie**)?»*

FROM YOUR LIPS TO GOD'S EARS (букв.: *ваши бы слова да Богу в уши*). Способ сказать кому-либо «да сбудется то, о чем ты говоришь», превратив пожелание в заклинание.

ENG	We knew that $20 a share was none too probable, but we breathed, «Please God, make it so». When we made our first initial public offering of stock during the 9/11-driven bear market, it went **from our lips to God's ears** and never was heard again.
RUS	*Они считали $20 за акцию невероятным успехом, но шептали: «Боже, помоги нам!». Когда они вышли со своими акциями на рынок, еще не оправившийся после 11 сентября, их слова «попали Богу в уши» (**from our lips to God's ears**) в первый и последний раз.*

F**ED UP BEYOND ALL REPAIR/RECOGNITION (FUBAR) (букв.: *испорчено так, что не подлежит ни ремонту, ни опознанию*). Военный сленг времен Второй мировой войны, означающий развалины, бардак, ситуацию полной неразберихи. Может прилагаться ко всему, доведенному до полного безобразия. (См. также: *Abortion*.)

ENG | Corporate HR records were **FUBAR**, and none of the confused staff could find the files telling us what share we'll have to pay for our medical insurance premiums even though that was decided months ago.

RUS | *Кадровые показатели корпорации не подлежали восстановлению* (**f**ed up beyond all recognition**). *Сотрудники так и не смогли найти папки с информацией о платежах по медицинской страховке, хотя этот вопрос был решен несколько месяцев назад.*

FUBAR (см.: *F**ed up beyond all repair/recognition*).

FULLY BAKED (*букв.: полностью пропеклось*). Нечто тщательно выполненное; обычно это определение относится к плану или программе. Как пирог или рагу, готовые в пищу, «пропеченный» план готов к воплощению в жизнь. Бывает и по-другому — вы наверняка слышали о «полусырых» программах. (См. также: *Soup to nuts* и *Making the soup*.)

ENG | When lames and Jane plan a corporate meeting, you know it's going to be thorough, efficient, productive and fun-**fully baked**.

RUS | *Когда Леймс и Джейн планируют корпоративную встречу, все знают, что она будет продуманной, эффективной, продуктивной и забавной — «полностью пропеченной»* (**fully baked**).

FUZZIFY (*букв.: затуманивать*). Делать информацию менее ясной, обычно с целью спрятать ее подлинный смысл, особенно если в ней содержатся неприятные или потенциально опасные факты.

ENG   **Fuzzifying** the tax deductions won't stop the IRS from wanting to audit your income tax return and get straight answers.

RUS   *Затуманивание (fuzzifying) отчётности не уменьшит желание инспекторов проверить платежи по налогу на прибыль и добиться прямых ответов.*

GET (THE HELL) OUT OF DODGE (*букв.: свинтить к черту из Доджа*). Относится к жителям Дикого Запада в самые лихие его времена, когда побег из Додж-сити в Канзасе означал большое везение или удачу. В бизнесе это выражение относится к тем, кто балансирует на грани провала, выполняет план по продажам в последний отчётный день, с трудом набирает показатели или едва избегает бедствия.

ENG   Instead of continuing to operate the OSHA-violating factory, we decided it would be better to **get out of Dodge** by shutting it down just days before the inspectors arrived.

RUS   *Вместо того чтобы бороться за фабрику, нарушавшую экологические стандарты, мы решили, что лучше будет проскочить в последний момент (**get out of Dodge**), и закрыли её буквально за несколько дней до приезда инспекторов.*

GETTING BLOOD OUT OF A ROCK OR STONE OR TURNIP (букв.: добывание крови из скалы, камня, турнепса). Означает попытки «добиться от козла молока», ожидая результатов от человека или группы, в принципе неспособных их выдать.

ENG | Convincing the failing insurance company to fork over a big settlement on our flood losses would be like trying **to get blood out of a turnip**.

RUS | Дождаться от этой полумертвой страховой компании выплаты страховки от наводненияпроще, чем «добиться от козла молока» *(to get blood out of a turnip)*.

GIFT FROM GOD (букв.: дар Божий). Чудесный или интересный сюрприз, неожиданный и подчас незаслуженный, однако всегда желанный.

ENG | When our largest competitor abruptly announced that they were filing for bankruptcy, it was a **gift from God**, making increased sales a certainty.

RUS | Когда наш самый крупный конкурент неожиданно объявил о своем банкротстве, это стало для нас «Божьим даром» (gift from God), а высокие продажи превратились в своего рода норму.

GLAZING (букв.: глазурь). Так на корпоративном жаргоне обозначается сон с открытыми глазами. Он обычно наблюдается на встречах и конференциях, назначенных на раннее утро.

ENG | The speaker barely looked up from his notes, so he never noticed that half the room was **glazing**.

RUS | Докладчик едва отрывал взгляд от записей, не замечая, что половина слушателей спит с открытыми глазами (glazing).

GRAVY ON THE STEAK (букв.: подливка к бифштексу). Положительный результат, пусть ненамеренный, но и не полностью неожиданный; тот завершающий штрих, который и вправду делает вещь гениальной. Таким же образом стейк из жареного цыпленка может иметь превосходный вкус, но подливка делает его законченным произведением. (См. также: *Lucky Strike extra*.)

ENG | Ronnie's quality control upgrades won accolades from investors and customers alike, but the real **gravy on the steak** was reduced production downtime. Hey, our workers and our executives are happy!

RUS | *Нововведения Ронни по контролю качества вызвали положительный отклик у инвесторов и клиентов. Но настоящим «завершающим штрихом»* **(gravy on the steak)** *стало уменьшение затрат времени на выпуск продукции. Наши руководители и работники были попросту счастливы.*

HEAD DOWN (См.: *Assholes and elbows*).

HERDING CATS (*букв.: выпас котов*). Это выражение я ставлю на второе место после *зеленых крошек*. Выпас котов — задание не из простых. В бизнесе под ним понимается управление группой людей, которые с трудом поддаются какому-либо контролю. Вообразите, что вам нужно послать десяток котов в погоню за одной-единственной мышью. Впервые я услышал этот оборот во время дискуссии насчет объединения группы складов старых автомобилей. Владельцы остались при своем мнении.

У каждого из них было собственное представление о том, как управлять объединенным бизнесом.

Будучи неплохими людьми и толковыми управленцами, они придерживались слишком разных представлений о том, в какую сторону следует вести предприятие. Делая шаги к союзу, каждый владелец продолжал управлять своим отделом как самостоятельной единицей, стараясь уклоняться от директив, спускаемых сверху, из объединенного правления. Поэтому «стадо котов» должно было стать головной болью исполнительного директора.

Выражение также применимо к управлению подчиненными, не сработавшимися друг с другом. Я же с особым удовольствием употреблял его, когда речь шла о размещении акций. Тогда я пытался решить, разделить ли миллион долларов на четыре части по 250 тысяч или на 100 частей по 10 тысяч. Дело в том, что инвесторы обычно имеют свое представление о том, как следует вести дела, что пошло не так и как это исправляется. Каждый из них хочет, чтобы ему пожимали руку и предоставляли регулярные отчеты о прибылях. Я знал, «что у семи нянек дитя без глазу», и потому решил работать с несколькими крупными инвесторами. «Выпасание» сотни акционеров — дело весьма непрактичное, чтобы не сказать — невозможное, и определенно может свести с ума.

ENG | Trying to coordinate all those investors has been as hard as **herding cats** — and about as effective.

RUS | *Попытка скоординировать инвесторов оказалась столь же трудной и столь же эффективной, как «выпас котов»* (**herding cats**).

HOLDING YOUR BREATH UNDER WATER (*букв.: задержав дыхание под водой*). Описывает подозрение, что вы имеете дело с запущенной проблемой, обнаруженной слишком поздно. Выражение применимо также к отчаянию, которое охватывает, когда предложенное решение оказывается неэффективным или дает плоды слишком медленно, а постоянные неудачи рождают нетерпение. Постоянные попытки «надолго задержать дыхание» могут привести к тому, что оно остановится навсегда. Это относится к руководителям, чья работа, например, связана с перестройкой деятельности фирмы и чьи результаты далеки от ожидаемых или требуемых.

ENG | We're **holding our breath under water** to see if Franklin can turn around 10 years of drooping sales.

Глава 1. Жаргон и все то, без чего никак не обойтись

| RUS | Мы «задерживаем дыхание под водой» *(are holding our breath under water)*, чтоб посмотреть, сможет ли Франклин переломить давнюю тенденцию спада объемов продаж. |

HONEYMOON (*букв.: медовый месяц*). Во многом это подобно *Champagne phase*: период времени сразу после старта проекта. В это время люди полны оптимизма и, как все новобрачные, блаженно верят, будто эйфория продлится вечно. (См. также: *Champagne phase*.)

| ENG | When the new CEO's **honeymoon** is over, he'll have to produce big new profits. |
| RUS | *Когда у нового директора закончится «медовый месяц» (**honeymoon**), он должен будет задуматься о том, как увеличить прибыль.* |

HONEYMOON BEFORE THE WEDDING (*букв.: медовый месяц до свадьбы*). Практика подсчета прибылей, когда «телега едет впереди лошади», а продукт еще даже не достиг рынка.

| ENG | We needed some prospects who wanted a **honeymoon before the wedding** and didn't mind the risk of ruining clothes by testing the new detergent before wider release. |

RUS | Мы нуждались в заказчиках, хотевших заполучить «медовый месяц до свадьбы» (**honeymoon before the wedding**), и не приняли во внимание риски, связанные с необходимостью проверить новое моющее средство до его выхода на рынок.

HOUSE OF TERMITES (букв.: дом с термитами). Отрицательный термин, используемый для описания бизнеса, который идет совсем плохо и может вконец рассыпаться — точь-в-точь как обваливается дом, который подгрызли термиты.

HOW MANY TEETH A (THE) HORSE HAS (букв.: сколько зубов у лошади). Старинная арабская пословица. Имеется в виду притча о трех мудрых старцах, спорящих «сидя в шатре» о том, сколько зубов у лошади, в то время как та пасется снаружи. Выйти к ней и посчитать зубы никому не пришло в голову. Выражение означает, что нет смысла бесконечно заседать, споря или рассуждая о том, что легко проверить на практике. Ответ зачастую содержится где-нибудь в базе данных, так что не тратьте время на споры — ищите правильный ответ за «порогом шатра». (См. также: *Open the window and see the weather.*)

ENG | It was a classic example of arguing over **how many teeth the horse has**: We debated which monthly sales ploy worked best when all we had to do was check our monthly sales figures against each strategy.

RUS | Перед нами был классический пример спора о том, сколько зубов у лошади (**how many teeth the horse has**). Мы с пеной у рта выясняли, кто из работников добился самых высоких показателей продаж в этом месяце, в то время как можно было всего лишь проверить отчетность.

I CAN RUN FASTER THAN MY WIFE, BUT THAT DOESN'T MEAN I AM FAST (*букв.: я бегаю быстрее своей жены, но это не значит, что я быстроног*). В повседневной жизни это правило работает и в буквальном смысле. Применительно к бизнесу оно означает, что, если дела одного отдела выглядят неплохо лишь на фоне другого, это еще не показатель успешной работы всей организации в целом, .

ENG | Pete was so proud, he had increased production more than 10 percent, which was more than either of the other plants, but Brian explained that it didn't matter, that just because **he could run faster than his wife** (the other plants) **didn't mean he could run fast**. Unfortunately, Pete was still missing the target and budget by more than 20 percent, so the company was still way under water.

RUS | *Пит очень гордился тем, что благодаря ему выпуск продукции возрос на 10%. Это намного превосходило показатели остальных, но Брайан сказал, что особо гордиться тут нечем. То, что Пит «бежит быстрее своей жены», то есть прочих отделов, «не означает, что он бежит быстро». (**He could run faster than his wife (the other plants) didn't mean he could run fast**). К сожалению, Пит более чем на 20% недовыполнял план по выручке и бюджету, так что дела компании шли по-прежнему плохо.*

ICE CRACKING (*букв.: треск льда*). Будьте осторожны, если американец говорит вам, что слышит «треск льда»: это верный признак того, что «земля или пол вот-вот уйдут у вас из-под ног». Обычно этот оборот означает настороженное отношение к человеку, который пытается оправдать плохой показатель или отрицательный результат. Даже если у вас есть уважительные причины, их часто не берут во внимание. Тот, под кем «треснул лед», виноват, как ягненок из басни, лишь тем, что волку хочется кушать. (См. также: *Wrong side of the argument*.)

| ENG | After losing his second major account, Marshall warned him that where he had been standing was now thin **ice cracking**. |

| RUS | *После потери второго основного клиента Маршалл предупредил виноватого, что тот стоит на тонком трескающемся льду (**ice cracking**).* |

IF YOU CAN'T (OR DON'T WANT TO) PLAY WITH THE BIG DOGS, GET (STAY) ON THE PORCH

(*букв.: не можешь (не хочешь) играть с большими собаками, сиди на крыльце*). Если вы не уверены, что завершите дело как надо, не стоит браться за него вообще. (См. также: *If you can't stand the heat, get out of the kitchen.*)

| ENG | Netscape constantly whined about Microsoft's cutthroat competition pushing Internet Explorer on PC buyers. Well, as they say, **if you can't play with the big dogs, stay on the porch**. |

| RUS | *Компания Netscape вечно жаловалась на агрессивную политику своего конкурента Microsoft, чуть ли не насильно впихивающего Internet Explorer во все персональные компьютеры. Что ж, как говорят, «не можешь играть с большими собаками, сиди на крыльце» (**if you can't play with the big dogs, stay on the porch**).* |

IF YOU CAN'T STAND THE HEAT, GET OUT OF THE KITCHEN

(*букв.: не можешь вынести жары — убирайся из кухни*). По смыслу этот оборот похож на предыдущее выражение; он также может относиться к компании или бизнесмену, оказавшимся под критикой или тщательным наблюдением. Иногда такая жара — неотъемлемая часть работы; если вы ее не выносите, остается менять профессию. (См. также: *If you can't (or don't want to) play with the big dogs, get (stay) on the porch.*)

| ENG | He was nearing retirement when his company was acquired by new owners who cracked down hard on all the employees. He complained to his co-worker, who told him, «**If you can't stand the heat, get out of the kitchen**», so he decided to retire. |

| RUS | *Он и так уже задумывался об отставке, когда компанию, где он работал, приобрел новый владелец, начавший «драть с работников по три* |

шкуры». Он пожаловался коллеге, который сказал: «Не можешь вынести жару, убирайся из кухни» (**If you can't stand the heat, get out of the kitchen**). Разговор окончательно укрепил его в мысли уволиться.

INCOMING OR INCOMING ROUND (*букв.: атака, атака отовсюду*). Метафора описывает критику или жалобу, саркастическую колкость или подначивание. В военных кругах этим термином предупреждают о приближении вражеских пуль или артиллерийских снарядов. В мире бизнеса его обычно применяет тот, кто на деловой встрече чувствует себя «атакуемым».

ENG | The meeting focused on blowing John's ideas out of the water. He remarked to me as the vocal barrage started: «**Incoming**! Will my plan survive? We'll see when I return their fire».

RUS | *Встреча была посвящена обсуждению идей Джона. Когда в зале поднялся гул, он заметил, обращаясь ко мне: «Атака! (Incoming!) Устоит ли мой план? Посмотрим, когда я сделаю ответный выстрел».*

INVITE ME TO THE MEETING (*букв.: пригласите меня на встречу*). Говорящий так хочет, чтобы его сделали равным или значительным партнером, главой или хотя бы акционером проекта. По смыслу выражение равносильно просьбе допустить к «барскому столу».

ENG | **Invite me to the meeting** and I'll resolve all your communications problems. I want an equal share, and I'll contribute a greater effort to the cause.

RUS | *«Пригласите меня на встречу» (Invite me to the meeting), и тогда я решу все ваши проблемы с коммуникациями. Дайте равную долю, если ждете от меня большего вклада в общее дело.*

JURY OUT (*букв.: присяжные совещаются*). Это выражение — хороший способ сказать, что идея обсуждается и пока не получила ни одобрения, ни осуждения.

Окончательный приговор станет известен только тогда, когда присяжные вернутся в зал суда. (См. также: *Jump ball.*)

ENG | We won't know if the new idea will be used as long as the **jury's out**.

RUS | *Мы еще не знаем, воспользуемся ли этим предложением. Пока что «присяжные совещаются» (jury's out).*

KISS YOUR SISTER (*букв.: поцелуй свою сестру*). Поцеловать сестру — приятный, ни к чему не обязывающий жест. В бизнесе так называют бесполезную трату времени на всякие невинные глупости.

ENG | After returning from yet another attempt to land our biggest potential client, which resulted in the status quo of them still not choosing a vendor, my boss asked «Did you **kiss your sister** again?»

RUS | *Я вернулся после очередных переговоров с самым многообещающим из наших клиентов мы хорошо провели время, но он так и не решился подписать контракт. «Ну как, снова поцеловал сестру? (Did you **kiss your sister** again?)» — спросил шеф. Он был прав: длительные дебаты закончились сохранением статус-кво.*

LAST MAN STANDING (*букв.: последний, кто устоял*). Имеется в виду «последний из могикан», выигравший, выживший или показавший лучшие данные. (См. также: *Bake-off, Boil out* и *Beauty contest.*)

ENG | Steven will be the **last man standing** when the blueprint drafting contest is decided. Nobody can beat him on precision or quality.

RUS | *Стивен простоит до последнего (**last man standing**), выдержит программу конкурса до конца. Ему нет равных в аккуратности и качестве.*

LEMON SQUEEZE (*букв.: выжимание лимона*). Совещание, на котором говорят только о плохом, а потом радуются, что сделанного не воротишь. Неприятная, но полезная процедура.

ENG During that **lemon squeeze**, we came up with some brilliant ideas to solve all our problems. We need, but don't want, more of those tough sessions.

RUS *Во время этого «выжимания лимона» (lemon squeeze) мы выдвинули ряд блестящих идей, направленных на решение наших проблем. Нам полезно, хотя порой и неприятно жесткое общение в таком духе.*

LEMONS INTO LEMONADE (*букв.: лимонад из лимонов*). Выражение означает, что в любом плохом событии можно обнаружить хорошую сторону — найти: «в бочке дегтя ложку меда» и «жемчужину в навозе». Например: после увольнения вы можете сделать *лимонад из лимонов*, занявшись наконец поисками работы, которая вам по душе. То же и со статистикой: если продажи не впечатляют, но раньше показатели были еще хуже, превращение *лимонов в лимонад* состоит в подчеркивании того, что они все-таки выросли. (См. также: *Optics.*)

ENG Mike knew that after his shop burned to the ground one day after the insurance policy expired, he could make **lemons into lemonade** by selling the land for a tidy profit.

RUS *Магазин Майка сгорел дотла, причем срок действия страхового полиса истек за день до пожара. Майк решил, что он может найти «ложку меда в бочке дегтя» (lemons into lemonade), продав землю и получив хоть какую-то прибыль.*

LIPSTICK ON A PIG (*букв.: губная помада на свинье*). Иногда никакие усилия не могут «перекроить тришкин кафтан» и заставить грубую реальность выглядеть лучше, чем она есть. Обычно это выражение (входящее в десятку моих самых любимых) относится к пересмотру старого плана или продукта. Ослиные уши все равно вылезут из-под шапки, а свинья останется свиньей, даже если размалевать ее дорогущей губной помадой.

ENG | Radio stations are constantly putting **lipstick on the pig** by running temporary promotions to give away money to listeners, but otherwise their format doesn't change. They still play the same music and run too many commercials.

RUS | Радиостанции постоянно «гримируют свиней губной помадой» (**lipstick on the pig**) с помощью всяческих акций с денежными призами, но формат их от этого не меняется. Станции по-прежнему ставят ту же музыку и отдают много времени под рекламу.

LOWER THAN WHALE CRAP (букв.: *ниже китового дерьма*). Когда кит избавляется от фекалий, они падают на самое дно океана. Столь же глубоко — «ниже плинтуса» — может нырнуть человек, упав духом или потеряв положение в обществе. Оборот применяется как к депрессивному бизнесмену, так и к его неблагополучной статистике.

ENG | Enron's stock price dropped **lower than whale crap** after the justice Department announced a full-scale investigation of Enron's accounting practices.

RUS | *Биржевая цена акций компании Enron упала «ниже плинтуса» (***lower than whale crap***) после того, как министерство юстиции объявило о полномасштабной проверке ее бухгалтерской отчетности.*

LUCKY STRIKE EXTRA (букв.: *пачка «Лаки Страйк» в подарок*). Приятное событие или подарок, которого никто не ожидал, не сводимые к пачке одноименных сигарет. (См. также: *Gravy on the steak*.)

ENG | We knew that interest was going to go down and lower our costs, but we didn't expect the real **Lucky Strike Extra**, that the portfolio would increase in value over 10 percent.

RUS | Мы рассчитывали на снижение расходов, но не ожидали такого «подарка» (**Lucky Strike Extra**), как повышение цены портфеля более чем на 10%.

MICKEY MOUSE (букв.: Микки-Маус). Оборот используют для описания неразвитой идеи или ее плохо продуманного воплощения. Безыскусная система «два притопа, три прихлопа» далеко не всегда эффективна. (См. также: *Quick and dirty* и *Shake and bake*.)

ENG | Their management system has a lot of flaws, it's really very **Mickey Mouse**.

RUS | *Их полная изъянов система управления оказалась настоящим фуфлом (**Mickey Mouse**).*

MIX SOME WATER WITH THAT AND IT WILL REALLY STINK (букв.: добавьте воды — и оно завоняет как следует). Хороший способ подвергнуть чью-либо идею сокрушительной критике, корректно намекнув, что задуска старая и дурацкая, и если ее освежить (добавить воды), будет только хуже. Мне сдается, что это выражение родом из Техаса.

ENG | Some idealists say that always trusting trained employees to do the right thing will boost production-**mix some water with that and it will really stink**.

RUS | *Некоторые идеалисты советуют всегда доверять хорошо обученным работникам, говоря, что такой подход окупится дополнительной продукцией. Если разбавить свежей водой старое дерьмо, оно будет вонять как во времена своей молодости. (**Mix some water with that and it will really stink**.)*

MOOSE HEAD ON THE TABLE (*букв.: лосиная голова на столе*). Серьезная проблема или вызов, который все осознают, но стараются обходить молчанием из этикетных или карьерных соображений.

ENG | The federal deficit running amok was the obvious reason for our surging inflation, but no one wanted to discuss the **moose head on the table**.

RUS | *Очевидной причиной всплеска инфляции был дефицит не местного, а федерального бюджета. Однако никто не хотел обсуждать «лосиную голову на столе»* (**moose head on the table**).

MOUSE MILKING (*букв.: доение мыши*). Проект или предприятие, требующее максимальных усилий при минимуме отдачи. Доить мышь, как и козла, практически невозможно, так что много молока вы с этого не получите.

| ENG | Selling computers door-to-door to senior citizens may not be as hard as **milking mice**, but I bet it's close. |

| RUS | *По своей эффективности продажи компьютеров пенсионерам «от двери до двери» приближаются к «доению мышей» (milking mice).* |

MYSTERY HOUSE (*букв.: таинственный дом*). Выражение описывает новый бизнес, который обещает высокие прибыли. При этом никто не знает, откуда возьмется продукция или постоянный доход. Оборот также относится к запутанной планировке офиса.

| ENG | Enron was hawking its sales of broadband and touting the potential for huge sales and profits with more than 20 traders. But to all of the salespeople, it was just a **mystery house**, since there wasn't a single sale made. |

| RUS | *Компания Enron вовсю торговала акциями, заманив более 20 инвесторов обещаниями будущей прибыли и высоким потенциалом продаж. Но для большинства акционеров она так и осталась «темной лошадкой» (mystery house).* |

NEW KID ON THE BLOCK (*букв.: новый ребенок в нашем квартале*). В бизнесе это выражение применяется к новому конкуренту, выскочке и вообще к нежеланному новому человеку, который может предложить свои правила поведения, если сумеет их отстоять.

| ENG | The **new kid on the block** in our consumerniche was giving us a run for our money. |

| RUS | *Появление в нашей рыночной нише новенького (new kid on the block) привело к изменению денежных потоков.* |

NHL (*букв.: Национальная хоккейная лига*). Игра слов: английская аббревиатура этой организации совпадает с первыми буквами оборота «никакого подъема тяжестей». Так обозначается синекура: должность, которая не требует большого напряжения сил и позволяет работать в стиле «не бей лежачего», перепоручая все сколько-нибудь важное нижестоящим звеньям. Такое превращение работы в надувание щек ставит под сомнение как подлинные способности нанятого, так и разумность штатного расписания.

ENG	Adam was well-liked as an executive, but his was obviously an **NHL position**, and all that work could probably be accomplished without him doling it out.
RUS	Адам оказался не столь уж плохим руководителем, особенно если закрыть глаза на то, что он получил явную синекуру (**NHL position**). Работа отдела не требовала его вмешательства.

NIBBLED TO DEATH BY DUCKS (*букв.: защипан утками до смерти*). Начинание, которое «сводят на нет» маленькие, как птички, препятствия. Проблемы слегка «покусывают», время слегка «пощипывает», коллеги слегка «поклевывают» — и внезапно «птицевод падает замертво», а грандиозный проект оказывается невоплощенным. (См. также: *Death by a thousand cuts*.)

NO SUCH THING AS AN ACCIDENT, ONLY PREMEDITATED CARELESSNESS (*букв.: не бывает несчастных случаев, бывает преднамеренная халатность*). Здесь, на мой взгляд, комментарии излишни.

ENG	When he neglected to tell Cheryl about their meeting, he apologized for forgetting, but she knew there was **no such thing as an accident, only premeditated carelessness**.
RUS	Когда он пренебрег долгом сказать Черил об их встрече, то извинился за свою забывчивость. Однако, по ее мнению, это «был не несчастный случай, а преднамеренная халатность» (**no such thing as an accident, only premeditated carelessness**).

NOT IN MY BACK YARD (NIMBY). Буквальный перевод выражения «Только не на мой задний двор». Девиз людей, считающих, что мир имеет право на многообразие, но лишь до тех пор, пока оно не затрагивает их интересы. Пожелание-предупреждение предназначено для отпугивания конкурентов.

ENG | An Australian lamb purveyor wants to come into Texas, our nation's number one lamb-producing state, and swipe our lamb market share. I say «**Not in my backyard**».

RUS | *Австралийский поставщик хочет организовать собственное производство в штате Техас, известном успехами в выращивании ягнят, и замахнуться на долю нашего рынка. Что тут скажешь? «Без меня, пожалуйста»* (**Not in my backyard**).

ONE-EYED KING IN THE LAND OF THE BLIND (*букв.: в стране слепцов одноглазый — король*). Вообразите себе мир слепцов. Их одноглазый король, единственный в стране, кто все видит, окружен почетом и преклонением, если угодно. Выражение относится к работнику (как только что нанятому, так и давнишнему, с проснувшимся вдруг талантом), от которого все ждут великих, невероятных, недостижимых или даже волшебных открытий. Выражение может употребляться с иронией, означая, что кое-кто зациклен лишь на своей персоне. Возможно, что этот человек был переоценен, но и ему настала пора пережить свой звездный час. «На безрыбье, как известно, и рак рыба», поэтому «одноглазый», разбирающийся лишь в азах дела, все равно выигрышно смотрится на фоне тех, кто не смыслит в нем вообще ничего.

ENG | When the other football players saw Ted perform on the field, exceeding all expectations, it was obvious that the coach thought he was the **one-eyed king in the land of the blind**.

RUS | *Когда другие футболисты увидели, что игра Тэда превосходит все ожидания, они поняли: для тренера он станет «рыбой на безрыбье»* (**one-eyed king in the land of the blind**).

ONE-TRICK PONY (*букв.: пони с одним трюком*). Компания, выпускающая один вид продукции.

ENG | Aunt Fanny's Fire-Licked Barbeque Sauce is the No. 1 favorite in the South, but the company is a **one-trick pony**. They need more products.

RUS | *Соус для шашлыка «Aunt Fanny» стал самым популярным на Юге, но фирма напрасно остается «пони с одним трюком»* (**one-trick pony**). *Они должны выпускать больше разной продукции.*

ONE-WAY TICKET (*букв.: билет в один конец*). Работа или поручение с отчетливо видным концом. Выражение применимо и к таким поручениям, у которых день финиша выясняется раньше, чем звучит команда «На старт!».

ENG | Greg was hired to shut our widget division down. It's a **one-way ticket**, because when it's finally closed, he's out of a job.

RUS | *Грега наняли для закрытия нашего отдела. Это «билет в один конец»* (**one-way ticket**), *поскольку, выполнив задание, он останется без работы.*

OPEN THE WINDOW AND SEE THE WEATHER (*букв.: откройте окно и увидите погоду*). Иной раз простой здравый смысл и житейская наблюдательность могут сказать больше, чем умозрительные расчеты. Это приложимо и к

Глава 1. Жаргон и все то, без чего никак не обойтись   67

таким мудрствованиям, которые вообще не ставят своей целью прийти к практическому совету. (См. также: *Can't see the forest for the trees, Chasing nickels around dollar bills, How many teeth the horse has, Too close to the trees, Sitting on the nickel, Weatherman syndrome* и *Blind man and the elephant.*)

ENG	We repeatedly hired expensive analysts to tell us how to boost employee morale and productivity. Finally, we **opened the window and saw the weather**. All we had to do was practice the Golden Rule: Treat others as we want to be treated; love thy neighbor as thyself. Over time it has worked, and productivity is up 50 percent.
RUS	*Мы не пожалели денег и пригласили экспертов в надежде, что они подскажут нам, как добиться повышения продуктивности работников и укрепить их моральный дух. «Нам открыли окно, и мы увидали погоду»* (**opened the window and saw the weather**). *Оказалось, что нам следует всего лишь придерживаться «золотых правил»: «обращайся с другими так, как хочешь, чтобы обращались с тобой» и «возлюби ближнего, как самого себя». Вековая мудрость вновь не подвела, и продуктивность выросла в полтора раза.*

OPTICS (*букв.: оптика*). Способ, которым что-либо преподносится или видится — в противовес тому, чем оно является на самом деле; впечатление или восприятие в противоположность реальности. Это слово полезнее, чем кажется на первый взгляд. Оно относится также к тому, как ведет себя руководитель на презентации — а ведь восприятие его действий зачастую важнее произносимых цифр. Деловая Америка думает об «оптике» на каждом шагу. Изменение «угла отражения» позволяет плохому выглядеть хорошо (или, по крайней мере, не столь уж плохо), сказав, например, что мы героически отступаем, а враг в панике бежит за нами. Я видел пример «поворота линз» на собрании коллектива, где речь должна была идти о том, что компания, по существу, провалила план по двукратному увеличению прибыли. Но о бывшей цели предпочли умолчать, заострив внимание на том, что прибыль все-таки выросла, причем в целых полтора раза. (См. также: *Lemons into lemonade.*)

ENG | The **optics** of Ted's loan request could have been improved if he hadn't gone to the bank in his new Ferrari and announced that he had just returned from Vegas.

RUS | «Оптика» (**optics**) просьбы о ссуде оказалась бы лучше, если бы Тед не отправился в банк на новом «феррари» и не объявил, что только что вернулся из Лас-Вегаса.

OPTIONAIRE (*букв.: опционер*). Миллионер на бумаге, ставший им в результате получения опциона или других комбинаций, сулящих прибыль. Реальность всегда оказывается сложнее схем, так что возможность превращения в подлинного миллионера не очень-то велика.

ENG | None of us thought it was wise for Kim to start building a new house, because at this point she was nothing but an **optionaire**.

RUS | *Мы все были уверены, что Ким поспешила со строительством нового дома, поскольку в тот момент она была всего лишь опционером (**optionaire**).*

OZONE THINKING (*букв.: озоновое мышление*). Необоснованное, непродуманное суждение и вообще примитивный образ мыслей. Человеку с «озоновой» головой, в которой «гуляет ветер», трудно принимать важные решения. Скорее он скажет или сделает нечто бессмысленное или по крайней мере нелогичное. (См. также: *Breathing our own exhaust, Don't forget what stage of the process you're in* и *Altitude sickness.*)

ENG | It must have been **ozone thinking** when Coca-Cola decided to mess with its drink formula and come out with New Coke.

RUS | *Только «ветром в голове» (**ozone thinking**) я объясняю решение компании Coca-Cola изменить формулу напитка и выйти на рынок с маркой New Coke.*

PEANUT GALLERY (*букв.: грошовая галерея*). Пренебрежительный отзыв о «сопляках», без которых мы и так разбираемся и чьим мнением не очень-то дорожим. «Голос из помойки» может смешить или даже раздражать, когда переходит в «бунт на корабле». На галерку, то есть на самые дешевые в театре места, сажают людей, чьи суждения слушают в последнюю очередь. (См. также: *Armchair quarterback*.)

ENG | Donna told Ron to just be quiet; his opinion from the **peanut gallery** didn't count.

RUS | *Донна попросила Рона сидеть тихо, поскольку его мнение с последней парты (**peanut gallery**) никому не интересно.*

PEAS AND CARROTS (*букв.: горох и морковка*). Два варианта ведения дел — различные, но одинаково важные и перспективные. Выбирая между ними, хочется и «рыбку съесть», и «на елку влезть».

ENG | Quality control and cost control are crucial to any manufacturer's success. **Like your peas and carrots**, you shouldn't favor one and ignore the other.

RUS | *Контроль качества и контроль расходов являются ключевыми факторами успеха любого дела. Как в случае с горохом и морковкой (**like your peas and carrots**), не стоит выбирать одно, пренебрегая другим.*

PEEL THE ONION (*букв.: очищай лук*). Призыв глубже зарыться в дело или проблему. Впрочем, когда чистишь лук, можно увидеть на нем гнильцу или даже обнаружить жучков. (См. также: *Drill down, Fishbone analysis, Granularity* и *Layer(s) of the onion*.)

ENG | Let's **peel the onion** to get to the root of the problem.

RUS | *Давайте «очистим лук» (**peel the onion**), чтобы дойти до корня проблемы.*

PENCIL BRAIN (*букв.: карандашные мозги*). Пренебрежительное суждение о том, кто осуждает проект или его финансовый план. Выражение подразумевает, что критикан извращает дело плохими прогнозами или неаккуратным расчетом. Его применяли, в частности, к Френклину Рейнесу, поставленному в трудное положение (а затем вовсе изгнанному), исполнительному директору фирмы *Fannie Mae*.

ENG | Don't listen to that **pencil brain**! Our numbers are fine.

RUS | *Не слушайте эти «карандашные мозги» (**pencil brain**)! Наши цифры в полном порядке.*

PENCIL WHIP (*букв.: карандашная плетка*). Критиковать кого-либо в письменной форме, а не напрямик.

ENG | That supervisor is notorious: He'll act like nothing is wrong, but then he'll **pencil whip** you in his review.

RUS | *Этот инспектор себе на уме: он сделает вид, что ничего не произошло, а потом «отметелит» (**pencil whip**) тебя в своем отчете.*

PICKING YOUR BRAIN (*букв.: обирание мозгов*). Позволить другому почерпнуть из общения с вами ценные сведения, полученные на самом верху фирмы. Хотя это тешит ваше самолюбие, будьте осторожны, чтобы секретная информация не уплыла к конкурентам.

ENG | Tim doesn't know what direction he'd like his company to go, so he wanted me to ask you if he could **pick your brain** for ideas.

RUS | *Не зная, каким курсом вести компанию, Тим поинтересовался, нельзя ли ему «обобрать ваши мозги» (**pick your brain**) и обзавестись идеями.*

PIRATE (*букв.: пират*). Красивый способ намекнуть на чью-либо жадность, имея в виду, что этот бизнесмен сосредоточен на высоких доходах и лишен альтруизма. Хотя алчность морских разбойников оспаривать трудно, многие из них имели своеобразный кодекс чести и не всегда стремились к наживе за счет других. В мире «воротил с Уолл-стрит» слово «пират» далеко не всегда звучит как ругательство. (См. также: *Greenmail*.)

ENG | Wall Street **pirates** often use greenmail to grab big returns without having to buy a company or deal with any corporate management chores.

RUS | «Пираты» (**pirates**) с Уолл-стрит часто прибегают к интригам для получения прибыли. Они избегают обязательств о покупке компаний и не желают иметь дело с корпоративным менеджментом.

PISS AND VINEGAR (*букв.: моча и уксус*). Метафора дерзкой натуры, в характере которой могут соединяться энергичность, смелость в принятии решений, неуважение к любым авторитетам и резкая, хотя и вполне цензурная речь. Эта в принципе неплохая характеристика также может относиться к ложным харизматикам, которые «напускают туман», «не дружат с головой» или думают лишь о себе.

ENG | Full of **piss and vinegar**, the new vice president didn't care what others thought of her. She was headed to the top with her aggressive management style.

RUS | *Новая вице-президент, в которой было многовато «перцу» (***piss and vinegar***), не волновалась о том, что подумают о ней окружающие. Агрессивным стилем управления она возвысила себя до небес.*

PLANE MONEY (*букв.: самолетные расходы*). Относится к размерам премиальных для руководителей, подписавших важный контракт, и намекает на то, что награды хватило бы на порядочный самолет.

ENG | The employees, who were given no raises last year, were clearly aggravated when a new CEO was hired and'given **plane money** rumored to be over $3 million for a signing bonus.

RUS | *Работники, которым в прошлом году не повышали зарплату, были явно раздражены, когда новый исполнительный директор получил за подписание контракта «самолетные расходы» (***plane money***), превысившие, по слухам, 3 миллиона долларов.*

PLAYING FOOTBALL WITHOUT A HELMET (*букв.: играя в футбол без шлема*). Игра в американский футбол без шлема может плохо повлиять и на голову, и на то, как она соображает: вспомните многочисленные шутки об интеллекте боксеров. Выражение описывает склонность к риску людей, не продумавших «пути отхода» (см. *Plan B*) или не желающих ими пользоваться.

ENG — Everyone brought their research reports with them to support their ideas, except the new salesman, who thought he could wing it. The rest of us knew better than **to play football without a helmet**.

RUS — *Для убедительности докладов все прихватили на собрание исследовательские отчеты. Исключение составил только новый агент, решивший обойтись лишь своей головой. Остальные слишком хорошо знали, что к чему, чтобы «играть в футбол без шлема»* (**to play football without a helmet**).

POLLYANNA SYNDROME (*букв.: синдром Поллианны*). Выражение отсылает к серии повестей Элеанор Хогман Портер, жизнерадостная героиня которых, девочка Поллианна, упорствовала в своем оптимизме и считала, что добро всегда побеждает. Такой настрой может вдохновить на подвиг; однако в бизнесе это выражение скорее звучит снисходительно, обозначая чересчур простой или наивный подход. (См. также: *Boy scout*.)

ENG — The boss showed his **Pollyanna syndrome** by having complete certainty that everyone was trying their hardest. That meant that employees could get away with anything.

RUS — *Босс выказал свой «синдром Поллианны»* (**Pollyanna syndrome**), *пребывая в уверенности, что «каждый делает все возможное». Это значило, что работники могут остаться ни с чем.*

POS (PIECE OF SHIT). В деловых кругах такая аббревиатура выглядит мягче, чем ее расшифровка (*кусок дерьма*), и обозначает чушь, глупость, принятие неверных решений, их неверное исполнение или любой другой нежелательный результат. Она может также относиться к человеку, почему-либо вызывающему у вас неприязнь, — допустим, своими морально-этическими стандартами.

ENG — Tell the **POS** that if he wants to stay here, he's got to stop harassing the female executives.

RUS | *Скажи этому «козлу» (**POS**), что если он хочет здесь работать, пусть больше не пристает к женщинам из начальства.*

PRETTIEST GIRL AT THE DANCE (*букв.: лучшая девчонка на дискотеке*). Так называют самого интересного или агрессивного торгового агента или партнера по переговорам. Выражение может обозначать «гвоздь программы» деловой встречи: самое заманчивое предложение или продукт. Оборот родился из старого совета девушке не пропускать танец ввиду боязни, что ее не пригласит некий молодой человек. Наоборот, гласит народная мудрость, девушке надо идти в клуб в полной уверенности, что она самая красивая, смотреть, кто ее приглашает, а уже затем, может быть, соглашаться на танец.

В бизнесе этот совет означает: не упускайте свои возможности, а, наоборот, используйте их по принципу «так объяснял, что даже сам понял». Будьте настойчивы при продажах, а уже затем решайте, какие встречные предложения отобрать. Успешно работая над тем, чтобы сделать себя, компанию, услугу или продукт «самой красивой на дискотеке», вы сможете вести переговоры с позиции силы. (См. также: *The dance*.)

ENG | Ted Turner's CNN empire was, hands-down, the **prettiest girl at the dance** when buyout options were being considered by Time Warner and other suitors.

RUS | *Империя CNN, принадлежащая Тэду Тернеру, была, несомненно, «лучшей девчонкой на дискотеке» (**prettiest girl at the dance**), когда Time Warner и другие «поклонники» подсчитывали свои шансы на ее поглощение.*

PRINTED ON SOFT PAPER (см. *Soft paper report*).

PROMISED LAND (*букв.: земля обетованная*). Чудесное место, лелеемые в мечтах достижение, цель или награда. Бо́льшую часть времени трудно поверить, что они вообще достижимы.

Часть I. «Зеленый новичок»

ENG | Ted, the eternal optimist, was the only person in production who thought he could actually hit the goal, because he believed in the **promised land**.

RUS | *Вечный оптимист Тед, единственный среди всех производственников думал, что может и вправду добиться цели, словно верил в «землю обетованную»* (**promised land**).

PSYCHIC INCOME (*букв.: психологический доход*). Имеется в виду не денежная, а моральная компенсация, такая, как гордость за удачно выполненную работу.

ENG | You can't pay some people enough; they want **psychic income** to motivate them in their job.

RUS | *Есть люди, которым сколько ни плати, все кажется мало: им нужен «психологический доход»* (**psychic income**) *в качестве поощрения.*

PUSH THE BUTTON, TURN THE CRANK (*букв.: нажми кнопку, поверни рукоятку*). Мои хорошие друзья Диксон и Грег услышали этот оборот в компании *Scott Paper*, откуда и взяли его на вооружение. Сотрудники фирмы не хотели, чтобы их клиенты изводили бумажные полотенца или туалетную бумагу. Чем больше ручек и кнопок гости вертели и нажимали, тем меньше бумаги вылезало наружу и тем медленнее уменьшалась очередь в туалет. Теперь это выражение обозначает препятствия, направленные на то, чтобы усложнить покупателям избыточное или неправильное использование продукта.

ENG | Software can be easy to share or swap, but *XYZ Cyberspace Tools* opted for a security barrier that curbs sharing and forces would-be users to buy, register and retain programs for their own use. This is innovative **push the button, turn the crank** software.

RUS | *Порой с компьютерных программ легко сделать пиратские копии; но фирма XYZ Cyberspace Tools поставила своего рода барьер безопасности, пресекающий подобную деятельность и заставляющий пользователей использовать только легальные программы. Эта новаторская начинка выполнена в стиле «нажми кнопку, поверни рукоятку»* (**push the button, turn the crank**).

PUSHING A BOWLING BALL THROUGH A SNAKE (*букв.: пропихнуть мяч в удава*). Некоторые вещи кажутся со стороны слишком трудными и болезненно медленными. Наблюдать их столь же утомительно, как следить за высыханием краски: время превращается в вечность. Обычно этот термин используется, когда плоду еще далеко до созревания или когда конечный результат сильно отличается от задуманного.

ENG | Solving a sausage-extruding production line jam can be like **pushing a bowling ball through a snake**: You can see it coming, but at a snail's pace. Everyone must be patient.

RUS | Избавиться от затора на линии по выпуску сосисок не проще чем пропихнуть верблюда через игольное ушко (*pushing a bowling ball through a snake*): процесс, возможно, идет, но с черепашьей скоростью. Каждый должен запастись терпением.

PUSHING A STRING/ROPE (*букв.: пропихивая веревку/канат*). Даже тонкая нитка с трудом пролезает в иголку — что говорить о ее более толстых собратьях. Выражение обычно используют для описания плана, обреченного на неудачу, и любого бесплодного предприятия вообще.

ENG | We all knew that breaking into that market was virtually impossible; we'd be more successful if we were **pushing a string**.

RUS | *Мы все знали, что проникнуть на этот рынок практически невозможно; пожалуй, большего успеха мы добились бы в «пропихивании бечевки»* **(pushing a string)**.

RAGGEDY ANN/ANDY SYNDROME (*букв.: синдром тряпичной Энн/тряпичного Энди*). Имеются в виду тряпичные куклы; они лишены хребта и не могут стоять. В бизнесе это обозначает любого бесхарактерного человека, который не в силах принять жесткое решение и постоять за себя и других.

ENG | I used to have a cohort that all of our subordinates would complain about because he had **Raggedy Andy Syndrome**, which caused him to make empty promises because he didn't want to tell anyone no.

RUS | *Я был готов к тому, что подчиненные начнут жаловаться на его «бесхребетность»,* **(Raggedy Andy Syndrome)**. *Он не умел сказать твердое «нет», предпочитая бросаться пустыми обещаниями.*

RADIOACTIVE (*букв.: радиоактивно*). Имеются в виду «неприкасаемые» люди, вызывающие отторжение у начальства, а то и попросту избегаемые благодаря своей репутации или непростому характеру. Я услыхал этот оборот, работая в одной из самых крупных в мире компаний. Ее большие боссы с несколькими образованиями и множеством почетных званий не испытывали симпатии к обычным предпринимателям, которых корпоративная культура обращала в своего рода парий.

ENG | Ron is **radioactive**, because his entrepreneurial approach runs afoul of the stodgy corporate bureaucracy and his ideas just haven't been accepted.

RUS | *Рон у нас «персона нон грата»* **(radioactive)**, *поскольку его предпринимательский подход чужд нашим тяжелым на подъем бюрократам и его идеи воспринимаются в штыки.*

RED HERRING (*букв.: красная селедка*). Так обозначается вводящий в заблуждение маневр или ложная цель, отвлекающая внимание от подлинной проблемы. Писатели детективов давно взяли этот прием на вооружение, чтобы до последнего держать читателя в неведении о том, кто убийца. В ироничном смысле оборот используют те, кто учит охотничьих собак преследовать добычу по запаху. В бизнесе под этим понимается предварительный проспект, красная обложка которого говорит, что компания не имеет права выставить свои акции на продажу, так как пока не получила одобрение вышестоящих инстанций. (См. также: *Red herring.*)

ENG | Our **red herring** was designed to be a classic false clue. The business plan effectively focuses potential investors' attention on our accelerating growth and away from our decelerating profits.

RUS | *Наша «красная селедка»* (**red herring**) *была сделана в отработанном стиле фальшивой мишени. Бизнес-план привлекал внимание потенциальных инвесторов к повышающимся темпам роста производства и отвлекал его от наших снижающихся доходов.*

RED CROSS MONEY (*букв.: деньги «Красного Креста»*). Финансовая помощь, получаемая от компании высокого полета, «доноры» в которой знают, что никогда не вернут своих денег.

ENG | Everyone was aghast that the CEO would put more money in the fledgling division. We all opined that he knew it was **Red Cross money**, but he had enough that he didn't mind making the «donation».

RUS | *Все с ужасом ждали, что исполнительный директор вложит деньги в едва оперившееся подразделение. Мы все считали, что это будут «деньги "Красного Креста"»* (**Red Cross money**)*, но, видимо, директор накопил достаточно средств, чтобы не волноваться о дальнейшей судьбе «пожертвований».*

RIFLE SHOT (*букв.: винтовочный выстрел*). Аккуратное и решающее действие, решение или предприятие, наносящее точечный, но верный удар. Такой подход противопоставляется другому (см. *Shotgun*), когда вы покрываете или поражаете более широкую территорию, но без особенной силы.

ENG	When we learned the plant was polluting its site, we fired a **rifle shot**, shut that factory down quickly, and began our own massive cleanup.
RUS	*Когда мы узнали, что завод загрязняет окружающую среду, мы сделали «винтовочный выстрел»* (**rifle shot**), *быстро закрыв эту фабрику.*

RING THE BELL (*букв.: звонить в колокол*). Подобный звон означает, что вы близки к выигрышу или что проект позволяет рассчитывать на успех. Издать его так же трудно, как и в старинной ярмарочной забаве, требовавшей очень сильного толчка по массивному основанию, чтобы заставить звенеть висящий на самом верху колокольчик. Иногда фирмы заводят самый настоящий колокол, в который сотрудники звонят, добившись некой цели.

ENG	Ann pointed out that the goal was quite ambitious, and it was going to take a lot of effort from all the team members to **ring the bell** on this one.
RUS	*Энн подчеркнула, что цель выглядит очень амбициозной и от всех членов команды потребуются усилия, чтобы в конце концов «зазвенел колокол»* (**ring the bell**).

ROT AT THE HEAD (*букв.: гниль на голове*). Менеджер или управляющая команда, плохо справляющаяся с работой, отчего страдают остальная организация и показатели компании. Выражение породило наблюдение над мертвой рыбой, которая, как известно, начинает *«гнить с головы»*.

ENG	As we discussed the previous department manager's poor performance and how that negatively affected the results for the past year; Stu said «Yeah, it always **rots from the head**».
RUS	*Когда мы обсуждали плохие показатели предыдущего менеджера и то, как они отразились на статистике прошлого года, Стю сказал: «Рыба всегда гниет с головы* (it always **rots from the head**)*».*

RUNNING ON THE HUB (*букв.: бег на ступице*). Безденежье. Вожжи перетерлись, колеса сломались, и теперь телега стоит на осях.

ENG | When they were late paying their rent three months in a row, then gave us a bad check, we knew they were **running on the hub**.

RUS | *Когда они с опозданием оплатили свою трехмесячную аренду, а затем выписали нам фиктивный чек, мы поняли, что они совсем «на мели» (**running on the hub**).*

SAND IN THE GEARS (*букв.: песок в механизме*). Нечто притормаживающее работу, из-за чего некое звено не может работать как надо. Маленькая проблема порой приводит к большим огорчениям. Подобным же образом маленькие песчинки, попав в механизм, вызывают чудовищные поломки.

ENG | The order fulfillment department kept throwing **sand into the gears** by missing deadlines, making it harder and harder to sell.

RUS | *Производственный отдел продолжал «ставить палки в колеса» (**sand into the gears**), не укладываясь в крайние сроки, что все более затрудняло продажи.*

SCALPING (*букв.: скальпирование*). Кое-кто может подумать, что это из практики дипломатических отношений между индейцами и бледнолицыми. Однако на самом, деле идею скальпирования принесли индейцам первые белые поселенцы. Аборигены переняли этот обычай у французских охотников с капканами, которые посылали домой скальпы своих врагов, чтобы показать тем самым свою доблесть. Иногда, впрочем, французы носили снятый скальп при себе для устрашения других и демонстрации своей смелости или превосходства. В бизнесе показательному *скальпированию* подвергают руководителей в рамках кампании по реструктуризации или перестройки всего дела, наказывая менеджера, который не справился с возложенным заданием. Зачастую кредитор или другой крупный акционер требует *скальпировать* кого-то из начальников низшего звена, чтобы все осознали необходимость будущих перемен.

Несмотря на всю свою болезненность, реформы обычно оказываются благотворными. (См. также: *Blood on the floor* и *Public hanging.*)

ENG	One of the disadvantages to working for large corporations is the sometimes-necessary practice of **scalping** during downsizing.
RUS	*Одним из недостатков работы в большой корпорации является возникающая порой необходимость «показательной порки» (***scalping***) в процессе сокращения штатов.*

SCARS ON MY BODY (*букв.: шрамы на моем теле*). Заслуживающий внимания предпринимательский опыт. *Душевные и телесные шрамы* оставляют события, заставившие нас страдать. Как правило, выражение применяется к предпринимателю, который сам выстроил бизнес, или к верному работнику, накопившему большой опыт. (См. также: *Arrows in our back* и *Dirty fingernail person.*)

ENG	I built this business from scratch, no small feat for a computer software firm. I've got the **scars on my body** to prove it.
RUS	*Я начал свое дело с нуля, что не слишком-то плохо в сфере программного обеспечения. Потом я встал на ноги, но это стоило мне «много крови» (***scars on my body***).*

SCORCHED EARTH (*букв.: выжженная земля*). Выражение относится к действию, переворачивающему все вверх тормашками. В бизнесе это может означать всеобщее увольнение, закрытие или разделение предприятия на несколько более мелких. Конечно, такие инициативы вносят определенный переполох, но в некоторых случаях они позволяют добиться повышения прибыли.

ENG	We could see no better alternative than to execute our **scorched earth** plan to get rid of everything unprofitable.
RUS	*Единственный выход заключался в том, чтобы «не оставить от предприятия камня на камне» (***scorched earth***), избавиться от всего, что не приносило нам доходов.*

SEE SOME WOOD (*букв.: увидеть немного дерева*). Добиться, чтобы кое-что из намеченных, но отложенных заданий было все-таки выполнено. Выражение отсылает к тем временам, когда возводимый сруб до поры до времени не был виден из-под груды щепок и инструментов.

ENG | Mr. Jennings insisted that he **see some wood** in Theresa's work space by having her complete and clear out all the projects she had started.

RUS | *Мистер Дженнингс утверждал, что «увидеть в работе Терезы немного дерева»* (**see some wood**) *можно только тогда, когда вы заставите ее завершить и прояснить все начатые проекты.*

SEND A CHRISTMAS CARD (*букв.: послать рождественскую открытку*). Это значит, что после окончания сделки мы не нуждаемся в звонках того, с кем ее провели, и, если что, можем позвонить ему сами. Если ему очень надо с нами связаться, пусть просто *пошлет рождественскую открытку*, и ничего более. Зачастую по окончании успешной сделки продавец не желает ничего слышать о покупателе. Фраза основана на убеждении, что «лучшие новости — отсутствие новостей». Конечно, продавцу хочется получить обещанное покупателем денежное вознаграждение, но он ничего не желает слышать о трудностях. Оборот также применим ко всем, с кем вы больше не хотите общаться.

ENG | After the long negotiations ended with a deal, Ted made it clear to the buyers that all he ever expects going forward is for them to **send a Christmas card**.

RUS | *Когда долгие переговоры завершились успешно, Тэд дал понять покупателям, что теперь он не ждет от них ничего, кроме «открытки на Рождество»* (**send a Christmas card**)*.*

SEVAREID'S LAW (*букв.: закон Сефарида*). Выражение, принадлежащее бывшему журналисту-рекламщику Эрику Сефариду, гласит, что главной причиной проблем являются их решения, которые часто ставят больше вопросов, чем должны снимать. Поспешно найденный выход может оказаться хуже изначального тупика.

ENG | We just thought we had it bad some time ago when our old machines needed repairs every month or so. Now **Severeid's Law** applies to the new replacement machines which can't duplicate the quality we got from those old standbys.

RUS | Чуть ли не каждый месяц ремонтируя аппаратуру, мы думали, что переживаем не лучшие времена. Но оказалось, что «закон Сефарида» (**Sevareid's Law**) распространяется и на новое оборудование, которое, в отличие от нашей старой техники, не позволяет поддерживать высокое качество.

SHAKE AND BAKE (букв.: *взболтай и запеки*). Описывает продукт, разрабатывавшийся и производимый на живую нитку, когда скорость достигается за счет потери качества.

ENG | That product design, manufacturing and sales cycle was so fast that it troubled everyone, and their fears were validated when the returns started coming back. It was clear that it was worse than **shake and bake**. The moral to the story was that easy and fast isn't always the best. (See also: quick and dirty and Mickey Mouse.)

RUS | Цикл разработки, производства и продажи продукта был настолько коротким, что «все встали на уши». Общие опасения подтвердились, когда начались возвраты изделий недовольными покупателями. Стало ясно, что мы продавали им «тяп-ляп» (**shake and bake**). Мораль истории заключалась в том, что легкое и быстрое — не всегда лучшее. (См. также: Quick and dirty и Mickey Mouse.)

SHARING TEETH (букв.: *поделиться зубами*). Представьте трех старичков, которые хотят пообедать, но на троих у них всего одна пара вставных челюстей. Обед растянут до бесконечности, да и сам вид передаваемых по кругу челюстей не способствует аппетиту. Нечто похожее имеет место в ситуации, когда компания испытывает недостаток оборотных средств и ей приходится строго контролировать их использование.

Глава 1. Жаргон и все то, без чего никак не обойтись 83

| ENG | The dismantlers were very inefficient as they spent a lot of time standing around waiting for a forklift, since there was only one for the six of them, and it was a lot like **sharing teeth**. |
| RUS | *Демонтаж шел ни шатко ни валко: работники убили уйму времени, ожидая автопогрузчик. И вообще было такое ощущение, что на шестерых рабочих был не один автопогрузчик, а одна пара челюстей, — и предстояло и не работать, а есть (***sharing teeth***).* |

SHIT DOESN'T STINK (*букв.: свое дерьмо не пахнет*). Выражение относится к себялюбцам. Они думают, что их не в чем упрекнуть, но зато с удовольствием обсуждают «соломинки в глазах» окружающих. То, что эти окружающие молчат об их «бревнах», хотя и видят их, таким людям не приходит в голову.

| ENG | Jill never fails to let you know that she's better than the rest of us, especially when it comes to job performance and her love life. Why, she even thinks her **shit doesn't stink**! |
| RUS | *Джил никогда не упускает случая напомнить, что она лучше всех во всем, особенно в работе и личной жизни. Возможно, она полагает, что «ее дерьмо не пахнет» (***shit doesn't stink***).* |

SHITDISTURBER (*букв.: говномес, дерьмочерпалка*). Как вы уже наверняка поняли из многочисленных примеров, бизнес-жаргон на половину в худшем случае, состоит из грязной ругани. *Говномесом* называют нытика или еще почему-либо неприятного сотрудника, обычно за стервозный и склочный характер. (См. также: *Stirring the pot* и *Union delegate.*)

| ENG | Ken has always been a **shitdisturber** in our shop. He just can't get along, or stop arguing long enough to be very productive. |
| RUS | *В нашей компании Кен всегда был «дерьмочерпалкой» (***shitdisturber***). Он не умеет вовремя прекратить спор, что плохо сказывается на работе.* |

SHOUT FROM THE TOWER (*букв.: крик с башни*). Иногда чем громче вы кричите, тем меньше вас слышат. В то время как вы надрываетесь, чтобы привлечь внимание, вас не замечают вообще. Видимо, нужен другой способ общения с аудиторией.

ENG | Blaring our work safety tips over the intercom every morning didn't lower our accident rate. Since **shouting from the tower** didn't work, we tried small-group safety meetings with donuts and coffee, and our accident rate plunged.

RUS | *Ежеутренние проверки техники безопасности никак не повлияли на уровень травматизма. Поскольку «глас вопиющего в пустыне»* (**shouting from the tower**) *не был услышан, мы стали проводить совещания по безопасности в маленьких группах за кофе с пышками. И кривая инцидентов резко пошла вниз.*

SHOVEL INSTEAD OF A SPOON (*букв.: лопата вместо ложки*). Я изобрел это выражение, будучи возмущен своими сотрудниками. Система расчета процентов работала так, что их премиальные возрастали быстрее, чем продажи. Поняв, что проблему нельзя решить безболезненно, я стал размышлять, стоит ли мне снизить проценты всем сразу или нужно попытаться постепенно внести нужные коррективы. Если вы собираетесь применить *лопату вместо ложки*, хорошенько продумайте порядок действий. Я постепенно снижал премиальные до тех пор, пока наконец не понял, что пришло «время лопат». Отбросив старый план, я волевым решением принял новый. Некоторое время кипели страсти, но через месяц все успокоились, продажи выросли, и вскоре перемены стали приносить желаемые плоды. Месяцы, в течение которых я использовал «ложку», оказались потраченными впустую. (См. также: *Cut the dog's tail off one inch at a time.*)

ENG | I wished I had used a **shovel instead of a spoon** much sooner, but at least I did finally decide to attack the problem in one swift move.

RUS | *Я долго собирался «сменить лопату на ложку»* (**shovel instead of a spoon**), *пока наконец не решился на тактику быстрого натиска.*

SILENT WAR (*букв.: тихая война*). Выражение навеяно одноименной книгой экономиста Айры Магазинера. В ней рассказывается о том, что хотя производители и их агенты и говорят публично о важности «командного духа», их поведение на сцене и за кулисами не совпадает. Несмотря на размах «военных действий», когда каждая сторона стремится положить бо́льшую часть прибыли себе в карман, конфликт протекает тихо, за закрытыми дверями.

ENG | In the collision repair world, insurance companies say they want to work in partnership with repair shops, but then squeeze them on payments for services performed. It's a **silent war** as opposed to a «declared war».

RUS | *В мире послеаварийного ремонта страховые компании утверждают, что стремятся к сотрудничеству с ремонтными мастерскими, а затем «берут их за горло» требованиями платежей за предоставленные услуги. Это необъявленная «тихая война»* (**silent war**).

SISTER MARY'S HOME FOR BOYS/GIRLS (*букв.: приют сестры Марии для девочек/мальчиков*). Выражение используется как предостережение новичкам о том, что в мире предпринимательства действуют жесткие правила — здесь нельзя ждать тепличных условий. Возможно, некоторые наивно думают, бизнес — это прежде всего приют, где каждому сироте дадут кусок хлеба с арахисовым маслом. Однако у акул бизнеса такая справедливость скорее не правило, а исключение.

ENG | The last time I checked, this was not **Sister Mary's Home for Boys**, and our new partners need to quit whining. Terms will never be equal between vested and non-vested partners.

RUS | *Судя по моей последней проверке, ситуация мало напоминала приют для обездоленных (**Sister Mary's Home for Boys**), так что нашим новым партнерам следовало «завязать с жалобами». Условия для основных партнеров и не слишком важных клиентов никогда не будут равными.*

SKIN IN THE GAME (букв.: *шкура на кону*). Ставка или доля в предприятии или сделке. Здесь *шкура* обозначает не деньги, а карьеру, репутацию и другой символический капитал, которым рискует играющий. (См. также: *Emotionally invested, CLM* и *CEM*.)

ENG | When a person's own **skin is in the game**, they have something important to lose and will usually perform at a higher level to protect it.

RUS | *Тем, у кого «на кону стоит шкура» (**skin is in the game**), есть что терять, так что они сделают все возможное, дабы работа была выполнена в лучшем виде.*

SLIP THE NOOSE (букв.: *вывернуться из петли*). «Избежать сильных ударов кнута, подкупив палача до экзекуции».

ENG | J. J. insulted the client and lost the account, but somehow **slipped the noose** by not getting fired; we're still trying figure out how she got away with it.

RUS | *Некая Д. Д. нагрубила клиенту, и он отказался от наших услуг. Но она каким-то образом «вывернулась из петли» (**slipped the noose**) и осталась в компании, хотя мы до сих пор не можем понять, как ей это удалось.*

SMOKE TEST (букв.: *проверка на задымление*). Описывает любую успешную проверку каких-либо качеств теории, процесса, работника или продукта. Выражение возникло из практики подключения техники к электросети, когда надо убедиться, что аппарат не дымит при работе.

ENG | It was a good thing we crash-tested the car; without that **smoke test** we wouldn't have known that the rear window popped out every time.

| RUS | *Тестирование «поведения» машины в аварийной ситуации оказалось в высшей степени полезным; без этой «проверки на задымление» (**smoke test**) мы бы так и не узнали, что багажник автомобиля вечно открывается.* |

SNAKE BIT (*букв.: укушен змеей*). Метафора невезения.

| ENG | He's **snake bit** if he had two auto accidents in one day; that's the worst luck I've ever seen. |
| RUS | *Его, наверное, «сглазили» (**snake bit**), если он в один день попал в две аварии; в жизни не видел такого невезения.* |

SOAK TIME (*букв.: время на замачивание*). Период, необходимый, чтобы подумать, пожевать жвачку и «потянуть кота за хвост». (См. также: *Percolate*.)

| ENG | After the offer, **some soak** time was taken before making the decision. |
| RUS | *Предложение потребовало времени на обдумывание (**soak time**), но в конце концов решение было принято.* |

SOFT PAPER REPORT (*букв.: отчет на мягкой бумаге*). Выражение означает, что отчету не следует верить целиком или, по крайней мере, в деталях, или даже, что автор документа недобросовестен, а его бумага — «филькина грамота». Подобные тексты подлежат использованию совсем в другом месте и поэтому должны печататься на мягкой бумаге.

| ENG | Craig's presentation had no substance; it was a **soft paper report**. |
| RUS | *В презентации Крега не содержалось ни грамма информации; это была «филькина грамота» чистой воды (**soft paper report**).* |

SPIN HIM UP (*букв.: закрутите его*). Пожелание «придать скорости» кому-то означает, что он отстал от жизни и должен быть ознакомлен с последними тенденциями развития идеи или проекта.

ENG | We knew the new CFO would be lost when we first brought him into our 2-year-old project and that we would need to **spin** him up as quickly as possible.

RUS | Мы считали, что при первом знакомстве с нашим двухлетним проектом новый финансовый директор растеряется и нам придётся начать «подхлёстывать» (**spin**) его как можно раньше.

STICK TO YOUR KNITTING (букв.: умеешь вязать — вяжи). Продолжай делать то, что у тебя лучше всего получается, и «оставайся на своём коньке», сосредоточившись на ключевых наработках.

ENG | Sorry, Robert, I thought you knew how to do this! Why don't you just **stick to your knitting**, and I'll hand this assignment over to Nick.

RUS | Прости, Роберт, я думал, ты знаешь, как это делается. Давай-ка ты займись тем, что умеешь делать (**stick to your knitting**), а я перепоручу это дело Нику.

STIRRING THE POT (букв.: помешивать в кастрюле). Беспричинно «создавать проблемы на пустом месте», «делать из мухи слона», «совать нос в каждую дырку», «баламутить и мутить воду». (См. также: *Shitdisturber* и *Union delegate*.)

ENG | When the office action slowed or dulled, Billy Bob always felt he had to **stir the pot** to make things more exciting, but he also caused unnecessary problems.

RUS | Когда дела в офисе замедлялись или казались скучными, Билли Боб всегда чувствовал потребность «замутить воду» (**stir the pot**), чтобы сделать жизнь интереснее; однако этим балаганом он создавал всем много лишних проблем.

SUPERSTITIOUS KNOWLEDGE (букв.: суеверное знание). Интуитивное знание или озарение, достигаемое скорее опытом, нежели изысканиями. Оборот означает также сведения, вызывающие вопросы. Мы подозреваем, что данные верны, но это еще предстоит подтвердить. Выражение обычно применяется к вещам, которые опытные люди знают (или думают, что знают) из жизни, а не из книг. При объективном анализе ситуации такого рода предчувствия могут оказаться неверными.

ENG | Men are always convinced they can handle management emergencies better than women, but there's no scientific basis for this **superstitious knowledge**. Indeed, many studies show the opposite.

RUS | *Мужчины обычно думают, будто они могут разрешать кризисы управления лучше женщин, но под этим «суеверием» (***superstitious knowledge***) нет никакой научной базы. В действительности многие исследования показывают обратное.*

SURGERY WITH A BUTTER KNIFE (*букв.: хирургическая операция при помощи столового ножа*). Испорченная работа или ее результат; выражение также относится к работе или заданию, выполнение которых не требует особого изящества или высокой квалификации. Конечно, хирургия требует сверхострых скальпелей и аккуратности. Используя столовый нож, большой и туповатый, вы, по меньшей мере, изуродуете пациента шрамами, если вообще оставите его в живых. Тем не менее там, где аккуратность не требуется, столовый нож может оказаться самым быстрым и легким инструментом. Если вам нужно уволить каждого десятого, отберите эту группу без разбора, не тратя время на раздумья, кто именно должен войти в число отверженных. (См. также: *Cutting bone and muscle* и *Laser gun vs. bow and arrow.*)

ENG | You wouldn't perform **surgery with a butter knife** to cut outlays on quality control when making emergency medical equipment. But when time is critical, you might announce a 10 percent across-the-board budget cut with your old butter knife.

RUS | *Нельзя делать «хирургическую операцию столовым ножом» (***surgery with a butter knife***), пытаясь уменьшить издержки за счет снижения качества. Мы выпускаем медицинское оборудование для чрезвы-*

чайных ситуаций. Но если время поджимает, ты можешь объявить десятипроцентное сокращение бюджета своим «старым столовым ножом» (butter knife).

SYCOPHANT (*букв.: льстец*). Человек, идущий на подхалимаж ради карьеры. Это слово частенько слышится на совещаниях верхнего уровня, особенно если там есть человек, не понимающий смысла выражения.

ENG | That **sycophant** in the meeting today kissed so much ass. I can't believe the CEO didn't see right through her act.

RUS | *Эта подхалимка (**sycophant**) на сегодняшнем совещании «перецеловала слишком много задниц». Я не верю, что исполнительный директор не разглядел ее подлинных намерений.*

TAKE AWAY (*букв.: на вынос*). То, что участники делового совещания выносят с него; сухой остаток. Это может быть информация или знакомство, которые, возможно, пригодятся лишь в будущем. Как правило, тот, кто проводит встречу или презентацию, рассчитывает *на некий вынос*, однако подобные мероприятия могут означать напрасную трату времени. (См. также: *Path forward.*)

ENG | Charlie's **take away** from the meeting was simple, he had to increase sales in the blue territory or lose his job.

RUS | *С этой встречи Чарли вынес (**take away**) только одно — понимание того, что ему нужно было или увеличить продажи, или расстаться с работой.*

TEN DOLLAR SOLUTION (*букв.: решение стоимостью 10 долларов*). Намек на то, что старое решение, процесс или технология работают лучше, чем дорогие аналоги, пришедшие им на смену.

ENG | I am normally receptive to change, but it was obvious that the new software didn't work as well as our old **ten dollar solution**, which was simple and cheap.

RUS | *Обычно я воспринимаю перемены спокойно, но в этот раз было очевидно, что новое программное обеспечение было менее эффективным, чем старое «решение за 10 долларов»* (**ten dollar solution**), *выглядевшее простым и недорогим.*

TESTOSTERONE POISONING (*букв.: отравление тестостероном*). Начинание, потерпевшее неудачу из-за нехватки в команде женщин.

ENG | The marketing campaign seemed to be geared exclusively toward young men, which was odd for a product like orange juice. Looked like a case of **testosterone poisoning**.

RUS | *Маркетинговая кампания апельсинового сока, ориентированная исключительно на мужчин, выглядела по-дурацки. Она стала очередным примером «отравления тестостероном»* (**testosterone poisoning**).

THE DANCE (*букв.: танец*). То, что потенциальные поклонники предпринимают первым делом для достижения цели. (См. также: *Prettiest girl at the dance* и *Tired of dancing, ready to f**k.*)

ENG | During **the dance**, they discussed some of the details of the proposition.

RUS | *Во время «танца»* (**the dance**) *они обсудили некоторые детали этого предложения.*

THE FARMER DIED (*букв.: тот фермер умер*). Выражение описывает серьезное изменение или перетряску в чем-либо, самое масштабное на памяти сотрудников.

ENG | When the manual line was automated and computerized, we knew **the farmer had died**, and we didn't even have a funeral!

RUS | *После автоматизации и компьютеризации линии ручной сборки мы поняли, что «фермер умер»* (**the farmer had died**), *«даже не пригласив нас на похороны».*

THE LICK LOG (*букв.: полено для лизания*). То, что хотя бы на время объединяет противников. Соль, выступающая на камне или бревне, собирает вместе самых разных животных — даже заклятые враги с удовольствием лижут ее, не причиняя друг другу ущерба. Привлеченные общей нуждой, они забывают о распрях, пока не насытятся.

ENG	The prospect of reducing federal banking regulations has drawn lenders of every sort, even some cutthroat competitors, to feed at the **lick log** and lobby side-by-side in Washington.
RUS	*Проект снижения федеральных банковских ограничений заставил кредиторов разного рода, даже самых серьезных соперников, встретившихся в Вашингтоне лицом к лицу, насыщаться одним «бревном для лизания»* (**lick log**).

THEATRE (*букв.: театр*). «Делать из мухи слона» и вообще придавать большой масштаб событиям малосущественным, не влекущим серьезных последствий. (См. также: *Academy award performance*.)

ENG	Johnny wanted to reap maximum effects from his cost-cutting suggestion for paper clips, so he created a 36-slide PowerPoint production with music and recruited a pretty office intern to start the show. It was great **theatre** for paper clip fans.
RUS	*Джонни хотел поднять как можно больший шум вокруг своей идеи удешевления скрепок для бумаг. С этой целью он устроил презентацию (36 слайдов и музыка) и призвал в ассистентки хорошенькую секретаршу. Получилось настоящее шоу* (**theatre**) *для фанатов скрепок.*

THROWN UNDER THE BUS (*букв.: брошенный под автобус*). То, что случается с беднягой, который оказался «козлом отпущения». Это одна из множества подлостей, на которые идут люди ради «спасения своей шкуры». Впрочем, мой деловой опыт подсказывает, что в мире успешных сделок и честных контрактов редко кто много выигрывает от «швыряния других под колеса».

Глава 1. Жаргон и все то, без чего никак не обойтись

ENG	CFO Jane found herself taking the full brunt of analysts' criticism of the firm's accounting practices. She felt like she had been **thrown under the bus** by the CEO, who kept tight reins on all the company's bookkeeping practices.
RUS	*Когда эксперт подверг бухгалтерию фирмы сокрушительной критике, испить до дна чашу позора довелось финансовому директору Джейн. По ее мнению, исполнительный директор, не выпускавший финансы компании из своих «цепких лап», «бросил коллегу под автобус»* (**thrown under the bus**).

TON OF MONEY (*букв.: тонна денег*). Известно ли вам, что 908 тысяч однодолларовых банкнот весят ровно тонну? Выражение свободно применяют и к миллиону.

ENG	No one knew exactly how much the executive's retirement package was worth, but rumors were it was about a **ton of money**.
RUS	*Никто не знал в точности, какое у шефа выходное пособие, но по слухам сумма была астрономической* (**ton of money**).

TONE DEAF (*букв.: глухой к тонам*). Относится к «толстокожему» и занудному инспектору или финансовому чиновнику, чей высокий пост обязывает лишь к сбору и представлению сухих цифр без права рассуждать или иметь свое мнение. Оборот также применяют к людям сугубо технического склада вроде программистов или ремонтников. Такие работники порой незаменимы на своем узком участке, но непросты в общении, так как не видят общей картины бизнеса. О них говорят, что они «не различают тонов» во всем, что выходит за узкие рамки профессии.

ENG	The **tone deaf** CFO said we must lay off 10 percent of the sales staff to achieve our sales per employee goal, but he hadn't considered that some of the salespeople sold more than others, or what a drop in morale might do to sales.
RUS	*«Толстокожий»* (**tone deaf**) *финдиректор сказал, что мы должны уволить каждого десятого, чтобы поднять показатель продаж в расчете на сотрудника. Он, правда, не учел того, что некоторые*

продают куда больше остальных, не считая убытков от падения морального духа.

TOOTHPASTE IS OUT OF THE TUBE (*букв.: зубная паста уже не в тюбике*). Что-либо сделанное или сказанное преждевременно или без проработанных планов. Теперь процесс трудно вернуть назад: «после драки кулаками не машут». Это задание выглядит столь же невыполнимым, как попытки запихать зубную пасту обратно в тюбик.

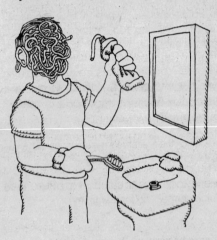

ENG | Only after we announced the acquisition did we realize the financing wasn't approved; the **toothpaste was out of the tube**, and we were in big trouble.

RUS | Уже объявив о совершении сделки, мы осознали, что ее финансовая сторона еще не согласована; однако дело было сделано (**toothpaste was out of the tube**), и мы «были в глубокой заднице».

TOXIC BOSS (*букв.: токсичный босс*). Имеется в виду начальник столь мерзкий, что никто не хочет находиться с ним рядом. Характер делает его убогим, низким, подлым, скупым, злобным, невежественным, несправедливым и ленивым одновременно; в конечном итоге все эти «токсины» превращают подчиненных в жалкие существа.

ENG | Kelly dreaded going to work each day because Terri was such a **toxic boss** that she typically had everyone upset by the end of the morning meeting.

Глава 1. Жаргон и все то, без чего никак не обойтись

RUS | *Каждый день Келли со страхом выходила на работу. Терри оказалась настолько «токсичным боссом» (**toxic boss**), что уже к концу утренней планерки каждый чувствовал себя «размазанным по стене».*

TRAIN WRECK ENVELOPE (*букв.: конверт с инструкцией по поведению при крушении поезда*). Имеется в виду послание у вас в руках, содержащее плохие новости, возможно, самые грустные в вашей жизни. Оборот также относится к запечатанному сургучом конверту, который следует открывать, только попав во внештатную ситуацию. Продав свою фирму компании *Ford Motor*, перед окончательным уходом из своего кабинета я вручил два таких послания новому менеджеру Биллу Стивенсу. Они различались надписями «Открыть первым» и «Открыть вторым». Первый конверт содержал лист бумаги с надписью «Валите все на Рона, его здесь нет». Во втором конверте был такой же лист со словами «Готовьте два послания».

ENG | The messenger always gets the short end of the stick when they have to deliver the **train wreck envelope**.

RUS | *Посланник, доставляющий плохие вести (**train wreck envelope**), должен быть готов к безвинным страданиям.*

TREE FALLS IN THE FOREST (*букв.: упало дерево в лесу*). Нам-то какое дело? Еще философы древности размышляли, шумит ли дерево, упавшее в лесу, если рядом нет никого, кто бы это услышал. В бизнесе оборот намекает на то, что менеджеры и прочие ответственные работники слишком далеки от повседневной рутины, чтобы точно знать, что происходит на низшем уровне. Лес слишком велик, так что в большинстве случаев звук падающего дерева и вправду никто не слышит. К сожалению, это дерево может оказаться в своем роде единственным.

ENG | We often wonder about that **tree falling in the forest** when we think about our senior executive. He spends a lot of time so far away from the shop floor and daily operations that he rarely understands what's going on back at the ranch.

RUS | Мы всегда вспоминаем вопрос о «падающем в лесу дереве» (**tree falling in the forest**), когда думаем о нашем руководителе. Он проводит так много времени вдали от торгового этажа и повседневной текучки, что ему довольно трудно оценить обстановку, пребывая на своем ранчо.

TRIPPING ON MIDGETS (букв.: спотыкаясь о карликов). Терпеть неудачу из-за невнимательности к деталям. (См. также: *Can't see the forest for the trees, Too close to the trees, Devil is in the details, Weatherman syndrome, Open the window and see the weather* и *Blind man and the elephant.*)

ENG | We suspect the CEO was **tripped by midgets**, because she didn't understand the details of our cost-accounting system and screwed up all of our cost analyses.

RUS | Мы подозреваем, что исполнительный директор завалила нам всю калькуляцию, «спотыкаясь о карликов» (**tripping on midgets**) и не разбираясь в деталях системы расценок.

TRYING TO CATCH A FALLING KNIFE (букв.: пытаясь поймать падающий нож). Оборот означает усилие, которое выглядит чрезмерно рискованным и явно может навредить тому, кто за него возьмется. Представьте себе падающий нож: хочется ли вам хотя бы попытаться схватить его? Точно так же немногие люди возьмутся разрешить запутанный случай или принять ответственность за гиблое предприятие, где есть большой риск провала. Падающий нож в данном случае похож на картошку, вытащенную из костра; вы определенно хотите, чтобы его поймал кто-то другой.

ENG | Coming before our boss to defend a male employee who harasses female co-workers is like **trying to catch a falling knife**.

RUS | *Встать перед нашим боссом на защиту сотрудника, домогавшегося сослуживиц, все равно что «попытаться поймать падающий нож»* (**trying to catch a falling knife**).

TSZUJ (*произносится «жуж»*). Это выражение сделал популярным телевизионный стилист Керзон Крисли. Оно означало «завершающий штрих»: особую искорку, добавляемую к гардеробу или прическе.

ENG | **Tszujing** the cost-benefit tables can get you in a lot of hot water if you're not a math whiz who loves to tweak via trial and error.

RUS | *«Жужирование» (tszujing) таблиц по ценам и прибыли может повергнуть в отчаяние, если только вы не математический гений, способный лавировать между открытием и ошибкой.*

TUITION (*букв.: обучение*). Цена, которую вы платите за сделанные ошибки. Каждый набивает шишки, занимаясь бизнесом, а для некоторых они превращаются в отметки полученных когда-то уроков.

ENG | Ron paid a lot of **tuition** in the early years by making bad buys, but now his experience lets him get prices below anyone else.

RUS | *Рон извлек основные уроки (**tuition**) из неудачных покупок еще в первые годы занятий бизнесом. Полученный в те времена опыт позволяет ему добиваться невиданно низких цен.*

TURD IN THE PUNCHBOWL (*букв.: какашка в чаше для пунша*). Мое любимое выражение, еще более резкое, чем «зеленые крошки». Оно обозначает отвратительную проблему, вдруг возникшую на ровном месте, которую надо принять во внимание как можно скорее. Оборот также относится к чему-либо сделанному нарочно, дабы повергнуть вас в замешательство. (См. также противоположное по смыслу сочетание *Binaca blast*).

ENG | At the July sales recap meeting Shawn bragged about his division's results, but CFO Garry threw a **turd into** Shawn's **punchbowl** by noting that the bulk of those results were due to an accrual for the next quarter.

RUS | На июльском совещании по итогам продаж Шон докладывал о результатах своего отдела. Финансовый директор Керри бросила «какашку в чашу для пунша» (*turd in the punchbowl*), заметив, что источником роста этих показателей были проценты за следующий квартал.

TURN THE LIGHTS OUT (*букв.: выключить огни*). Праздник окончен; настало время последних шагов в закрытии бизнеса, завода или отдела. Звучит чуть более деликатно, чем «туши свет, сливай воду» или «закрывай лавочку».

ENG | **Turning the lights out** on our 100-year-old boot-making firm required a lot of chores, from ensuring that every employee got another job to linking all our clientele with other reliable boot-makers.

RUS | «Тушение огней» (*turning the lights out*) нашей обувной фабрики со столетней историей создало множество хлопот: от помощи в трудоустройстве каждому сотруднику, до налаживания контактов между нашей клиентурой и самым надежным производителем обуви.

USE A GUN ON OUR PRIVATE PARTS (*букв.: стрелять из ружья по своим интимным частям*). Имеется в виду, что подчас мы «простреливаем себе ноги» или, не дай бог, еще более чувствительные части тела. Порой бизнесмены, когда что-то не клеится, привычно винят в этом обстоятельства или конкурентов. Однако на деле им следует винить лишь себя: недостатки планирования или исполнения, неверную расстановку людей.

ENG	When Rick started blaming this month's shortfall on Bob, not knowing Bob was the owner's son-in-law, Rick basically was **using a gun on his private parts**.
RUS	*Когда Рик начал валить месячную недостачу на Боба, не зная, что тот приходится зятем владельцу компании, он и не подозревал, что это будет явным «самострелом» (using a gun on his private parts).*

VALUE STREAM (*букв.: поток ценностей*). Этот термин описывает любой шаг в изготовлении, а также в доставке продукта или услуги независимо от получаемой прибыли.

ENG	Our accountants used some great graphics to outline our company's complex **value stream**: From the farm, through processing, packaging, marketing, delivery, then finally to dinner tables.
RUS	*Для демонстрации «потока ценностей» (**value stream**) — начиная с производства товара, его упаковки и заканчивая маркетингом, доставкой и сервировкой столов — наши бухгалтеры использовали множество графиков и диаграмм.*

VAPOR WARE (*букв.: «испаряющийся» товар*). Любая идея, которая не работает, как планировалось, или не работает вовсе. Оборот приложим к любому плану или начинанию, похожему на «торговлю воздухом». (См. также: *Holloware.*)

ENG	It's just like Microsoft products to be **vapor ware**.
RUS	*Корпорация Microsoft привыкла выпускать «фантомные» программные продукты (**vapor ware**), которые почему-то объявляются лучшими на рынке.*

VELVET COFFIN (*букв.: бархатный гроб*). Практикуемый рядом фирм пожизненный наем персонала, что особенно свойственно семейному бизнесу. Это первое, с чем приходится расставаться, когда идет речь о слияниях и поглощениях.

ENG | Clint had been with us for more than 55 years but hadn't produced any work in the last decade. I guess it paid to be the son of the founder, as he got a **velvet coffin**.

RUS | *Клинт, работавший на нас 55 лет, последние десять дней не делал вообще ничего. Я догадывался, что папочка — владелец компании — обеспечил ему «бархатный гроб»* (**velvet coffin**).

VERBAL POWDER (*букв.: словесный порох*). Язвительные речи, которые, впрочем, не переходят в столь же неприятные действия.

ENG | Instead of being that quiet little mouse we always thought Samson was, he recently unleashed his **verbal powder**. Now he's got to convince everyone that it's not just powder, but rather a step toward changing obsolete policies.

RUS | *Все знали Семсона как «тихую серую мышку», но он неожиданно вышел из образа, осыпав окружающих «словесным порохом»* (**verbal powder**). *Теперь он собирался убедить сослуживцев, что они имеют дело не с пустыми словами, а с шагом к смене устаревших подходов.*

VICTORY LAP (*букв.: круг почета*). Время похвал, приветствий, цветов и даже, возможно, тоста с шампанским за хорошо сделанную работу.

ENG | Sales of Pete's new product creation were much better than forecasted; he knew the boss would give him a **victory lap**.

RUS | *Продажи нового разработанного Питом продукта оказались еще выше планируемых; он думал, что босс устроит ему «круг почета»* (**victory lap**).

WALLET BIOPSY (*букв.: биопсия бумажника*). Оборот, зародившийся в недрах больниц, теперь прилагается к любым видам бизнеса, где потенциальный клиент оценивается по толщине кошелька до того, как ему начнут что-то всучивать.

> **ENG** Sam had the whole credit department, plus two investigators, doing a **wallet biopsy** on the three prospects. He wanted to make sure they could afford the planes, and wasn't going to let all three drive us down on price if they weren't bona fide buyers.

> **RUS** Услышав эти три предложения, Сэм запряг кредитный отдел и два исследовательских департамента для совершения «биопсии бумажника» (**wallet biopsy**). Он хотел быть уверенным, что все останется в рамках договора и что наши цены не сдвинутся вниз, даже если партнер окажется недобросовестным покупателем.

WATCHING THE SAUSAGE BEING MADE (*букв.: наблюдая изготовление колбасы*). Описание неприятной работы. Метафора того, чему вы не хотите быть свидетелем, предпочитая, чтобы этим занимались другие. Я не разбираюсь в изготовлении мясопродуктов, но думаю, что зрелище это не из приятных. Все, кто с этим соприкасался, утверждают, что, познакомившись с этим процессом, я больше никогда не смогу есть колбасу.

> **ENG** Ted told his team he did not want to participate in the early negotiations, it was too much like **watching the sausage being made**, and he would wait for the second round of negotiations when he could add value.

RUS | Тэд сказал своей команде, что не хочет участвовать в первом этапе переговоров, так как это напоминает ему наблюдение за изготовлением колбасы (**watching the sausage being made**). Он подключится во второй серии, когда сможет сказать свое веское слово.

WATERSHED EVENT (букв.: событие-водораздел). Происшествие, которое доставляет непревзойденные ощущения, так что все в нем задействованные проходят поворотную точку.

ENG | The aerospace division experienced a **watershed event** when it received an order for new technologies worth over $10 million.

RUS | Аэрокосмический отдел пережил переломный момент (**watershed event**), получив заказ на новые технологии стоимостью более 10 миллионов долларов.

WEATHERMAN SYNDROME (букв.: синдром синоптика). Его приписывают тем, кто что-либо предполагает, отгораживаясь от реального мира. Мой друг Диксон Тайер приводит такой пример: «Идет дождь. Люди стоят под карнизом магазина и видят в витрине работающий телевизор. Прогноз погоды на сегодня сулит им яркое солнце. Увы, — добавляет Тайер, — когда ты занимаешься вычислениями, сидя в будке без окон и глядя лишь в монитор, жизнь проходит мимо. Чтобы не оказаться посмешищем, ищите способ выглянуть наружу». (См. также: *Close to the trees, Can't see the forest for the trees, Sitting on the nickel, Open the window and see the weather, Chasing nickels around dollar bills* и *Blind man and the elephant.*)

ENG | No one has ever accused Federal Reserve Chairman Alan Greenspan of having the **weatherman syndrome**. His inflation and other forecasts are wise to the ways of Wall Street, Main Street and the world.

RUS | *Никто не может обвинить Алана Гринспена, председателя Федеральной резервной системы, в том, что он страдает «синдромом синоптика»* (**weatherman syndrome**). *Его прогнозы инфляции и других показателей еще ни разу не ставились под сомнение мировыми столпами бизнеса.*

WHAT YOU DON'T KNOW IS WORSE THAN WHAT YOU KNOW (*букв.: то, чего не знаешь, хуже того, что знаешь*). Многие знания — многие печали. Иногда в бизнесе кто-то не хочет забивать себе голову теми или иными вещами, поскольку новое знание кажется обременительным. Например, если дело заходит об охране окружающей среды. Неужто вам и вправду охота знать, насколько ваша фабрика загрязняет воду, почву и атмосферу? Полагаю, что нет. Подчас исполнительные директора и другие «большие шишки» делают сознательные усилия для того, чтобы игнорировать определенные вещи, известные даже рядовому работнику. Рискуя «скоро состариться», узнавший горькую правду руководитель должен либо принять меры, либо солгать, готовясь к возможным юридическим или финансовым неприятностям.

ENG | The President halted discussions about prisoner abuse and left the room. Some observers wondered if perhaps **what he didn't know might be worse than what he did know**, and so he wasn't interested in finding out more. His staff knew to shield him from too much of the truth, so he would never have to decide whether to lie.

RUS | *Президент остановил дискуссию о применении к пленнику пыток и вышел из комнаты. Ряд наблюдателей предположили, что он придерживается тактики «меньше знаешь — крепче спишь»* (**what he didn't know might be worse than what he did know**), *почему и не заинтересован в поиске новых фактов. Наоборот, команда ограждала главу государства от «лишней» информации, избавляя его от выбора между ложью и нелегким решением.*

WHEN PIGS FLY (*букв.: когда свиньи летают*). Высшая степень недоверия; так говорят о событии, которое произойдет «не раньше, чем рак на горе свистнет».

ENG | We will all be happy at work, yeah, sure, **when pigs fly**!

RUS | *Мы все будем счастливы на работе? Конечно! «После дождичка в четверг»* (**when pigs fly**)!

WHERE THE RUBBER MEETS THE ROAD (*букв.: когда резина коснется дороги*). Когда вы сможете оценить размеры реального дохода; когда выполнение работы, плана или проекта будет означать достижение успеха (или провал), и мы поймем, насколько действенными были наши планы, методы и инструменты. Сцепление между дорогой и шиной, равно как и другие полевые условия — лучший способ проверить «прекрасный на бумаге» мотор.

ENG When we get down to negotiating interest rates, that's **where the rubber will meet the road**. We'll find out if the deal is doable and affordable.

RUS Когда мы «спустимся с небес на землю» и посмотрим, о каких суммах шла речь на переговорах, там «резина и повстречает дорогу» **(where the rubber will meet the road)**. Мы поймем, в какой степени эта задумка может быть воплощена.

WHISPER DOWN THE LANE (*букв.: шепнуть дальше по переулку*). Тайный способ дать кому-либо знать о чем-то, не заявляя об этом во всеуслышание, — сюда относится «распускание слухов». У правительства США давно вошли в привычку «утечки» информации, которую они хотят донести, не афишируя источник. Оборот приложим и к «опробованию» на ком-либо сведений для проверки его реакции. В мире бизнеса он означает как сами кривотолки, так и их свойство выходить из-под контроля.

ENG Even corporate executives are known to **whisper down the lane** — to air ideas without actually proposing them, and then see what reactions develop as the low-key message becomes gossip.

RUS Даже руководители корпораций замечены в «распускании слухов» **(whisper down the lane)** *о сомнительных идеях без внятного их озвучивания, чтобы посмотреть на реакцию персонала.*

WHITE ELEPHANT (*букв.: белый слон*). Нечто редкое, но уже не столь ценное; более того, подчас требующее расходов на содержание и обслуживание бо́льших, чем возможная прибыль. Когда-то предприятие, как чеховский вишневый сад, считалось не только почетным, но и доходным; однако теперь этот символ престижа требует новых вложений, делать которые никто не хочет.

ENG The company's 1899-vintage headquarters building is classic Main Street architecture, but it's a headache to maintain; this beautiful **white elephant** is even harder to heat and cool for our workers' comfort.

RUS — Здание управления фирмы 1899 года постройки — настоящая классика. Но и головной боли с ним предостаточно. Этот «белый слон» (**white elephant**), конечно, красив, но попробуй протопи и обеспечь вентиляцию этого строения, чтобы там можно было работать.

WHY KEEP A DOG AND BARK YOURSELF (букв.: зачем держать собаку и лаять самому). Намек на то, что нет смысла окружать себя талантливыми людьми, если вы не собираетесь к ним прислушиваться. «Облаивание» приказами сводит все их способности к талантливому выполнению бездарных заданий. Такой кадровик выглядит законченным автократом.

ENG — The R&D Department came up with a lot of exciting concepts, but the VP of R&D invariably overruled them with his own inferior ideas. "**Why keep a dog and bark yourself**? they wondered.

RUS — Отдел исследования и разработок выдвинул множество интересных идей, но руководитель встретил их «ответным огнем» своих тускленьких предложений. «Зачем, — спрашивали они, — "держать собаку и лаять самому" (**Why keep a dog and bark yourself**)?»

WIGGLE OUR HIPS (букв.: покачиванье бедрами). Небольшое поползновение приукрасить слабый план или его исполнение.

ENG — We all knew that even if he **wiggled his hips**, the board just wasn't going to be impressed with his detail-deficient expansion plans.

RUS — Все вокруг были уверены, что, даже если он начнет «вилять бедрами» (**wiggled his hips**), планы расширения не произведут должного впечатления на совет директоров.

WIN OR WIN (*букв.: победа или... все равно победа*). Оборот означает ироничное обещание поддержки: «мы подстрахуем» или «мы прикроем». Обычно так высмеивается рисковый план, который поддерживается окружающими с максимальной осторожностью. Если дело начнет проваливаться, поддержка тут же исчезнет, так что альтернатива «победа или победа» не оставляет шансов на поражение.

ENG | We told Sam that his idea sounded good, and we were behind him, **win or win**. Sam knew he better go think through this one well, as he really might not have our unqualified support if he didn't succeed.

RUS | *Мы сказали Сэму, что его идея звучит неплохо и что мы его прикроем, так что победа ему обеспечена (**win or win**). Он решил, что ему лучше продумать все как следует, поскольку в случае неудачи он может и вовсе лишиться нашей неумелой поддержки.*

WON'T HEAR THE BULLET LEAVE THE CHAMBER (*букв.: не желая слышать, как пуля покинула ствол*). «Звоночек уже прозвенел», но есть «толстокожий», не способный понять, что идею должны «зарубить». Такой человек ведет себя как ни в чем не бывало, ничуть не волнуясь. Это относится и к человеку, «приговоренному» к увольнению, но не догадывающемуся, сколь оно неминуемо.

ENG | Everyone but Ted knew as he opened the presentation that the **bullet had already left the chamber**; there wasn't any chance his lackluster, ill-conceived initiative would receive funding.

RUS | *Все участники презентации, кроме Тэда, знали, что «пуля уже вылетела из ствола» (**bullet had already left the chamber**) и его мертворожденное начинание не имеет шансов на спонсорскую поддержку.*

WOOD IS STILL ROTTEN (*букв.: дерево пока что с гнильцой*). Проблема все еще существует, несмотря на расширенную работу по ее преодолению. Это напоминает муравьев в куске дерева: чем больше вы всматриваетесь, тем больше находите повреждений. Обычно выражение применяют к работникам, которым не хватает гибкости, чтобы соответствовать новым требованиям рынка или ожиданиям работодателя. Оборот также относится к сфере бизнеса, проблемы в которой считались решенными, но заявили о себе вновь.

| ENG | Everyone agreed that the **wood is still rotten** in the U.S. steel industry. After four decades of effort, neither the steelworkers nor the steel makers have found a way to compete effectively with cut-rate foreign steel. |

| RUS | Все согласились, что в металлургической промышленности Америки «дерево еще гниет» (**wood is still rotten**). На протяжении четырех десятилетий ни рабочие металлургических заводов, ни их хозяева не нашли способа противостоять поставщикам дешевой заграничной стали. |

WRAPPED OUR FISH IN THAT ONE (букв.: завернув в это нашу рыбу). Выражение описывает план, который кажется подозрительным и не внушает доверия (другими словами, пованивает); лучшее его применение — служить оберткой для рыбы. (См. также: *Doesn't amount to a hill of beans*.)

| ENG | Clint suggested we hire an all-male sales force, but it was ridiculous, and we could **have wrapped our fish in that one**. |

| RUS | Клинт предложил нанимать в продавцы только мужчин. Предложение показалось нам столь одиозным, что мы «завернули в него рыбу» (**have wrapped our fish in that one**). |

WRONG SIDE OF THE ARGUMENT (букв.: не та сторона спора). «Тяжелый случай», «проигранный поединок»: балласт, который разумнее отбросить, заменив чем-то более нужным. Иногда, как бы человек ни был настойчив, его идеи или решения с ходу отбрасывают, поскольку его положение пошатнулось. Например: не на той стороне спора находится тот, кто предлагает еще на год отсрочить освоение новой продукции, тогда как все знают, что дальнейшие проволочки грозят банкротством компании.

В других обстоятельствах такая отсрочка, возможно, оказалась бы мудрой, но только не в этом случае. Когда

Глава 1. Жаргон и все то, без чего никак не обойтись

109

существует угроза банкротства, аргументы не принимаются. В этом случае умный представил бы план долгожданного выхода на новые горизонты, описав притом все изъяны от непредвиденных случайностей. Тот же, кто продолжает отстаивать дело, явно проигранное, должен ожидать, что начальник уберет его предложение в долгий ящик.

ENG | The new manager had already been granted two extensions on the project which led to a loss of a major client. For him to argue that delaying further made sense would put him on the **wrong side of the argument**.

RUS | *Новый менеджер, убедившись, что основной проект чреват потерей важнейших клиентов, решил перейти к запасным вариантам. Отстаивать дальнейшую отсрочку значило оказаться на «неверной стороне спора» (*wrong side of the argument*).*

YOU DON'T KNOW WHAT IS RIGHT, BUT YOU KNOW WHAT IS WRONG (OR VICE VERSA). (*букв.: неизвестно, что́ правильно, зато известно, что́ неправильно*). Части выражения можно менять местами. Оно значит, что иногда легче выяснить, что неверно в плане или проекте, чем что в нем верно. Например, когда транспортному отделу потребовалось 10 новых грузовиков, он попросил менеджера убедиться в том, что машины марки «шевроле» стоят 45 тысяч долларов, а марки «форд» — 75 тысяч. Дальнейшие изыскания не понадобились. Менеджер не знал, правильна ли первая цифра, но чувствовал, что со второй что-то не так. (См. также: *Directionally correct* и *Lens hasn't been installed*.)

ENG | The consultant said he didn't know for sure exactly how many salespersons were required to do $200,000 per month in sales, but he knew based on industry metrics that the 10 currently employed was wrong, and likely was about double the needed amount. With just a small amount of work, he knew what was wrong, and with more work **would know what was right**.

RUS | *Консультант сообщил, что он не может сказать навскидку, сколько продавцов необходимо для обеспечения продаж на 200 тысяч долларов в месяц. Но, исходя из среднеотраслевых данных, он полагал, что нынешнее их количество (10 человек) явно не соответствует требованиям ситуации. Даже после совсем небольшой работы он понял, чтó здесь неправильно (knew what was wrong), а дальнейшее ее продолжение обещало выявить, чтó правильно (***would know what was right***).*

Глава 2

МЕНЕДЖМЕНТ И СТРАТЕГИЧЕСКИЕ ВОПРОСЫ

2×4 (см. *Nails in the 2×4*).

30,000 FEET ABOVE (букв.: *с высоты 30 тысяч футов*). Перспектива высокого уровня стратегии или анализа, обычно занимаемая руководителем бизнеса, менеджером или владельцем. Более низкие цифры, как например 10 тысяч футов, также описывают долговременный широкий подход к деловым операциям, планам, целям, идеям или предложениям. Хороших руководителей в большинстве случаев учат смотреть именно с тридцатитысячной высоты. Временами, тем не менее, им также надо просчитывать тактические краткосрочные действия и вникать во вполне земные подробности. (См. также: *Helicopter skills, Lens hasn't been installed,* или *Granularity, Layer(s) of the onion* и противоположное по смыслу *Drill down.*)

> **ENG** | The ideal production line manager is one who can see the forest from **30,000 feet above** and can focus on the individual trees close-up from ground level.

> **RUS** | *Идеальный менеджер производственной линии — это человек, способный «обозреть лес с высоты птичьего полёта» (**30,000 feet above**) и в то же время умеющий фокусировать внимание на отдельных деревьях, разглядывая их с земли.*

ACADEMY AWARD PERFORMANCE (см. *Theatre*).

ACID TEST (*букв.: проверка кислотности*). Заключительный тест. Прежде чем вы представите публике новый продукт, необходимо проверить его «на вшивость». (См. также: *Acid-test ratio.*)

ENG | It looks good on paper, but we should give it the **acid test**.

RUS | *На бумаге это выглядит хорошо, но мы должны задать ему «проверку на вшивость»* (**acid test**).

AIR COVER (*букв.: воздушное прикрытие*). Ситуация, в которой один из менеджеров соглашается принять огонь критики за непопулярное решение, в то время как всю грязную работу делает кто-то из его подчиненных. Оборот возник во время мировых войн, когда морские и сухопутные войска получали поддержку с воздуха до и во время атак на вражеские силы.

ENG | The CFO will provide **air cover** while you reduce staff by half.

RUS | *Финансовый директор обеспечит «прикрытие с воздуха»* (**air cover**), *а вы наполовину сократите штат.*

ALL THAT AND A BAG OF CHIPS (*букв.: все это и пакет чипсов в придачу*). Выражение намекает на то, что жизнь неожиданно повернулась лучшей своей стороной. Здесь есть легкий оттенок сарказма и, возможно, малая толика зависти: кому-то привалило сразу «вагон и маленькую тележку». Впрочем, оборот может содержать искреннюю похвалу чего-то, доставшегося «на блюдечке с голубой каемочкой». Хотя нет гарантии, что «пакетик чипсов» не окажется бесплатным сыром, который, как известно, раздают в мышеловках.

ENG | Although many service policy options had been proposed, some are good and some are downright lousy, Pam's unique plan seemed to be **all that and a bag of chips**.

RUS | *Несмотря на то, что все идеи в сфере услуг, от хороших до откровенно паршивых, уже казались опробованными, уникальный план Пэм включал в себя их «все — и пакетик чипсов в придачу»* (**all that and a bag of chips**).

«A» — WHO HAS IT? (букв.: *кто возьмет букву «А»?*). С буквы А в английском языке начинается слово «ответственность». При распределении обязанностей одной этой буквы достаточно, чтобы обозначить, кто именно должен оповещать остальных, что проект развивается в соответствии с намеченным планом. Необходимость буквенных обозначений продиктована стремлением вывести в практическую плоскость бесконечное обсуждение планов на деловых совещаниях. Высказаться готов каждый; но если не начать с А, как учат в бизнес-школе, дело никогда не сдвинется с мертвой точки. Затем кому-то достается буква R, которую принято соотносить с ресурсами. Третьему и четвертому выпадает отвечать за C и I, то есть коммуникацию и информационные потоки. (См. также: *RACI.*)

ENG | Dale made it clear following the discussion of cost reductions in pallet usage that Ronnie **would have the A** to present potential solutions at the next meeting.

RUS | *В процессе дальнейшей дискуссии насчет снижения цен Дейл дал ясно понять, что, если говорить о презентации новых идей на следующем совещании, «буква А достанется»* (would have the A), *Ронни.*

BAGGED (букв.: *в мешке*). То, что делают с неудачной идеей: что-то вроде выноса мусора на помойку.

ENG | Tim's idea for salesperson compensation was **bagged** when the CEO heard about it. He felt it would be too disruptive to sales.

RUS | *Исполнительный директор засунул «в мешок»* (bagged) *идею Тима о компенсациях торговым агентам. По его мнению это ставило под угрозу всю нашу систему делопроизводства.*

BAGGING THE TIGER (букв.: *запихивая тигра в мешок*). Оборот описывает поиск, нахождение или создание чего-то, что трудно удержать, например уникальных новых технологий. «Мешок» здесь служит метафорой ограничения, налагаемого узкими рамками производства, нехваткой капиталов или системой распределения.

ENG | Ted said we were **bagging the tiger** by not solving the legal issues surrounding the promotional material for the new baby seats, and we should let it go ASAP to get the sales during the season.

RUS | Тэд сказал, что мы «запихиваем тигра в мешок» *(bagging the tiger)*, не решая вопрос о продвижении новых детских сидений. Нам следует дать ход делу как можно скорее, чтобы выйти в этом сезоне на запланированный показатель продаж.

BIG AND EASY ANALYSIS (*букв.: большой и легкий анализ*). Так обозначают оценку различных стратегий или проектов с целью выделения приоритетных.

ENG | Here's how we do our **big and easy analysis**. First we draw a square, and then we divide it into four equal portions. We mark it like a graph: One side being "big and small" to indicate size of expected results and the other side being "hard and easy" for how difficult the task will be. We bullet each strategy or project within the quadrants. Soon, it's easy too see which items will be the easiest to do while yielding the biggest results. Then we set our priorities accordingly.

RUS | *Вот как мы делаем «большой и легкий анализ» (**big and easy analysis**). Рисуем квадрат, делим его на четыре равные части. Затем строим подобие графика, где по одной оси откладывается масштаб предполагаемых результатов, а по другой — легкость или сложность их достижения. Потом помещаем каждую стратегию или проект в эту систему координат. Таким образом мы определяем, какие из наших начинаний сулят наибольшие дивиденды и могут быть относительно легко осуществлены. Исходя из этого мы и выстраиваем приоритеты.*

BLAMESTORMING (*букв.: штурм обвинений*). Выражение, созвучное «мозговому штурму», означает дискуссию,

Глава 2. Менеджмент и стратегические вопросы   115

цель которой — избежать ответственности за проваленное предприятие, переложив ее, по возможности, на кого-то другого.

ENG | The meeting was mostly just a **blamestorming session**, with everyone trying to figure out who could be held accountable for the project's disastrous results.

RUS | *Встреча больше всего напоминала поиск виноватого (**blamestorming session**). Каждый ее участник пытался найти «козла отпущения», ответственного за катастрофические результаты проекта.*

BLOCKING AND TACKLING (*букв.: лебедка*). Задания, составляющие основу деятельности любого хорошего коллектива. Такие «приземленные» операции, как получение готовой продукции, контроль качества или логистика, часто незаслуженно игнорируются. В итоге кому-то приходится «лебедкой тащить бегемота из трясины», что несовместимо с работой «в белых перчатках».

ENG | Cheryl said, «The marketing plan looks great, but without **blocking and tackling** in the factory and distribution trenches the new product launch would be a failure».

RUS | *Черил сказала, что план по маркетингу выглядит грандиозно, но без участия грузчиков и такелажников (**blocking and tackling**) фабрики, без налаженных каналов распределения запуск нового продукта может провалиться.*

CAMEL'S NOSE UNDER THE TENT (*букв.: верблюжий нос в палатке*). Выражение относится не только к «кораблям пустыни», но и к любому существу, которое пытается «засунуть свой длинный нос на кухню» вашего бизнеса. Даже когда вы ничего не скрываете, этот самый нос будет ковыряться у вс в карманах.

ENG | Tim said he felt like our competitor's **nose was under our tent**, as they just knew too much about the marketing program.

RUS | *По мнению Тима, конкурент что-то «пронюхал» (**nose was under our tent**), поскольку слишком много знал о нашей программе маркетинга.*

CAN'T SEE THE FOREST FOR THE TREES. (См. также: *Too close to the trees, Weatherman syndrome, Open the window and see the weather, Blind man and the elephant, Sitting on the nickel, Chasing nickels around dollar bills.*)

CLOSING THE LOOP (*букв.: замыкая петлю*). Так говорят, собрав наконец воедино всех управленцев и исполнителей, необходимых для воплощения замысла. Производственный цикл замкнулся; все встали к станкам.

ENG	After we decided on the sales goal, Sam pointed out that because of the need to hire more salespersons, we needed to get HR involved in order to **close the loop**.
RUS	*Определившись с планом продаж, Сэм подметил, что для «замыкания цикла» (to* **close the loop**) *необходимо будет найти опытного кадровика, способного привлечь требуемое количество агентов.*

COME-TO-JESUS MEETING (*букв.: встреча «Придем к Христу»*). Совещание, где обсуждаются дисциплинарные или другие столь же неприятные вопросы. Выражение означает, что некоторые участники «разбора полетов» могут рыдать, воздевать к небу руки или иным способом бить по нервам, дабы разжалобить шефа. Оборот приложим к разговору с начальником тет-а-тет, особенно если речь идет о вызове «на ковер». (См. также: *Prayer meeting*).

ENG	Pete knew when he missed the sales goal by a wide margin that a **come-to-Jesus meeting** was surely in order.
RUS	*Упустив грандиозную сделку и едва не сорвав план продаж, Пит почувствовал приближение «капитального разноса» (***Come-to-Jesus meeting***).*

COOL BEANS (*букв.: клево*). Уважительная, хотя и слегка ироничная характеристика только что обнаруженного достижения в области бизнеса. Такое одобрение равно по смыслу словам «поздравляю» или «возьми с полки пирожок».

ENG | When I told him that we had actually hired one more salesperson than expected without any additional increase in payroll, David said: «That's **cool beans**».

RUS | *Когда я сказал Дэвиду, что мы фактически наняли еще одного продавца, не меняя штатное расписание, он ответил: «Ну, молодцы»!* (**Cool beans**.)

COWBOYS (*букв.: ковбои*). Так называют работников, трудно контролируемых или неподконтрольных вообще — одним словом, «дикарей».

ENG | We always said our auction buyers were **cowboys**, as they were always reluctant to use new methods, and just wanted to do things their way.

RUS | *Мы всегда говорили, что наши покупатели на аукционе — настоящие «ковбои» (***cowboys***). Они настороженно относятся к новым методам, предпочитая все делать по-своему.*

DAWN PATROL (*букв.: рассветный дозор*). Обход конторы или предприятия сразу по прибытии (в этот день или вообще впервые) с целью поприветствовать сослуживцев, посмотреть, как идут дела, и выяснить, кто доступен для дальнейших встреч или консультаций. Иногда «дозор» даже рекомендуют как временный инструмент управления: человеку надо почувствовать себя частью команды раньше, чем он углубится в свой узкий участок работы. Впрочем, начальственный обход может выглядеть «страшилкой для слабонервных», особенно если они опаздывают, долго раскачиваются или оказываются пойманными за посторонним делом.

ENG | The store owner finds his long-standing **dawn patrol** through the store effective in minimizing employee tardiness.

RUS | *Владелец торгового зала считает постоянный утренний обход (***dawn patrol***) магазина действенным средством подстегнуть неторопливых работников.*

DEAD WOOD (*букв.: мертвое дерево*). Сотрудник, отдел или подразделение фирмы, переставшее что-либо значить для выхода конечной продукции. В океане мертвое дерево плавает, а в бизнесе — тонет.

ENG | Profits are down. It's time to let go of the **dead wood**.

RUS | *Прибыли падают. Настало время «избавиться от балласта»* (**dead wood**).

DECISION RULE (*букв.: правила, принятые волевым образом*). Оборот означает правила, на которые опирается фирма в принятии внутренних решений. То, что один считает успехом продукта, другой называет провалом. Чтобы снизить риск субъективности, нужны внятные четкие требования, одинаковые для всех сотрудников. Знакомством с этими нормами начинается прием нового сотрудника в коллектив. Они же регулируют применение внутрицеховых правил при обсуждении, например, вопроса о том, стоит ли снимать товар с производства, если его продажи не соответствуют запланированным показателям. (См. также: *Decision tree.*)

ENG | When we still weren't making a profit after the second quarter, we knew the product line would be closed for not even making it to the first **decision rule**.

RUS | *Когда второй квартал также не принес прибыли, мы поняли, что новый товар могут снять с производства, даже «не применяя волевых правил»* (**decision rule**).

DECISION TREE (*букв.: дерево решений*). Путь вверх по своего рода дереву со своими сучками и ветками требует, чтобы вы на каждой развилке принимали решение, стоит ли идти влево, вправо, наверх или к следующему перекрестку. Чтобы не размышлять подолгу, выбирая нужную ветвь, применяют *волевые правила,* о которых шла речь чуть выше. (См. *Decision rule.*)

ENG | The branches of the **decision tree** show the appropriate directions we've taken and the growth the company has made as a result.

RUS | *Ветви «дерева решений»* (**decision tree**) *показывают правильность выбранных направлений; компания стала расти.*

Глава 2. Менеджмент и стратегические вопросы 119

DENIAL (*букв.: опровержение*). Игра слов, основанная на сходстве в английском языке глагола «опровергать» и главной реки Египта. В бизнесе, как и во многих других сферах жизни, люди не любят правду о себе любимых, предпочитая услышать «Невада» вместо «неладно».

ENG | Greg called Mike on the carpet about his cost-cutting results, which Mike defended despite the obviously bad performance. Greg reminded him that **denial** was not just a river in Egypt.

RUS | *Показатели Майка сбили нам цены, и виновного вызвали на ковер. Майк всячески оправдывался, и Грег напомнил ему, что опровержение (denial) — это не только Нил.*

DOLLAR WAITING ON A DIME (*букв.: рубль, ждущий гривенник*). Ситуация, когда высокооплачиваемые сотрудники простаивают из-за того, что их подводят неквалифицированные рабочие.

ENG | Our corporate attorney had to delay the meeting for 15 minutes because Ron's secretary hadn't copied all of the attachments yet — just another case of a **dollar waiting on a dime**.

RUS | *Наш поверенный вынужден был отложить встречу на четверть часа, поскольку секретарь Рона не откопировал к нужному времени все документы. Это очередной пример того, как «рубль ждет гривенник» (dollar waiting on a dime).*

DRAG AN OAR (*букв.: волочь весло*). Втыкание весла в дно отнюдь не ускоряет лодку. Даже когда «в паруса бизнеса» дует попутный ветер, находятся ленивые и безынициативные, замедляющие движение всей команды. (См. также: *Pull an oar.*)

ENG | Everyone hates those who **drag an oar**, bringing everyone down with them while the rest of the team is working hard.

RUS | *Никто не любит тех, кто копается и тормозит (drag an oar), в то время как остальные стараются что есть мочи.*

DRIVING WITHOUT A DASHBOARD (*букв.: езда без приборной доски*). Управление бизнесом без необходимых правил и систем навигации столь же опасно, как вождение автомобиля без приборной доски. Однако многие горе-начальники именно так и рулят — в отрыве от двигателя и бензобака. Будучи горячим сторонником отслеживания показателей и соблюдения правил менеджмента, я посвятил им целую главу своей книги How to Salvage Millions from Your Small Business («Как заработать миллионы в крохотной лавочке»). Не понимая, сколько единиц продукции вы изготовили и продали вчера, не зная азов дохода-расхода, вы тем более не увидите перспективы развития фирмы, которую вам предстоит возглавить или изучить изнутри. (См. также: *Gauge, Key performance indicator (KPI)* и *Operating metrics.*)

ENG | It was obvious to Bill that the previous owners had been driving **without a dashboard**, as there were no reporting systems in place for understanding the company's performance.

RUS | *Биллу стало ясно, что предыдущие владельцы «ездили без приборной доски» (**without a dashboard**), поскольку в компании отсутствовали системы отчета и представления показателей.*

EAR CANDY (*букв.: ушная сласть*). Конфетами (а по-русски — *лапшой*) для ушей называют всяческие небылицы, призванные приукрасить действительность в восприятии биржевых аналитиков или своих же работников. Изготовителем таких яств обычно выступает исполнительный директор или другая «большая шишка».

ENG | Everyone knew that all the talk about someone buying the company and saving our jobs was just **ear candy**, but it sure did «hear good» to us.

RUS | *Хотя все понимали, что разговоры о покупке кем-то нашей компании и сохранении всех рабочих мест не более чем «лапша на уши» (**ear candy**), это все же вселило некоторую надежду.*

EMPTY VESSELS MAKE THE MOST NOISE (*букв.: пустые горшки звенят громче всех*). Невежи и хвастуны подчас говорят больше и громче всех, однако недолго пользуются авторитетом. Зачастую они, как пустые бочки, лишь раздражают никчемным гудением.

Глава 2. Менеджмент и стратегические вопросы

ENG | Dennis wasn't even a high school graduate, but he spoke as if he was a brain with a Ph.D. He was really an **empty vessel** making the most noise in the monthly meetings. Everybody cringed when he stood up to speak.

RUS | *Деннис, не окончивший и десяти классов, говорил с апломбом кандидата наук. Он был истинной «пустой банкой (**empty vessel**), поднимавшей больше всех звону» на ежемесячных совещаниях. Все просто съеживались, когда он брал слово.*

EPIDEMIC VS. ISOLATED (*букв.: эпидемия в противовес локализации*). Проблемы можно характеризовать как широко распространенные в противовес редким, ограниченным и нестандартным. Если «эпидемии» проникают повсюду и с трудом поддаются решению, то с «изолированным», сосредоточенным в одной области справиться куда легче.

ENG | Morale at the Atlanta plant was at an all-time low, but fortunately it was **isolated** to that site rather than **epidemic** to all the southern factories.

RUS | *Из-за простоев моральное состояние работников завода в Атланте было плохим. Но, к счастью, проблема была «локализована» (**isolated**) в этой области, и нам удалось избежать распространения «эпидемии» (**epidemic**) на все южные предприятия.*

EYE TEST (*букв.: проверка глаз*). Так называют таблицу, диаграмму, контракт или другой документ с едва различимым микроскопическим текстом. Этим пороком обычно страдают перенасыщенные деталями слайды, которые используются в программе PowerPoint. На мой взгляд, презентации скорее должны давать общий обзор материала, чем обрушивать на слушателей лавину подробностей. (См. также: *Mice type.*)

ENG | It was a real **eye test**, with slide after slide being crammed with text.

RUS | *Мелькание слайдов с неразборчивым текстом стало настоящей «проверкой для глаз»* **(eye test)**.

G2 (*букв.: рекогносцировка*). Этот военный термин означает разведку местности. Он относится к поиску и сбору информации — как правило, секретного свойства. В бизнесе так называют поиск дополнительных данных, имеющих отношение к теме и помогающих принять окончательное решение. Оборот может также относиться к любым другим типам разведки — например, к поискам нового исполнительного директора.

ENG | Our campaign to hire salespersons away from competitors was code named **G2**.

RUS | *Нашей кампании по найму агентов втайне от конкурентов был присвоен код «рекогносцировки»* **(G2)**.

GREENWASH (*букв.: зеленая отмывка*). Насмешка над тем, как компания выпячивает экологическую составляющую своей продукции или услуги с целью произвести впечатление на «зеленых» и избавиться от их претензий.

ENG | We all knew they were going to **greenwash** their announcement; they had to appear environmentally friendly, as they killed all of the native vagetation.

RUS | *Мы все знали, что фирме придется заниматься «зеленой отмывкой»* **(greenwash)**; *ей нужно создать впечатление, что она заботится об окружающей среде, поскольку она уже убила вокруг себя всю растительность.*

HANDS ON THE WHEEL (*букв.: руки на штурвале*). Выражение обычно относится к менеджеру или руководителю и означает, что вся ситуация у него под контролем. Самые успешные лидеры всегда держат *руки на рулевом колесе* или поручают это доверенным и умелым партнерам, способным отслеживать соответствие событий сценарию и корректировать по ходу дела то и другое. (См. также: *Car in the ditch.*)

ENG Following 23 quarters of successive growth in sales and profits, no one doubted that Chairman Warren Buffet had his **hands on the wheel**.

RUS *После 23 кварталов непрерывного роста прибыли и продаж никто не сомневался, что председатель совета директоров Уоррен Баффет крепко держит «руки на штурвале»* (**hands on the wheel**).

HAWTHORNE EFFECT (букв.: *хоторнский эффект*). Феномен, согласно которому продуктивность любой организации растет, стоит ей ощутить дополнительное внимание (неважно, дружеское или враждебное). Впервые это явление обнаружили и подвергли анализу в 1920-е и 1930-е годы на фабрике компании «Вестерн Электрик» в Хоторне, пригороде Чикаго. Когда ревизор уезжает, показатели стабилизируются или снижаются.

ENG When the corporate team of efficiency experts began studying our factory operation, our output jumped 10 percent overnight. They told us it was the **Hawthorne Effect**, and that they wanted us to do even better.

RUS *Когда работу нашей фирмы начала изучать команда экспертов по эффективности, выпуск продукции возрос на 10%. Но контролеры заявили, что мы имеем дело всего лишь с «хоторнским эффектом»* (**Hawthorne Effect**) *и можем работать еще лучше.*

HEAD IN THE GAME (букв.: *голова в игре, играть головой*). Чтобы выполнить работу как следует, работник должен держать *в игре голову*, то есть быть заинтересован в успехе дела. (См. также: *Hands on the wheel, Emotionally invested* и *Skin in the game.*)

ENG After having led a successful business for 50 years, the CEO still had his **head in the game**.

RUS *Даже после 50 лет успешного руководства компанией исполнительный директор сохранял навыки «игры головой»* (**head in the game**).

HIGH-CLASS PROBLEM (*букв.: проблема высокого класса*). Имеются в виду хлопоты или заботы, возникшие как результат успеха. «Мне бы твои проблемы, — говорят в таких случаях, — у кого хлеб горький, а у кого жемчуг мелкий».

ENG | We're short on product to ship for now, because demand is way up, but we'll gear up and catch up. If only all our challenges were such **high-class problems**.

RUS | Сейчас нам не хватает продукции, чтобы удовлетворить возросший спрос, но мы справимся. Дай бог, чтобы все наши проблемы были такого же «высокого класса» (**high-class problems**).

HIT-AND-RUN MANAGEMENT (*букв.: менеджмент «бей и беги»*). Иногда стиль «бури и натиска» оказывается на руку: он означает, что шеф не будет надоедать слишком долго. Обратная сторона медали состоит в том, что этот начальник может «наехать», не поделившись нужной информацией, или публично сделать внушение, не вдаваясь в суть дела. Вы чувствуете себя, как после автомобильной аварии: все случилось молниеносно, причем главный виновник уже скрылся за горизонтом. (См. также: *Seagull management*.)

ENG | We only see the boss every six months; he is a classic example of **hit-and-run management**.

RUS | Мы видим босса лишь раз в полгода: это классический пример управления в стиле «наезд и откат» (**hit-and-run management**).

HOURGLASS MODE (*букв.: режим песочных часов*). Пренебрежительный отзыв о руководителе, принимающем решение целую вечность. Оборот навеян изображением песочных часов на экране компьютера, всегда раздражающе медленных.

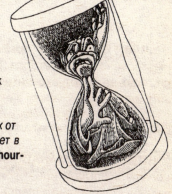

ENG | I've been waiting on Stan's input for days now, he must be stuck in **hourglass mode**.

RUS | Я целыми днями жду вводных от Стенса. Он, видимо, работает в «режиме песочных часов» (**hourglass mode**).

IDEA HAMSTER (*букв.: идейный хомяк*). Отрицательный отзыв о человеке, который часто предлагает новые идеи, но оставляет оценивать их осуществимость коллегам, не забывая претендовать на лавры в случае успеха.

ENG | Tom is our **idea hamster**. I've never seen him follow through on any project, but he's always ready for a pat on the back if one of his ideas pans out.

RUS | *Том — наш генератор идей (**idea hamster**). Я никогда не видел, чтобы он взялся хоть за один проект; но он всегда готов подставить грудь орденам, если воплотится хотя бы одна из его идей.*

JEKYLL AND HYDE (*букв.: доктор Джекил и мистер Хайд*). Любителям произведений Роберта Л. Стивенсона наверняка знаком его персонаж, страдавший раздвоением личности на кроткого доктора Джекила и зловещего мистера Хайда. Теперь так называют начальника с противоречивым характером или две ключевые фигуры, имеющие противоположные мнения.

ENG — The night and day bosses where I work are so different; they're like **Jekyll and Hyde**.

RUS — *Бригадиры утренней и вечерней смены похожи не больше, чем «Джекил и Хайд»* (**Jekyll and Hyde**).

JUMP BALL (*букв.: прыгающий мяч*). Выражение заимствовано из баскетбола. Вопрос, который так называют, еще далек от окончательного решения. (См. также: *Jury out.*)

ENG — We're not sure how well the toy will sell, it's still a **jump ball**.

RUS — *Мы не уверены в том, что игрушка будет продаваться. Она остается для нас «прыгающим мячом»* (**jump ball**).

KEY PERFORMANCE INDICATOR (KPI) (*букв.: индикатор ключевых показателей*). Так в статистике работы компании обозначают главный критерий оценки демонстрируемых результатов (например: количество продукта, произведенного за единицу времени). Такого рода индикаторы не подходят для сравнения фирм между собой, но являются ценными для отдела внутренней документации, позволяющей сравнить, например, отчеты за данный квартал с аналогичным периодом прошлого года. (См. также: *Gauge, Driving without a dashboard* и *Operating metrics.*)

ENG — The shipping department's **KPIs** differ from quality control's gauges: Shipping must move products quickly, efficiently and safely; quality control must detect defects, which slows product movement down.

RUS — *Применяемые в подразделении по кораблестроению ключевые показатели* (**KPIs**) *отдела кораблестроения отличаются от тех, что приняты в отделе контроля качества. Корабелы должны выпускать продукцию быстро, эффективно и безопасно; контролерам предписано тщательно выверять все дефекты — даже пусть в ущерб скорости изготовления.*

KILL THE MESSENGER (*букв.: убить посланника*). Оборот навеян древним обычаем убивать гонца, принесшего недобрую весть, даже совсем в ней не повинного. Сейчас этот милый обряд практикуется редко, так как, по данным ученых, почти не влияет на содержание получаемой информации.

ENG | The CEO sounded like he wanted to **kill the messenger**, my friend Amy, even though she did him a favor by telling him that the board intends to fire him.

RUS | *Исполнительный директор словно «хотел убить посланника» (**kill the messenger**), мою подругу Энни, хотя по логике вещей должен был бы поблагодарить ее за услугу. Она рассказала директору, что начальство подумывает о его увольнении.*

KREMLIN SYNDROME (*букв.: кремлевский синдром*). Оборот, подразумевающий, что «кто не с нами, тот против нас», имеет два основных значения. Во-первых, это вопиющее неуважение к любому начальству, проистекающее из гнева или отчаяния в связи с тем, что «эти там наверху» оторваны от земной реальности. Во-вторых, это зацикленность «верхов» на демонстрации своей власти. Как правило, в жизни встречается совмещение обоих принципов. «Большие шишки» суют «свой нос в каждую щель», собираясь контролировать все и вся, тогда как рядовые работники считают, что шефы, подобно страусам, «не вынимают головы из песка».

ENG | Billy Joe was exhibiting a bad case of **Kremlin syndrome** when he said, «Those highfalutin» corporate suits up there in New York think they know how to run a business in Texas. Hell, they don't bother to show their faces down here «cept when they think somethin' is goin' wrong!»

RUS | *Билли Джо явно страдал последней стадией кремлевского синдрома (**Kremlin syndrome**). «Эти жирные индюки из Нью-Йорка, — заявил он, — думают, что им «со своей колокольни» виднее, как я должен вести свой бизнес в Техасе. Они ведь не желают «оторвать свои задницы с теплых местечек» и «понюхать здешнего пороху» до тех пор, пока все не пойдет наперекосяк».*

LAY CARDS ON THE TABLE (*букв.: выложить карты на стол*). Оборот, означающий совершенную честность, заимствован из языка заядлых игроков в покер, игры, пронизанной липкой атмосферой обмана. Если кто-то подозревает, что вы блефуете, *пришла пора раскрыть карты*. (См. также: *Peek under the tent*.)

ENG | Negotiations had been dragging on, with neither Cheryl nor Kyle trusting what the other was saying. Finally, seeing that they weren't making any progress, they both agreed to **lay their cards on the table** so they could move ahead.

RUS | *Переговоры топтались на месте, поскольку ни Черил, ни Кайл не верили тому, что говорил собеседник. Наконец, осознав, что возникла тупиковая ситуация, они согласились «выложить карты на стол»* (**lay their cards on the table**), *чтобы получить возможность двинуться дальше.*

LEG YOUR WAY INTO IT (*букв.: прощупывать ногой дорогу внутрь*). Это похоже на проникновение в салон «феррари»: сначала следует поставить внутрь ногу, а уже затем переносить туда тело. Оборот применим к медленному, но неуклонному продвижению вперёд сквозь препятствия, когда вы стремитесь к минимизации риска.

ENG | We should test our product in the smaller market first as we **leg our way** into the major metropolitan area.

RUS | *Нам следует для начала проверить продукт на сравнительно маленьком рынке, пока мы «прощупываем дорогу»* (**leg our way**) *к большим городам.*

LIFEBOAT DISCUSSION (букв.: *дискуссия о спасательной шлюпке*). Негативное описание того, чем занимаются начальники, планируя сокращение штатов. В этой непростой ситуации им надо принять нелегкое решение о том, кто «останется на борту», а кого, наоборот, «обрекут на смерть в холодной, кишащей акулами воде».

ENG	We knew that a **lifeboat discussion** was going on in that conference room, and sat nervously wondering which of us would have to go.
RUS	*Мы знали, что в конференц-зале идет «дискуссия о спасательной шлюпке»* (**lifeboat discussion**), *и нервно поёживались, ожидая известий, кто из нас «будет отдан на заклание».*

LION'S SHARE (букв.: *львиная доля*). Самый большой кусок пирога, который обычно достается вожаку собачьей упряжки или самой «накачанной» обезьяне (см. выражения *Alpha dog* и *800-pound gorilla*). Хотите иметь львиную долю? Ведите себя достойно царя зверей.

ENG	Greg is the king of our office jungle, so he always gets the **lion's share** of the profits.
RUS	*Грег — «царь наших офисных джунглей», так что ему всегда достается львиная доля* (**lion's share**) *прибыли.*

MANAGING THE BLOOD SUPPLY (букв.: *управление поставками крови*). Оборот описывает такое управление квалифицированными (но капризными) кадрами, а также ранимыми личностями, которое направлено на то, чтобы их отъезд или творческий кризис не сильно влияли на положение дел в компании.

ENG	When the company lost Nate, the managers knew that they'd have to **manage the blood supply** to make up for the absence of such a creative contributor.
RUS	*Когда фирма лишилась Нейта, начальники осознали, что им пора задуматься о «притоке свежей крови»* (**manage the blood supply**), *чтобы восполнить потерю человека, игравшего важнейшую роль в наших успехах.*

MBA JERK-OFF (*букв.: выскочка МВА*). Пренебрежительное прозвище молодого специалиста, «магистра делового администрирования», решившего освоить все премудрости бизнеса, не выходя из стен колледжа. Увы, далеко не все вузы учат работать в команде и управлять посредством достижения консенсуса. Этот самовлюбленный выскочка, не прошедший боевого крещения, готов спорить по поводу и без оного, так как он свято верит в то, что имеет готовые ответы на все вопросы.

ENG	You can always recognize an **MBA jerk-off**. This loud-mouth is never wrong, can fix any business problem, and doesn't mind telling you he's from Haahhhvaahd or Yale.
RUS	*Узнать «выскочку-магистра» (**MBA jerk-off**) очень легко. Этот краснобай никогда не ошибается; он может решить любую задачу и не замедлит сообщить, что он «столичная штучка», без пяти минут «профессор» и на дружеской ноге с Рокфеллером.*

MBWA. Аббревиатура выражения «прогулочное управление» (*букв.: менеджер крутится под ногами*). Его обычно используют для критики руководителя, который любит «ходить в народ», проводя слишком много времени на одном этаже с рабочими и не гнушаясь рукопожатием с мойщицей унитазов. Многие, впрочем, считают, что MBWA все же лучше, чем МВА (см. выше). Если не впадать в крайности, такой стиль управления временами воодушевляет, поскольку «разворачивает начальника лицом к подчиненным», дабы те не думали, что он отсиживается в кабинете. Наоборот, получив шанс пообщаться с шефом, они видят, что он восприимчив к разумным доводам. (См. также: *Dirty fingernail person.*)

ENG	Jim didn't seem to be able to meet his project deadlines. He claimed it was because he had too much to do, but his underlings blamed it on the fact that he his **MBWA** style prevented him from getting his real work done.
RUS	*Джиму явно не удавалось уложиться в жесткие сроки проекта. Он оправдывал это чрезмерной загруженностью. Подчиненные Джима считали, что стиль «ближе к массам» (**MBWA** style) не позволяет ему сосредоточиться на узком участке работы.*

MICE TYPE (букв.: *мышиный шрифт*). Изящная распечатка, очень мелкий шрифт или почерк. (См. также: *Eye test*.)

ENG | I didn't know what kind of contract I was signing until after I read the **mice type**.

RUS | *Я не знал, что за контракт подписываю, пока не прочитал этот «мышиный шрифт»* (**mice type**)*.*

MINION (букв.: *приспешник*). Лояльный подчиненный, склонный рабски выполнять инструкции до последней буквы, не задавая лишних вопросов.

ENG | Wouldn't it be a wonderful business world if most employees were good conforming **minions**?

RUS | *Разве деловой мир не станет чудесным, если большинство сотрудников превратится в покладистых «приспешников»* (**minions**)*?*

ON-THE-JOB TRAINING (OJT) (букв.: *тренировка во время работы*). Выражение говорит само за себя. Обучение на практике оказывается действенным в очень многих областях жизни.

ENG | Many blue-collar jobs of manual labor offer **on-the-job training** to new employees.

RUS | *На производстве, требующем ручного труда, многие «синие воротнички» согласны обучать новых работников без отрыва от производства* (**on-the-job training**)*.*

ONE HAND IN THE AIR (букв.: *одна рука в воздухе*). Оборот навеян правилом поднимать руку во время голосования или чтобы получить слово. Сейчас выражение означает, что клиент почти убежден. Когда он окончательно согласится, в воздух поднимутся уже две конечности.

ENG | I had **one hand in the air**, but stopped thinking it over when Halliburton came to town offering tenfold U. S. wage rates to work in military support jobs in Iraq.

RUS | Я уже склонялся к этой мысли (**hand in the air**), но отказался от нее, когда узнал от одного из сотрудников компании Halliburton, сколько получают те, кто помогает американским военным в Ираке.

ORDER AND PRIORITY (O&P) (*букв.: порядок и приоритет*). Качества, важность которых любит подчеркивать руководство. Увы, слишком часто работники не способны оценить важность порученных дел и правильно выстроить порядок их выполнения.

ENG | Workers too often do the tasks at hand in the wrong **order**, without considering company **priorities**. An **O&P** education campaign is in order to train these slow learners.

RUS | *Рабочие слишком часто выполняют задания не в том порядке (**order**), не беря во внимание приоритеты (**priorities**) фирмы. Ликбез в области того и другого (**O&P**) поможет тугодумам встряхнуться.*

OVERDRESSED, OVERFED, OVERHEAD (*букв.: разряжены, раскормлены, растрачены*). Корпоративные излишки. Игра слов построена здесь на том, что «над головой» и «накладные расходы» по-английски звучат одинаково.

ENG | XYZ Inc. has big fancy headquarters, where the execs are **overdressed** and **overfed**, all leading to too much **overhead**.

RUS | *Корпорация XYZ Inc отличалась склонностью к раздуванию руководящих штатов. Все ее «шишки» были разряжены и раскормлены (**overdressed** and **overfed**), что привело к слишком большой растрате (**overhead**) корпоративных средств.*

OX IN DITCH (см. *Car in the ditch*).

PRAYER MEETING (см. *Come-to-Jesus meeting*).

PROBLEMS OLDER THAN WHORES (*букв.: проблемы, которые древнее шлюх*). Многие проблемы «стары как мир». Сравнение их с представительницами древнейшей профессии означает, что эти заботы, известные всем, существуют с допотопных времен. Тем труднее их преодолевать — и тем ценнее решение.

ENG | One of our **problems** that is **older than whores** is that we can't find enough qualified salespeople.

RUS | *Одна из наших проблем, «более древняя, чем шлюхи»* (**problems older than whores**), *состоит в том, что мы не можем найти нужное число толковых агентов.*

PULL AN OAR (*букв.: тащи весло*). Если дружно налечь на весла, можно сдвинуть севшее на мель судно. Руководители, помогающие продвигать дело, должны всячески поощряться. (См. также противоположный оборот *Drag an oar.*)

ENG | The best workers are the ones who are willing to **pull an oar** to ensure that the company reaches the corporate goals.

RUS | *Лучшие сотрудники у нас те, кто мечтает «налечь на весла»* (**pull an oar**), *вселяя в других уверенность, что компания достигнет поставленных целей.*

PULL HIM THROUGH A KEYHOLE (*букв.: протащи его сквозь замочную скважину*). Имеется в виду деятельность, явно травмирующая сейчас и потенциально болезненная впоследствии. К ней относится поступок, необходимый для достижения результата, особенно за короткий отрезок времени или с ограниченными ресурсами. Оборот приложим к ситуации, когда кто-то не справился с заданием, и теперь с него спустят семь шкур, дабы план был все-таки выполнен.

ENG	It was obvious that we would have to **pull Ted through a keyhole**, as there were only two days left to finish the code, and there was not a Plan B.
RUS	*Стало очевидно, что с Тэда придется «спустить семь шкур» (**pull through a keyhole**), поскольку до крайнего срока оставалось два дня, а план Б отсутствовал.*

PUSHING A BALL UPHILL (*букв.: толкать шар вверх по склону*). Оборот, воскрешающий в памяти Сизифа с его камнем, относится к сложному заданию, которое кажется вам невыполнимым.

ENG	It seemed like no matter how we tried to avoid problems, the new sales plan had us constantly **pushing a ball uphill**. We never could quite hit the goal, and it was such a continuous struggle.
RUS	*Что бы мы ни предпринимали, новый план по продажам воспринимался как «сизифов труд» (**pushing a ball uphill**). В бесконечной борьбе мы так и не достигли намеченных результатов.*

PUT THE SCOTCH TO (*букв.: заклеить скотчем*). Буквальный смысл фразы — починка чего-либо, например лопнувшей камеры, с помощью скотча. Метафора, возникшая куда раньше скотча, скорее напоминает о пеленках или бинтах, помогающих хотя бы в воображении «окукливанию» невыгодного предприятия. Оборот навеян пьесой У. Шекспира «Макбет», где есть строчка «Змею пока не убили, ей лишь залепили пасть».

ENG	Our dry cleaning service is hemorrhaging money, it's time to **put the scotch to** it.
RUS	*Наша химчистка приносит не столько деньги, сколько «сплошной геморрой». Пора ее прикрыть (**put the scotch to** it).*

RACI. Аббревиатура означает системный подход к формальному распределению обязанностей, особенно актуальному во время переговоров. Первая буква сокращения соответствует ответственным (responible), вторая просчитанным (consilted), третья проконсультированным (accoutable) и четвертая — информированным (informed). (См. также: *«A» — who has it?)*

Глава 2. Менеджмент и стратегические вопросы   135

ENG | When **RACI** assignments are designated and maintained, things are more likely to get done between meetings.

RUS | Когда обязанности распределяются по системе **RACI**, вероятность того, что конференция окажется плодотворной, существенно повышается.

ROME BURNING (*букв.: горящий Рим*). Оборот, напоминающий об уничтожившем Рим пожаре. Относится к бизнесу, все дела в котором идут неважно — или хотя бы где есть «антонов огонь» (то есть гангрена) в какой-то отдельной области.

ENG | After the 9/11 disaster, it wasn't just one or two airlines that were detrimentally affected; it was more like **Rome burning**.

RUS | События 11 сентября не просто потрясли одну-две авиалинии; отрасль напоминала собой «горящий Рим» (**Rome burning**).

SAVE FROM BACON (*букв.: спасти от превращения в ветчину*). Выручить себя или свою фирму в тяжелом или потенциально опасном случае. Захочет ли боров повиснуть на крюке в мясокомбинате? Скорее он постарается избежать расправы — и вслед за ним вы.

ENG | We were near broke, so that loan really **saved** us **from bacon**.

RUS | Мы стояли на грани краха, так что кредит воистину спас нас от «мясорубки» (**saved** us **from bacon**).

SEAGULL MANAGEMENT (*букв.: менеджмент в стиле чаек*). Иной раз начальники ведут себя подобно крикливым птицам. Они пикируют с высоты, выхватывая на лету ошибку или нехватку данных, с громким криком обгаживают всех окружающих и снова вздымаются ввысь. (См. также: *Hit-and-run management*.)

ENG | We didn't see the CEO often; when he showed up, we knew he'd find something to carp about, unload on a few of us for being so careless, and then, as suddenly as he appeared, he'd be gone. This was his classic **seagull management**.

| RUS | Мы редко видели директора; стоило ему показаться, как мы уже знали, что он отыщет повод для претензий, «наедет» на кого-то за невнимательность и затем исчезнет так же быстро, как появился. Это был классический «менеджмент в стиле чаек» (**seagull management**). |

SEPTIC TANK LEVEL (*букв.: на уровне санитарного судна*). Выносить за больными «утку» — удел самых низкооплачиваемых санитарок; впрочем, на этот уровень часто скатываются и главврачи. В этом случае ими могут командовать даже медсестры. Хорошо это или плохо — судить не берусь.

| ENG | In the Army, the officers run the show, but it's the enlisted men who get the job done, proving they are not **septic tank level**. |
| RUS | В армии парадом командуют офицеры. Но за их спиной стоят рядовые, делающие свою незаметную работу, дабы начальники не скатились «на уровень санитарного судна» (**septic tank level**). |

Глава 2. Менеджмент и стратегические вопросы

SHOOT AND THEN AIM (*букв.: сначала стрелять, потом целиться*). Недееспособная идея. Сначала стреляя, а потом целясь, в мишень вы не попадете. Оборот может также описывать воплощение в жизнь некой программы в отсутствие обученных людей или материальных ресурсов.

> **ENG** — If you do all your homework first, you can prepare an effective airline operating plan. With ours, however, someone **snot, then aimed** and left us with no contingencies for rising fuel costs.

> **RUS** — *Проделав всю предварительную работу, вы сможете подготовить эффективный план работы авиалиний. Увы, у нас некоторые «сначала стреляют, потом целятся»* (**shot, then aimed**). *И тогда компания остается беззащитной перед лицом разного рода случайностей — например скачка цен на топливо.*

SHOTGUN APPROACH (*букв.: под дулом пистолета, вынужденный подход*). Когда у вас нет ключа к проблеме, вы суете в скважину все, что попадается под руку, в надежде, что хоть что-нибудь подойдет.

> **ENG** — Ron first tried marketing with a **shotgun approach**; sending out mailers, running Yellow Page ads, having outside salesmen, advertising in newspapers and doing anything else he could think of to get the phones to ring.

> **RUS** — *Рон первым попробовал заниматься маркетингом «под дулом пистолета»* (**shotgun approach**). *Рассылая письма по электронной почте, расставляя где надо торговых агентов и публикуя рекламу, он сделал максимум возможного для того, чтобы получить телефоны для обратной связи с клиентами.*

SKYSCRAPER CURSE (*букв.: проклятие небоскреба*). Плохая судьба начинания, которое выглядит столь же опасным и амбициозным, как строительство самого высокого здания в городе. Расходы могут оказаться куда больше планируемых, и авантюра закончится в лучшем случае банальным возвратом вложений.

> **ENG** — If successful, this campaign would be a huge boon for the company, but many are worried about the **skyscraper curse**.

> **RUS** В случае успеха кампания принесет фирме огромную прибыль, но многих волнует «проклятие небоскреба» (**skyscraper curse**).

SMOKE AND MIRRORS (*букв.: дым и зеркала*). Существуют всем известные «театральные» трюки, используемые для сокрытия реального положения дел. Тот, кто прибегает к *дыму и зеркалам*, пытается «запудрить мозги и повесить вам лапшу на уши».

> **ENG** Larry could see instantly that the presentation had no real financial numbers to back it up, but that it was relying on **smoke and mirrors**.

> **RUS** *Ларри понял, что на презентации так и не прозвучало четких финансовых данных: информация оказалась скрытой «за дымом и зеркалами»* (**smoke and mirrors**).

SOLOMON (*букв.: Соломон*). «Соломоновым решением» руководство называет выход из ситуации в отсутствие информации, позволяющей обосновать выбор, когда оно обязано принять то или иное решение. Существует библейская притча о том, как царю Соломону пришлось рассудить двух женщин, каждая из которых говорила, что она мать ребенка. Царь предложил разрезать младенца пополам. «Нет, — сказала одна из спорщиц, — лучше отдайте его другой». Соломон рассудил, что она и есть настоящая мать.

В бизнесе оставаться *Соломоном* непросто, и зачастую никто не получает того, что хочет. Поступив правильно, шеф достигает важного результата: он создает прецедент справедливого разрешения споров. Хорошим начальникам надо время от времени быть *Соломонами*. Альтернатива, и не самая лучшая, состоит в том, чтобы не принимать решения вообще.

> **ENG** Bosses sometimes need to play the role of **Solomon**, even though it is unpleasant, in order to discover how to achieve what is necessary.

> **RUS** *Иногда руководству приходится брать на себя роль «царя Соломона»* (**Solomon**), *даже если это не доставляет им удовольствия*.

STALKING HORSE (букв.: *личина, предлог*).

Аналог «троянского коня», позволяющий выманить противника из укрытия. Выражение взято из лексикона охотников. Птицы улетают при виде людей, но не боятся других животных; поэтому охотник может спокойно прицелиться, укрывшись за лошадью. В бизнесе оборот соотносится также с эталоном, целью или ориентиром

ENG	The **stalking horse** was always there to remind us of how much we needed to achieve.
RUS	*«Троянский конь»* (**stalking horse**) *стоял здесь немым укором, напоминанием о предстоящих делах.*

TAKE A ROLL CALL (букв.: *устроить перекличку*).

Используется при обсуждении вопроса о том, кто работал или хотя бы отметился на совещании.

ENG	Perhaps **taking a roll call** would have helped, as it was obvious no one heard anything that was said at the weekly sales meeting.
RUS	*Возможно, стоит прибегнуть к перекличке (**taking a roll call**). Иначе наше совещание по продажам окажется бесполезным.*

TOO CLOSE TO THE TREES (букв.: *слишком близко к деревьям*).

За деревьями не видно леса. Оборот означает, что внимание к конкретным деталям идёт в ущерб видению общей перспективы процесса. В этом случае любой руководитель утрачивает объективность. (См. также: *Can't see the forest for the trees, Weatherman syndrome, Open the window and see the weather* и *Blind man and the elephant*.)

ENG	J. R. was too **close to the trees** to see that her team was the main reason the company wasn't hitting its sales goals.
RUS	*Джи-Ар, с её «замыленным глазом»* (**close to the trees**) *не могла осознать горькую правду. Увы, её команда превратилась в тормоз, не позволявший компании выполнить план по продажам.*

TOP OF THE TOWER SHOUTING (см. *Shout from the tower*).

TRAINING WHEELS (*букв.: учебные колесики*). Помните, как вас учили кататься на велосипеде со страховочными колесиками по бокам? Иной раз они нужны новичку, впервые вышедшему на работу. Вначале, когда труднее всего, дополнительная поддержка идет только на пользу. Но вечно это продолжаться не может: приставные колесики не вечны.

ENG | Tim assigned the retiring sales manager to work with Susan, his replacement, as **training wheels**. She'll be around for the first month or so, to help her get past the learning curve.

RUS | *Тим объединил в пару увольняющегося менеджера по продажам и приходящую ему на смену Сьюзен. Он будет с ней рядом примерно месяц, превратившись в «страховочные колесики» (**training wheels**), помогающие пройти по неровной дороге бизнеса.*

VIOLENT AGREEMENT (*букв.: соглашение через силу*). Слова соперников различаются, их аргументы противоположны, но стороны все же пришли к базовому соглашению. Другое дело, что они пока не готовы осознать перспективность предложений другой стороны. Иной раз они знают, что спор исчерпан, но не хотят признавать это из политических, психологических или прочих соображений.

ENG | Bush and Kerry sure had some **violent agreements** during their three debates, mostly with regards to Afghanistan policy.

RUS | *В процессе трех совещаний, особенно в отношении политики в Афганистане, Буш и Керри наверняка пришли к некоему вынужденному соглашению (**violent agreements**).*

WALLPAPER THE MEETING (*букв.: поклеить встречу обоями*). «Проутюжить» встречу или переговоры — значит подтасовать итог совещания с помощью людей, которые благосклонны к вашему предложению. Скорее всего, это просто «пешки». (См. также: *Yes man*.)

| ENG | Of course they loved his idea, he'd **wallpapered the meeting**. |

| RUS | Конечно, они одобрили эту идею — ведь он просто «проутюжил совещание» (**wallpapered the meeting**). |

WIDE EYED (букв.: *широкоглазый*). Выражение применяют к человеку, выступающему столь горячим сторонником чего-либо, что это мешает ему быть объективным. Ребенок, увидевший в лавке стеклянную банку конфет, распахивает глаза так же широко, как иной взрослый при виде нового автомобиля. Это же происходит с работниками, когда они слышат россказни о росте страховок, и с теми, кто переплачивает за покупки на аукционе. *Широкоглазие* — профессиональная болезнь предпринимателей, составляющих бизнес-план: они часто переоценивают возможные прибыли и недооценивают издержки. (См. также: *Eager beaver*.)

| ENG | The director of HR **was wide eyed** after hearing the initial presentation from the insurance provider, which offered better coverage and lower rates. |

| RUS | Директор «раскатал губу» (**was wide eyed**) после презентации, устроенной страховщиком, который обещал лучшее покрытие и сниженные расценки. |

Глава 3

МАРКЕТИНГ И ПРОДАЖИ

80/20 RULE (*букв.: правило «80 на 20»*). Правило маркетинга гласит, что 80 процентами своих продаж фирма обязана 20 процентам клиентов. Это относится и к другим сферам: так, 20% персонала создают 80% проблем. В другой формулировке в соответствии с этим правилом, называемом «принцип Парето», в любом сообществе живых существ есть 20% буйных пассионариев и 80% тихих мещан. Смысл всех этих правил состоит в призыве сосредоточиться на узкой области, определяющей течение процесса в целом. (См. также: *Pareto Principle*.)

ACRES OF DIAMONDS (*букв.: акры алмазов*). Оборот описывает ситуацию в бизнесе или состояние рынка, когда многочисленные возможности только и ждут, когда вы ими воспользуетесь.

ENG | Once upon a time Bill Gates foresaw acres and acres and **acres of diamonds** ready to be plucked along the so-called «information highway». His market-leading software proved that his premonition was correct.

RUS | *Однажды Билл Гейтс предсказал «акры алмазов» (**acres of diamonds**), только и ждущих искателей, разбросанных, как грибы, вдоль информационного «большака». Перемещение на лидирующие позиции компаний, специализирующихся на разработках программного обеспечения, доказало, что предвидение Гейтса полностью сбылось.*

ALPHA PUP (*букв.: породистый щенок, будущий вожак*). Слово из языка маркетологов обозначает «крутейшего парня в районе», который готов к инновациям и не боится тратить деньги на внедрение только что предложенных технологий или несовершенные еще «стильные штучки». Возможно, это будущий неформальный лидер. (См. также: *Alpha dog*.)

ENG | If the **alpha pups** go for it, we'll sell millions of them.

RUS | *Если «альфа-щенята» (**alpha pups**) клюнут на этот товар, мы продадим миллионные партии.*

B2B E-COMMERCE (*букв.: сетевая коммерция «бизнес для бизнеса»*). Имеются в виду коммуникации в Интернете, благодаря которым компании могут заключать сделки «бизнес к бизнесу», без посредников.

BABY SEAL (*букв.: тюлененок*). Оборот относится к подчиненным, особенно торговым агентам. Я услыхал это выражение от агента Ларри Рига, прилагавшего его и к совещаниям, где собираются такие работники. Предполагаю, что его применяют ко всем, кто не достигает поставленных целей. (Не обижайтесь, я всего лишь собираю и записываю жаргонные выражения, как бы резко они ни звучали.)

ENG	The sales crew exited the meeting feeling like **baby seals**. All who attended had been browbeaten harshly for not hitting the sales goals.
RUS	*Отдел продаж выполз с совещания, как выводок тюленят (**baby seals**). Каждый его участник был «зверски размазан по стенке» за то, что не выполнил план по продажам.*

BIRD NEST ON THE GROUND (*букв.: птичье гнездо на земле*). Цель, которой легко достичь (вам или конкуренту). В бизнесе это бывает довольно редко, особенно на давно поделенных рынках. (См. также: *Low-hanging fruit.*)

ENG	Fred opined that the Tampa market would be a **bird nest on the ground** and easy to enter, as he saw no serious competitors there.
RUS	*По мнению Фреда, рынок Тампы окажется «лёгкой мишенью» (**bird nest on the ground**). Компания легко выйдет на него, так как в этом регионе не видно серьезных конкурентов.*

BREATHING OUR OWN EXHAUST (*букв.: дышать нашим собственным выхлопом*). Попытка «вариться в собственном соку»; превознесение своих или чужих идей до глухоты ко всему, что противоречит стройной концепции. В пылу стратегического планирования люди столь часто излагают свои идеи, что беспечно забывают учесть слабые места и опасности, пренебрегать которыми недопустимо. Они бывают так очарованы своими проектами, что «задыхаются» все сильнее, игнорируя внешний мир и потребности членов команды. Проблема может быть смягчена с помощью «адвоката дьявола». (См. также: *Altitude sickness, Ozone thinking* и *Play devil's advocate.*)

ENG	Donna was **breathing her own exhaust** as she continued ignoring other's concerns about the market size being unable to support the new project.
RUS	*Донна «варилась в собственном соку» (**breathing her own exhaust**). Она игнорировала любые новые соображения о размере рынка, если видела в них хоть малейший намек на критику нового начинания.*

BULLET PROOF (*букв.: пуленепробиваемо*). Оборот обычно используется для характеристики плана, который не может провалиться, и вообще чего-либо непобедимого.

ENG	The consumer testing of the product, in conjunction with the excellent marketing, made the sales plan **bullet proof**.
RUS	*Пробное использование продукта покупателями вкупе с отличным маркетингом сделали наш план продаж воистину «пуленепробиваемым» (**bullet proof**).*

CHEESECAKE (*букв.: творожный торт*). Термин, обозначающий пресс-релизы и другие источники информации о фирме, которые кажутся аудитории смешными, устаревшими или чересчур простыми. Идеи в области менеджмента «протухают» не менее быстро, чем общепитовская стряпня, особенно если они не слишком продуманны.

ENG | Our **cheesecake** mail-outs to clientele seemed as if we were communicating to first graders about our CEO's cheesecake plans for long-term profits based on old technologies.

RUS | *«Творожный тортик»* (**cheesecake**), *который мы рассылали клиентам по электронке, выглядел так, будто мы скопировали наброски из старого директорского черновика. Мы рассчитывали, что «тортик» (cheesecake) гарантирует долгосрочные прибыли, несмотря на использование нами допотопных технологий.*

COCKROACH THEORY (букв.: *теория тараканов*). Закон подлости, согласно которому плохие новости «бродят табунами».

ENG | They sure proved the **cockroach theory** when they made announcements of accounting problems four days in a row, then their CFO was indicted.

RUS | *Четыре дня проблем с бухгалтерией подтвердили, что «беда не приходит одна»* (**cockroach theory**). *Неудивительно, что финансовый директор был обвинен в махинациях.*

CO-EVOLUTION (букв.: *совместная эволюция*). Теория, утверждающая, что фирма может создать новый бизнес, рынок или производство, вовлекая в свою орбиту не только клиентов и поставщиков, но и прямых конкурентов.

ENG | Though routinely competing for-customers, grain marketing cooperatives have adopted **co-evolution** strategies such as forming joint ventures to build flour mills, promote exports and develop products.

RUS | *Сохраняя для покупателей привычную видимость конкуренции, кооперативы по зерновому маркетингу взяли на вооружение стратегию «совместной эволюции»* (**co-evolution**), *предусматривавшую создание совместных предприятий для постройки мукомолен, продвижение экспорта и развитие товарного бренда.*

COMPANY RAG (*букв.: тряпка компании*). Рассылка, журнал или стенгазета, выпускаемые компанией для внутреннего потребления.

ENG — Her true age was exposed in the **company rag** along with the other birthday announcements.

RUS — *Ее истинный возраст был упомянут в малотиражке (**company rag**), в разделе с поздравлениями именинникам.*

DEAD FISH, IDAHO (*букв.: Дохлорыбск, штат Айдахо*). Побратим Зажопова, Гадюкина и Мухосранска. Вымышленный город в американской глубинке, используемый маркетологами как символ места, где ничего невозможно продать.

ENG — The product was so bad that when we demonstrated it in **Dead Fish, Idaho**, the citizens jeered at us.

RUS — *Продукт был столь плох, что на демонстрации в Гадюкино (**Dead Fish, Idaho**) горожане в открытую смеялись над нами.*

DE-HORSE (*букв.: обезлошадить*). Выражение пришло из автомобильного бизнеса, где агенты ставят себе цель сделать так, чтобы покупатель сменил свою нынешнюю машину на более современную. Как правило, если клиента удается уговорить сесть в новую машину, чтобы доехать вечером до дома, он «попался» и почти наверняка согласится. Теперь это выражение прилагают к любому бизнесу, где нужно заставить клиента отказаться от использования привычных

Глава 3. Маркетинг и продажи

ему товаров или услуг и приобрести то, что ему предлагают.

ENG — As a jewelry salesperson, I knew that if I could just get her to remove her old dull ring and put on the new shiny ring, she'd be **de-horsed**.

RUS — *Как агент по продаже драгоценностей я знал, что, если уговорю ее снять старое кольцо и надеть новое, ей нечего будет возразить (**de-horsed**).*

DEMO-MONKEY (букв.: *демонстрационная обезьяна*). Пренебрежительное название человека, который проводит увлекательную демонстрацию предлагаемого продукта.

ENG — The salesperson was the most talented **demo-monkey** I have ever seen, and his prospects always bought after the product demonstration.

RUS — *Агент по продаже был талантливейшей «демонстрационной обезьяной» (**demo-monkey**), и предлагавшиеся им товары всегда шли нарасхват.*

DIAL IT BACK (букв.: *приглушить*). Сбавить тон риторики или рекламы.

ENG — Your sales pitch is too aggressive. **Dial it back**!

RUS — *Ваш натиск в области продаж слишком агрессивен. Сбавьте тон (**Dial it back**)!*

DIALING AND SMILING (букв.: *звонок с улыбкой*). Выражение относится к практике рекламных звонков.

ENG — The boys in the sales department were **dialing and smiling** as they worked their targets, and they knew that when they stopped smiling sales would fall.

RUS — *Парни из отдела продаж звонили с улыбкой (were **dialing and smiling**) и всячески обрабатывали клиентов, полагая, что стоит им перестать улыбаться, продажи сразу же упадут.*

DIALING FOR DOLLARS (*букв.: набирая номер за доллары*). Оборот пришел из ранних элох бизнеса по телефону. Сейчас он используется для обозначения роста инвестиционных фондов, поиска банковских кредитов или другой финансовой поддержки.

ENG | An initial public offering of stock is one method of **dialing for dollars** in the corporate world.

RUS | *Первоначальное размещение акций представляет собой один из методов звонка ради долларов (*dialing for dollars*).*

DON'T ORDER YET (*букв.: еще не заказывайте*). Оборот используется в продажах в том смысле, что у продавца есть что-то еще, чего покупатель не ожидал получить. (См. также: *Throw in some Ginsu knives.*)

ENG | «**Don't order yet**», — Ginny told her husband, knowing that when Sam stalled in making his order, the company threw in a free service warranty.

RUS | *«Подожди заказывать (***Don't order yet***)», — сказала Джинни своему мужу, думая, что, если Сэм чуть помедлит, они выторгуют у компании гарантию бесплатного сервиса.*

DRAG THE PRIZE TO THE FRONT DOOR FOR SOMEONE ELSE TO KILL, DRAG THE SKINS TO THE FRONT DOOR FOR SOMEONE ELSE TO CLEAN, DRAG THE KILLS TO THE FRONT DOOR FOR SOMEONE ELSE TO SKIN (*букв.: бросьте награду к входной двери, и пусть убивает другой; бросьте шкуры ко входу, и пусть чистит другой; бросьте добычу ко входу, и пусть шкуру снимает другой*). Независимо от того, какую версию вы используете, значат они все примерно одно и то же: «Да, я сделаю предложение, но затем вы, а не я, будете расхлебывать эту кашу».

Оборот может также использовать команда агентов, нашедших многообещающего заказчика, поймав его на крючок рекламного письма или предложения о сотрудничестве. Теперь эта команда предлагает поставить точки над «i» тому, кто выделяет финансы. Обычно в продажах одна часть сотрудников отвечает за «соблазнение» клиентов, тогда как другая берет на себя окончательное закрытие и оформление сделок. (См. также: *Rainmaker*.)

ENG | Ted knew he could **drag the prize to the front door for someone else to kill**, but it wasn't clear to him that any of the incompetent sales staff could handle such a large order.

RUS | *Тед понимал, что может «бросить награду у входа, и пусть убивает другой»* (**drag the prize to the front door for someone else to kill**), *но не был уверен, что неопытные ребята из отдела продаж справятся со столь серьезным заказом.*

FEET ON THE STREET (букв.: *ноги на улице*). Оборот маркетологов, означающий, что агенты-сотрудники навещают клиентов по месту работы.

ENG | We put more **feet on the street** than any other insurance company, and our clientele appreciate the personal contact.

RUS | *Мы разослали на места* (**feet on the street**) *больше агентов, чем другие страховые компании, и проявленное нами внимание пришлось по сердцу нашим клиентам.*

FISH IN THE BOAT (букв.: *рыба в лодке*). Выражение рыбаков означает, что рыба считается пойманной лишь тогда, когда лежит на дне лодки. Равно и агент, который начал обхаживать клиента, не может свободно вздохнуть, пока не закроет продажу.

ENG | Don't get too excited about their touring of the factory, because it isn't until he signs the contract that the **fish is in the boat**.

RUS | *Не обольщайтесь тем, что они отправились осматривать фабрику. «Рыба окажется в лодке»* (**fish is in the boat**) *лишь тогда, когда они подпишут контракт.*

FUTURE-PROOF (букв.: *проверено будущим*). Определение прилагают обычно к продукту, идее или услуге, которые не устаревают под воздействием модных течений или новой технологической волны. Оборот может употребляться и в виде глагола, означающего, что продукт делают всерьез и надолго, «не прогибаясь под изменчивый мир».

ENG	We have **to future-proof** our global-positioning software so that GM won't turn to the next competing innovator to outfit those Cadillacs in the coming years.
RUS	*Компьютерные программы глобального позиционирования должны быть «сделаны на века»* (**to future-proof**). *Иначе генеральный менеджер может не устоять перед соблазнами, предлагаемыми конкурентом-новатором.*

HIT AND RUN (*букв.: «наехал-убежал»*). Глагольный оборот имеет как минимум три значения. Имеются в виду умение, во-первых, быстро обтяпать крупную сделку и игнорировать исполнение послепродажных обязательств. Во-вторых, способность провести короткую интенсивную рекламную кампанию. В-третьих, так говорят о начальнике, способном с лету разнести подчиненного в пух и прах, а затем быстро покинуть сцену, оставив жертву наедине с ее чувствами. (См. также: *Hit-and-run management*.)

ENG	As one of our marketing tools, we **hit and run** with snappy 20-second prime-time TV commercials aired only four nights each month. We dovetail those with dozens of personal hit-and-run calls on prospective clients.
RUS	*В рамках нашего маркетинга мы четыре вечера в месяц проводим «кавалерийские атаки»* (**hit and run**) *в течение 20 секунд прайм-тайма на коммерческих телеканалах. Завершают эти наскоки десятки личных звонков перспективным клиентам.*

KICKBACK MARKETING (*букв.: маркетинг в стиле «пас»*). Любая форма соглашения о переделе рынков, в рамках которого компании договариваются о «перепасовке» потребителей. Например фирмы моих детей и их друзей договорились о предоставлении скидок общим клиентам.

ENG	Spitzer was concerned that, in addition to contingent commissions, there was significant effort to steer customers to favored competitors, which didn't always help the customer get the right coverage at competitive prices. It looked like a **kickback marketing** scheme to him.

RUS — *Недовольных клиентов мы направляли к конкурентам, иногда помогавшим получить требуемое по доступной цене. Это выглядело как «футбольный маркетинг»* (**kickback marketing**).

LIPSTICK INDICATOR (*букв.: индикатор губной помады*). Рыночный «барометр», основанный на одном наблюдении: чувствуя неуверенность в будущем, покупатели начинают приобретать дорогие безделушки. Во время спада или периодов экономической нестабильности хорошо продаются такие вещи, как губная помада. Наблюдение главы компании *Estee Lauder* неоднократно подтверждалось.

ENG — The **lipstick indicator** supported our information that reflected high sales due to the high unemployment rate.

RUS — *«Индикатор губной помады»* (**lipstick indicator**) *подтверждал нашу теорию об увеличении продаж в условиях высокой безработицы.*

MARKET CANNIBALIZATION (*букв.: каннибализация рынка*). Такое случается, когда новый продукт компании вступает в конкуренцию со старым, негативно влияя на продажи хорошо зарекомендовавшего себя товара. Компания съедает часть своего же рыночного сегмента. Иногда это не столь уж плохо, если нет другого способа познакомить рынок с модными веяниями и необходимо расчистить место для новых поколений товаров.

ENG — When Bayer made a debut of its «maximum strength» aspirin, the new product ate into sales of classic old standby Bayer Aspirin. Bayer officials said market **cannibalization** was the only way to retain and build market share against new Extra-Strength Tylenol.

RUS — *Когда компания Bayer Aspirin вывела на рынок аспирин «максимальной силы», новый продукт увёл за собой часть покупателей стандартной ацетилсалициловой кислоты. Аналитики компании оправдывали это тем, что «каннибализация»* (**cannibalization**) *была единственно возможным путём удержать клиентов в условиях атаки на рынок «сверхмощного препарата тайленол».*

PARETO PRINCIPLE (см. 80/20 *rule.*)

POPCORN AND PEANUTS (букв.: *попкорн и арахис*). Оборот относится практически к любому продукту компании, который легко продается и приносит быстрые прибыли. Никто ведь не откажется от попкорна и арахиса: они вкусны и недороги.

ENG | In my company, it's almost entirely our **popcorn and peanuts** that keep us alive.

RUS | *Нашу компанию «поддерживают на плаву» попкорн и арахис (**popcorn and peanuts**).*

PRESS ON THE FLESH (от **PRESS THE FLESH**) (букв.: *дави на мясо*). Старый термин, неожиданно получивший новый смысл. (Раньше оно означало рукопожатие.) Маркетологи используют это выражение в отношении различных способов заинтересовать покупателя или как-то иначе привлечь его внимание к продукту.

ENG | We had so many salespeople on the street that it was obvious we were going to **press on the flesh**.

RUS | *На улицу вышло столько агентов, что стало ясно: мы собираемся «жать на мясо» (**press on the flesh**).*

REACHING CRITICAL MASS (букв.: *достижение критической массы*). Оборот означает достижение такого уровня продаж, количества клиентов или доли рынка, которые позволяют компании получать прибыль. Так говорят и о процессе, входящем в переломный этап.

ENG | To **reach critical mass**, Dell Computers had to go with big sales promotions in addition to cutting-edge products.

RUS | *Чтобы «достичь критической массы» (**reach critical mass**), компании Dell Computers пришлось добавить к своим технологичным товарам заманчивые специальные предложения.*

RENT-A-CROWD (букв.: *прокат толпы*). При открытии нового бизнеса, будь то магазин или ресторан, фирмы обычно нанимают толпы статистов, изображающих заинтересованных покупателей.

| ENG | Sammy assured the owner his first night would be busy, but didn't tell him that some of the people were actually **rent-a-crowd** customers. |
| RUS | Сэмми заверила босса, что первый день будет насыщенным, утаив от него, что часть клиентов составит взятая «напрокат толпа» (**rent-a-crowd**). |

REPURPOSING (*букв.: перенацеливание*). Имеются в виду сбор информации из одних носителей (книги, журналы) и перекачка ее в другие: домашнюю рассылку или брошюры. Оборот приложим также к зданию, скажем, фабрики, перестроенном под новые нужды.

| ENG | Our newspaper ad campaign became a series of public service announcements. It was a stroke of genius; **repurposing** led to cost saving. |
| RUS | Наша реклама публиковалась в газетах в разделе предложений услуг. Просто, как все гениальное: «перенацеливание» (**repurposing**) привело к снижению себестоимости. |

REVERBIAGIZING. Переформулировка предложения, рекламы или другого текста в надежде пронять людей, готовых на него отозваться.

| ENG | It's the same ad concept; we have just **reverbiagized** it to make it sound better. Now it's selling our products. |
| RUS | В сущности рекламный концепт остался прежним; мы просто его «перелицевали» (**reverbiagized**), изменили звучание. Теперь мы не имеем права пожаловаться на продажи. |

SELL IT OR SMELL IT (*букв.: продай или нюхай сам*). Оборот означает любую скоропортящуюся продукцию, которую должна продать фирма. Если она не расходится, то начинается гниение, и у компании возникают большие проблемы.

SOUND BITE (*букв.: звуковой укус*). Выражение имеет синоним *buzzword* (модное словечко). Заимствованный из теле- и радиорекламы термин означал короткие, но внятные и живые новости, а также вставляемые в интервью высказывания политиков (как правило, они готовятся заранее). В бизнесе такая пикантная реплика произносится непринужденно, словно говорящий и вправду много знает о данном предмете — когда на самом деле это не совсем так. Однако не пробуйте вывести его на чистую воду: докладчик уже давно сменил тему.

> **ENG** Our PR director sure knows how to give a **sound bite** every time Channel 8 shows up for interviews. He can talk about anything and sound like he's an expert, but it takes preparation, he says.

> **RUS** *Каждый раз, когда восьмой канал открывает двери для интервью, наш директор по связям с общественностью делает «звуковой укус» (**sound bite**). Он может легко говорить обо всем и выглядит настоящим экспертом, хотя, по его словам, это требует большой предварительной подготовки.*

STOP SELLING (*букв.: остановить продажу*). Есть время продавать и время с этим завязывать. Некоторые продавцы продолжают «втюхивать» товар даже тогда, когда покупатель созрел для заказа. Как правило, такой агент исходит из добрых намерений; он просто старается рассказать о предмете как можно больше. Эта назойливость порой раздражает клиентов, и они могут вообще отказаться от покупки: «заставь дурака Богу молиться, он лоб расшибет». Оборот обычно описывает человека, убеждающего других в том, что и так очевидно. Добившись своего, умейте остановиться: продолжение охмурения означает потерю времени. Лучшие агенты или сотрудники чувствуют, когда настала пора «закрыть варежку»: клиент раздумал или, наоборот, созрел и готов расстаться со своими деньгами.

> **ENG** The customer seemed likely to order until Bill refused to **stop selling** and kept offering more and more information. When he finally mentioned that the part was blue, the customer changed his mind, saying he didn't want a blue one.

> **RUS** *Клиент склонялся к тому, чтобы сделать заказ, но Билл никак не мог остановиться (**stop selling**), обрушивая на него новую информацию. Когда же он заявил, что деталь будет синей, утомленный клиент ответил, что ему не нравится этот цвет.*

SWEET SPOT (*букв.: сладкая точка*). Момент, когда явление достигает своего апогея. Скажем, данная цена приносит хорошие прибыли, но и поддерживает высокую планку продаж. При ее повышении компания рискует столкнуться с сокращением объема продаж, а при снижение — с уменьшением прибыли. Другой пример — когда оптимальное число покупателей можно охватить без раздувания штата или открытия нового автопарка.

ENG | We knew we had hit the **sweet spot** in the market, as our price was right in the middle of our competitors, and sales exploded.

RUS | Мы поняли, что достигли своего апогея (*sweet spot*) на рынке. Наша цена была не низкой и не высокой, а находилась ровно посередине цен конкурентов. И продажи резко рванули вверх.

THROW IN SOME GINSU KNIVES (*букв.: добавь немного ножей Гинсу*). Это выражение означает, что за те же деньги клиент получает что-то еще, на что он не рассчитывал: некое дополнение к продукту, бизнес-плану или целому предприятию. «Если вы сделаете заказ прямо сейчас, — говорит опытный переговорщик, — мы добавим замечательный *набор ножей Гинсу*». Такому мастеру легко удержать внимание и заинтриговать клиента, чтобы добиться своего. (См. также: *Don't order yet.*)

ENG | If you'll clinch the deal today for our company, we'll throw in some **Ginsu knives** and, literally, the kitchen to go with them. By that, I mean the company-owned lodge on the lake at no extra charge.

RUS | *Если сделка будет завершена сегодня, мы добавим «ножи Гинсу» (Ginsu knives) и кое-что из мебели для кухни. Я имею в виду корпоративный охотничий домик на озере без дополнительной платы.*

VALUE MIGRATION (*букв.: миграция ценности*). Перемещение точек роста из фирмы в фирму, из одной отрасли промышленности в другую или из экономики одной страны в хозяйство другой. Оборот используют и для характеристики отраслей, перспективы которых мигрировали, а проблемы остались.

ENG	**Value migration** has been an ongoing pattern for the U.S. apparel manufacturing industries because the cheap labor is the ace in Chinese mainland's super-sized deck of growth opportunities.
RUS	«Миграция ценности» (**value migration**) была сильным козырем легкой промышленности Америки: китайская диаспора обеспечила ее дешевой рабочей силой.

WE EAT OUR OWN DOG FOOD (*букв.: мы едим нашу собственную собачью еду*). Сотрудники компании-производителя используют выпускаемый ею продукт.

ENG	It wasn't just another product endorsement when the pro basketball player touted Airy Shoes on TV. He owns the shoemaking company, so both he and his employees **eat their own dog food**: They wear their own shoes.
RUS	Это не рекламный трюк, когда баскетболист носит кроссовки Airy. Он владелец обувной фабрики, так что и он, и его подчиненные ходят в своей продукции (**eat their own dog food**).

WHALE (*букв.: кит*). Оборот из мира казино означает крупного клиента или покупателя с громким именем. Вступить в дело с этим человеком — очень удачный ход.

ENG	Ted announced that the new fishing lure had been picked up by the largest **whale** we could have imagined, Wal-Mart.
RUS	Тэд объявил, что новая рыболовная приманка подобрана самым большим «китом» (**whale**) из возможных: компанией Wal-Mart.

WOODY (*букв.: лесистый, деревянный*). Сильное и быстрое движение вверх на рынке, рост уровня безопасности или продаж.

ENG	After receiving an ultimatum due to poor sales, I'm relieved we finally picked up a **woody** in our division, or I would have been replaced as manager.
RUS	После полученного выговора мне стало ясно — либо отдел добьется серьезных результатов (**woody**), либо я потеряю свою должность.

Глава 4

БУХГАЛТЕРИЯ, ИНВЕСТИЦИИ, КОНТРАКТЫ И ТЕХНОЛОГИИ

AGGREGATED EYEBALLS (*букв.: общее число просмотров*). Оборот означает общее число посещений сайта или просмотренных предложений. Следующим замеряемым показателем, как правило, является готовность посетителей перейти к покупкам.

ENG	Based on the site's **aggregated eyeballs**, we have a very hot product on our hands.
RUS	*Судя по числу просмотров (**aggregated eyeballs**) сайта, наш продукт вызвал ажиотаж.*

AIR POCKET (*букв.: воздушная яма*). Так называют момент, когда цена акций или стоимость компании вдруг резко снижается, подобно самолету, попавшему в воздушную яму. Оборот приложим к любому делу, которое быстро и без предупреждения теряет свою привлекательность.

ENG	Jim knew that the announcement of his company's major customer filing bankruptcy was a huge **air pocket** that would also kill the sales contract and send his own company's stock reeling.
RUS	*Известие о банкротстве нашего основного клиента, стало огромной «воздушной ямой» (**air pocket**). Планируемые контракты превратились в сомнительные, а цена на акции полетела вниз.*

ALLIGATOR PROPERTY (*букв.: собственность-крокодил*). Недвижимость, владение которой влечет за собой чрезмерные налоги, непомерные расходы на обслуживание и/или невероятно высокие наценки, хищно поедающая возможную прибыль. Оборот относится также к простаивающему

пустому объекту с заколоченными дверями, тогда как налоги и другие платежи лишь растут.

ENG | The inheritance tax on that family-owned newspaper made it an **alligator property**, so the prospective heirs were forced to sell it to a wealthy media conglomerate.

RUS | *Налог на наследство превратил принадлежавшую семье газету в тяжкое бремя (* **alligator property** *). Поэтому она была продана одному из медийных конгломератов.*

BACK OF THE ENVELOPE (*букв.: обратная сторона конверта*). Соглашение, подготовленное быстро или скоропалительно. Поспешишь — людей насмешишь. (См. также: *On a napkin.*)

ENG | It was one of those **back of the envelope** deals, since we were in such a hurry to complete the transaction.

RUS | *Это было одно из тех, плохо подготовленных «дел на коленке» (* **back of the envelope** *). Мы слишком спешили закрыть сделку.*

BACKING THE TRUCK UP (*букв.: резервирование грузовика*). Реальный или воображаемый транспорт, доставляющий деньги, вырученные во время сделки. Когда он выгружается у наших дверей, это означает, что переговоры прошли успешно. Конечно, отнюдь не любое прибытие инкассаторского броневичка заканчивается разгрузкой; однако не стоит отчаиваться. В большинстве случаев машина несколько раз возвращается порожняком, прежде чем привезти радостное известие. Многие бизнесмены из суеверия не говорят на эти темы, пока деньги полностью не окажутся в их руках. (См. также: *Money truck.*)

ENG	Bob felt that the **truck would back up** next Tuesday, and the closing would occur at 2 p. m. on that day; «In this business, you never know for sure», he said.
RUS	*Боб предсказывал, что машина для денег вернется (**truck would back up**) в следующий вторник и сделка будет закрыта в 2 часа дня. «Но в нашем деле, — сказал он, — никогда нельзя знать наверняка».*

BARE PILGRIM (*букв.: босой паломник*). Наивный инвестор, который, играя на бирже, потерял все средства на частных вложениях или сделках с обыкновенными акциями.

ENG	He thought he was going to be wealthy, but because of his ignorance he lost it all, and now is a **bare pilgrim**.
RUS	*Он думал, что разбогатеет, но из-за своего невежества спустил все, и теперь он «гол, как сокол» (**bare pilgrim**).*

BLEEDING-EDGE (*букв.: кровоточащий край*). Самые современные, новейшие технологии или направления развития бизнеса. Их новизна и необычность нередко приводят к возникновению опасных для фирмы ситуаций.

ENG | **Bleeding-edge** manufacturing technologies must be proven on the factory floor and are often too risky for companies with small R&D budgets.

RUS | *Компания должна сначала проверить эффективность этих ультрасовременных (**bleeding-edge**) производственных технологий. Для небольших фирм внедрение этих технологий сопряжено с высокими рисками.*

BO DEREK (*букв.: Бо Дерек*). Оборот означает удачный выпуск акций или превосходное вложение денег. Выражение навеяно именем актрисы, известной своим совершенством.

ENG | I was always leery of investing in the stock market, but my broker told me not to worry because he had a **Bo Derek** for me.

RUS | *Я всегда с недоверием относился к инвестициям на биржевом рынке, но мой брокер уверил, что у него есть «верная карта» (**Bo Derek**).*

BOTTOM FISHER (OR FEEDER) (*букв.: донный рыбак, донный кормилец*). Человек, группа или компания, сосредоточенные на самых дешевых или не котируемых на рынке контрактах. Вместо поиска возможностей с участием других акционеров они ищут выгоду в таких предложениях, которые принято не замечать. Обойденный вниманием продавец скорее примет более низкую цену или пойдет на жесткие условия сделки.

ENG | Known as a **bottom feeder**, Luther never looked at the biggest deals because he felt that it was easier to make a larger profit on the smaller overlooked deals. (See also: gunslinger.)

RUS | *Лютер, завзятый «донный кормильщик» (**bottom feeder**), никогда не прельщался самыми крупными сделками, будучи уверен, что боль-*

шую прибыль проще сделать на маленьких неприметных контрактах. (См. также: Gunslinger.)

BOYS IN THE BACKROOM (букв.: *мальчики в задней комнате*). Группа важных или влиятельных людей, принимающих решение тайком, не подпуская посторонних. Они могут быть важнейшими держателями акций компании.

ENG | If the **boys in the backroom** don't agree, our publicly held company's CEO and chairman won't make any deals.

RUS | *Если «закулисные воротилы»* (**boys in the backroom***) не согласятся, наш мягкотелый председатель вкупе с исполнительным директором не смогут принять ни одного решения.*

BREAKUP FEE (букв.: *плата за развод*). Неустойка, связанная с разрывом контракта или решением покинуть данного кредитора или партнера. Подобные выплаты обсуждаются на переговорах заранее, равно как и детали того, в какой форме и за какое время сумма будет возмещена. Суммы эти порой весьма ощутимы, они достигают миллионов долларов и обычно рассматриваются как средство удержать компаньона от разрывания сделки.

ENG | The **breakup fees** in our Bank of America contract are so exorbitant that we'll never look for a new banker.

RUS | Bank of America *назначает непомерные отступные (***breakup fees***), а значит, ему не стоит искать нового банкира.*

BREEZE-IN-YOUR-FACE MARKETING (букв.: *маркетинг в стиле «ветерок вам в лицо»*). Выражение означает любые маркетинговые или рекламные затраты, не приносящие ощутимого преимущества в конкурентной борьбе: эффект их длится не дольше, чем дующий в лицо ветерок. Оборот возник из названия статьи в журнале «Гарвард бизнес ревю».

ENG | The promoters' **breeze-in-your-face marketing** campaign didn't reach enough fans, so the opening box office results were disappointing.

RUS | Маркетинговая кампания в стиле «ветерок вам в лицо» (**breeze-in-your-face marketing**) не позволила набрать нужного количества потенциальных клиентов, так что итоги открытия офиса не могли не разочаровать.

BURN RATE (*букв.: степень сгорания*). Допустимое соотношение, исходя из которого бизнес использует наличные деньги. Например, если у фирмы есть 2 миллиона долларов, но каждый месяц она теряет 500 тысяч и приток наличных не покрывает издержек, дело в считаные месяцы лопнет. Важно не путать этот дефицит с текущими расходами. Речь идет именно об используемой наличности, на которую косвенно влияют и такие факторы, как, скажем, капитальные затраты. (См. также: *Runway* и *How big is the hole and how are we going to fill it.*)

ENG | Ted reported that our **burn rate** of $400,000 per month meant we probably had two months left to keep the doors open.

RUS | «Степень сгорания» (**burn rate**) в размере 400 тысяч долларов в месяц означала, что нам оставалось «жить не тужить» целых 60 дней.

CALL THE LOAN, BUT IT WON'T COME (*букв.: позови кредит, но он не придет*). Иногда право на получение кредита еще ничего не гарантирует, даже если вы уповаете на него как на нечто само собой разумеющееся. Кредит далеко не всегда «прибегает по первому зову», как дрессированная собачка. Предусмотрительные начальники называют кредитом взносы на случай дефолта, дабы его можно было не возвращать.

ENG | Gary said he wants to **call the loan**, but he knows **it wouldn't come** so he's holding off for now.

RUS | Гарри сказал, что собирается «позвать кредит» (**call the loan**), но думает, что «он не придет» (**it wouldn't come**), так что пока он откладывает свою затею.

CARRY THE ABACUS (*букв.: нести счеты*). Намек на человека, ответственного за подсчет денег, измерение результатов, запись данных и тому подобное. В древности для этого применялись счеты, а теперь их название перешло на другие устройства.

ENG | Tom has agreed to **carry the abacus** for us since his department would be responsible for delivering the sales and receiving the funds.

RUS | *Том согласился, чтобы отдел «нес счеты»* (**carry the abacus**)*, поскольку его сотрудники отвечали за доставку товара и платежи.*

CHASING NICKELS AROUND DOLLAR BILLS (*букв.: топтать рубли в погоне за пятачками*). При попытках урезать расходы некоторые руководители уподобляются Плюшкину, заставляя работников приносить из дома обед, канцтовары и туалетную бумагу. При этом куча денег тратится на аренду дорогого офиса или на зарплаты для «мертвых душ». Конечно, определить, что является «излишеством», трудно; особенно если экономия становится самоцелью и тот, кому она поручена, «страдает близорукостью». Оборот также используется, когда фирма концентрируется на одной клиентской нише, игнорируя другие рыночные сегменты, куда большего размера. (См. также: *Can't see the forest for the trees, Too close to the trees, Weather man syndrome, Sitting on the nickel, Open the window and see the weather* и *Blind man and the elephant*.)

ENG | Our controller was **chasing nickels around dollar bills** when he directed everyone to trim orders for paper clips and pens but neglected to recommend the needed layoffs.

RUS | *Наш бухгалтер «бегает за пятачками по рублевым бумажкам»* (**chasing nickels around dollar bills**)*, заставляя отчитываться за скрепки и ручки. Зато он никак не желает санкционировать необходимые увольнения.*

CHIPS AND SALSA (*букв.: чипсы и сальса*). На жаргоне американских компьютерщиков «чипсы» означают «железо», а «сальса» — программное обеспечение.

ENG | Most new computer users prefer to pay a price that includes **chips and salsa**.

RUS | *Новое поколение пользователей предпочитает переплатить, но купить сразу и железо, и программы (**chips and salsa**).*

CLICKS AND CHICKS (*букв.: щелчки и цыпочки*). Тактика, в рамках которой веб-сайты используют девушек для привлечения бизнес-клиентов.

ENG | The HR department is all upset that we decided to go for **clicks with chicks** by hiring Pamela Anderson to pose for our website, but I thought it was pretty fine.

RUS | *Отдел внешних связей расстроился, увидев нашу пошлую рекламу (**clicks with chicks**). Еще бы — в ней участвовала Памела Андерсон. Но я думаю, идея пригласить ее для рекламы сайта была просто превосходной.*

CLINTON BOND (*букв.: связь Клинтона*). Союз двух сердец, не отличающийся ни порядочностью, ни выгодой, ни зрелостью решения.

ENG | Wouldn't you know my luck. I saved up my money to make an investment and it turned out to be a **Clinton bond**.

RUS | *Вы еще не знаете, какой я везучий. Отказавшись от «связи Клинтона» (**Clinton bond**), я сохранил все свои деньги.*

CLIPPING COUPONS (*букв.: стрижка купонов*). Оборот относится к хорошим продуктам или услугам, которые продают себя сами, порождая устойчивый поток прибылей. Даже небольшое усилие позволяет вам долго получать дивиденды.

ENG | The Marta acne treatment product line was selling like hotcakes, allowing us to just **clip coupons**, generating large cash flows with minimum outlays or attention.

RUS | *Линия продуктов для процедур Marta разлетается, как горячие пирожки, позволяя нам «стричь купоны» (**clip coupons**) крупных кассовых сборов при минимуме усилий.*

CODE 18 (*букв.: код 18*). Относится к ошибкам, сделанным компьютерным пользователем, находившимся в 18 дюймах от экрана.

ENG | The whole IT department had a **Code 18** yesterday; the data was all lost due to the one mistake they made in coding.

RUS | *Весь отдел электроники сделал вчера идиотскую ошибку (**Code 18**); все данные были потеряны из-за одного неверного движения при кодировке.*

COMB THE HAIR (*букв.: расчесать волосы*). В анализе данных это означает неоднократное прочесывание всех архивов в разных направлениях, позволяющее рассмотреть имеющуюся информацию, которая предстала во всех ракурсах и аспектах. Данный подход позволяет отыскать затерянные концы и вообще способствует большей детализации планов. Однако тщательное зондирование способно убить идею, если одновременно «выплывает» слишком много проблем.

ENG | We had to **comb the hair** six times, analyzing our plan's data from buyers' and sellers' perspectives to reassure our partners, bankers and stockholders that we knew what we were doing.

RUS | *Нам пришлось шесть раз перелопатить документы (**comb the hair**), анализируя данные с точки зрения покупателей и продавцов, чтобы заверить наших партнеров, банкиров и акционеров: мы знаем, что делаем.*

COOKIE JAR ACCOUNTING (*букв.: бухгалтерия жестянки с печеньем*). Помните бабушкину жестянку с печеньем? Бабушка наполняла ее, и дальше вы брали себе сами, сколько захочется. В деловых кругах Америки так называют бухгалтеров, придерживающих прибыль из разных источников в общем резервном фонде. Большинство предпринимателей используют данный прием лишь изредка, преимущественно для для выплаты налогов. Крупные компании используют свои «жестянки», направляя доходы, накопленные из квартала в квартал, на покрытие нагрузок и уценок. Фонды могут использоваться для увеличения заработков, чтобы фирма была готова к непредвиденным расходам. (См. также: *Cooking the books, Creative accounting, Voodoo math, Gaming the numbers* и *Window dressing*.)

ENG — Freddie Mac uses **cookie jar accounting** to manage earnings from quarter to quarter and to help smooth out wide bottom-line swings stemming from complex interest swaps and derivatives, making the company's earnings look like they have had steady growth.

RUS — Фредди Мак использовал «бухгалтерию жестянки с печеньем» (**cookie jar accounting**), чтобы управлять заработками из квартала в квартал и смягчать колебания. В результате создавалось впечатление, будто прибыль компании непрерывно растет.

COOKING THE BOOKS (*букв.: подтасовка (бухгалтерских) книг*). Относится к способам содержать бухгалтерию так, чтобы вводить в заблуждение ревизоров, инвесторов и аналитиков. Эти методы включают преувеличение прибылей, капитализацию расходов и сокрытие неблагоприятных финансовых решений. Запекание еды всегда меняет продукт; то же происходит и с бухгалтерскими отчетами. (См. также: *Creative accounting, Voodoo math, Cookie jar accounting, Gaming the numbers* и *Window dressing*.)

ENG — **Cooking the books** to hide earnings shortfalls from outside investments will eventually bring the IRS — and perhaps the Justice Department — knocking on your door.

RUS — Подтасовка бухгалтерии (**cooking the books**) с целью спрятать дефицит прибыли наверняка приведет к вам налоговых инспекторов, а возможно, судебных приставов.

CORN/HOG RATIO (*букв.: соотношение зерна и свиней*). Разница между ценой конечного продукта и его исходного сырья или компонентов. Выражение пришло из лексикона фермеров, решающих, что выгоднее: торговать зерном или использовать его для откорма свиней.

ENG | Our study and application of the **corn/hog ratio** said that selling the scrap computers whole for the gold in the circuit boards brought in more net sales than hiring extensive labor to disassemble the units.

RUS | *Применение соотношения «зерно — свиньи» (***corn/bog ratio***) показало, что продажа неисправного компьютерного оборудования на утилизацию приносит больше доходов, чем наем дополнительной рабочей силы для разбора их на запчасти.*

CRADLE TO GRAVE (*букв.: от колыбели до могилы*). Относится к процессу или человеку, который держит под контролем все от начала и до конца. Занимаясь автомобильным ломом, мы называли так специалистов, способных одновременно разобрать машину, почистить и складировать запчасти. Это повышало ответственность, снижало издержки и позволяло разнообразить расценки отдела разборки без комплексного описания обязанностей. (См. также: *Soup to nuts, Making the soup* и *End-to-end*.)

ENG | Once we installed **cradle to grave** along with pay for performance, our costs dropped by 30 percent and productivity increased 20 percent.

RUS | *С тех пор, как мы взяли на вооружение систему «от А до Я» (***cradle to grave***) и платим за результат, наши издержки упали на 30%, а продуктивность выросла на 20%.*

CREATIVE ACCOUNTING (*букв.: творческая бухгалтерия*). Бухгалтерам часто приписывают умение создавать видимость значительности на пустом месте. (См. также: *Cooking the books, Window dressing, Gaming the numbers* и *Cookie jar accounting*.)

ENG | Some Enron executives were accused of highly **creative accounting** when it became apparent that the items they sold were really just rented.

RUS | *Сотрудники компании Enron были заподозрены в «творческой бухгалтерии» (**creative accounting**), когда выяснилось, что выставляемые на продажу товары были взяты ею в аренду.*

CYCLE BACK (*букв.: один оборот назад*). Новый шаг в понимании бизнес-плана, позволяющий пересмотреть основные положения и предпосылки. Этот подход может с успехом применяться к любому деловому решению.

ENG | Mike was not satisfied with the plan and wanted **to cycle back** and reconsider its cost projections.

RUS | *Майк не был удовлетворен планом и хотел «отмотать назад» (**to cycle back**) для пересмотра ценовых показателей.*

DEAD CAT BOUNCE (*букв.: подбрасывание дохлой кошки*). Временное повышение биржевой цены акций после продолжительного снижения их стоимости. «Гальванизировать труп», увы, можно лишь ненадолго; вскоре все возвращается на круги своя.

ENG | Those dot-com stocks were plunging sharply, but suddenly XYZ.com stock's value took a **dead cat bounce**, regaining 80 percent of its lost value, only to lose it within hours when everyone realized the news about the company's prospects for survival wasn't real.

RUS | *Показатели ценных бумаг продолжали отчаянно падать, когда вдруг акции XYZ.com дернулись в «предсмертной судороге» (**dead cat bounce**), достигнув 80% прежней цены. Впрочем, счастье длилось считаные часы, до тех пор пока рынок не пришел к выводу, что план выживания фирмы не имеет под собой оснований.*

DEAD TREE VERSION (*букв.: версия на мертвом дереве*). Написанная или распечатанная на бумаге (добываемой, как известно, из дерева) версия того, что и так доступно в электронном виде.

ENG | Our CEO wanted more electronic versions, as it cost nothing to store and deliver them, rather than copying and filing the printed **dead tree versions**.

Глава 4. Бухгалтерия, инвестиции, контракты и технологии

169

RUS | *Наш исполнительный директор хотел перевести все документы в электронный формат. Он считает, что хранить и распространять цифровые «листы» гораздо дешевле, чем копировать и подшивать версии «на мертвом дереве»* (**dead tree versions**).

DEAL TOY (*букв.: игрушка сделки*). Декоративная тарелка, пресс-папье или другой сувенир, изготовленный в память успешной сделки. Такие безделушки из металла или стекла (обычно в форме надгробного камня или памятника), как правило, преподносятся всем участникам сделки. В дальнейшем они становятся таким же поводом к гордости, как охотничьи трофеи или спортивные призы. (См. также: *Tombstone.*)

ENG | Many merger negotiators are superstitious and don't want to discuss or design a **deal toy** until after the transaction has closed.

RUS | *Многие участники переговоров о слиянии суеверны и не хотят обсуждать, какие сувениры на память* (**deal toy**) *они хотели бы получить, пока сделка не будет окончательно закрыта.*

DEALS THAT FUND [CLOSE] QUICKLY, FUND [CLOSE], THOSE THAT DON'T, DON'T (*дела, что закрываются быстро, закрой, те, что нет, оставляй*). Это правило применимо к большинству операций, включая покупку, продажу, взятие кредита и вложение капиталов. Как правило, если сделка не закрывается сравнительно быстро, этого не случается вообще. Бесконечные дебаты еще не приговор, однако риск провалить дело возрастает до критической отметки. (См. также: *Deal fatigue.*)

ENG | He thought he could take his time closing, but his boss told him to wrap it up before he lost the deal, explaining that **deals that fund quickly fund, those that don't, don't**.

RUS | *Он думал, что у него полно времени на переговоры, но босс сказал прийти поскорей хоть к чему-нибудь, намекнув, что дела закрываются или быстро, или никак (* **deals that fund quickly fund, those that don't, don't***).*

DEVIL IS IN THE DETAILS (*букв.: дьявол сидит в деталях*). Сформулировать бизнес-стратегию порой не так уж и трудно, но попытка следовать всем ее нюансам может завести в тупик — вплоть до полной гибели начинания. Многие чудесные планы провалились из-за неспособности руководства расставить на ключевых постах работников, необходимых для контроля над всеми этапами работ. Каждый из нас когда-нибудь запутывается в подробностях. (См. также: *Tripping on midgets* и *The big print giveth and the small print taketh away*.)

ENG | Even though the plan looks achievable, Ted knows the **devil is in the details**, and that strict quality controls will be required for the plan to work.

RUS | *Хотя план кажется вполне выполнимым, Тэд понимает, что «дьявол скрывается в мелочах»* (**Devil is in the details**). *Для того чтобы исполнить план, нужен будет строжайший контроль за качеством.*

DOG-AND-PONY SHOW (*букв.: шоу собак и пони*). Пышная презентация проекта, призванная произвести впечатление на кредиторов и инвесторов. Начальство «роет землю носом» и «вертится на пупе», стараясь поразить важных гостей. Сравнение с собакой и пони намекает на то, что весь этот «цирк» предназначен для того, чтобы «навесить лапшу на уши» и «запудрить мозги». (См. выражение *Circus*).

ENG | When the Burlington Northern and Santa Fe railroads proposed merging, they trotted out the financial **dog-and-pony show** to tout the deal to investment bankers, stockholders, big bank lenders and federal antitrust regulators.

RUS | *Когда железные дороги Северного Бирлингтона и Санта-Фе объявили о своем слиянии, объединенной компании пришлось «сыграть дорогостоящий спектакль»* (**dog-and-pony show**) *для банкиров, инвесторов, держателей акций, крупных кредиторов и федерального антимонопольного ведомства.*

DRILL DOWN (*букв.: продалбливать*). Попытка вникнуть в подробности бизнес-плана. (См. также: *Fishbone analysis, Granularity* and *Layer of the onion*.)

Глава 4. Бухгалтерия, инвестиции, контракты и технологии

ENG — Dale insisted that we **drill down** further in the plan, because he suspected that when we examined all the details, we'd discover that the production numbers couldn't be substantiated.

RUS — Дейл настаивал на том, что план следует и дальше «продалбливать» (**drill down**). По его мнению, для того чтобы определить обоснованность показателей, необходимо вникнуть во все детали.

DRY POWDER (*букв.: сухой порох*). Этот часто встречающийся оборот обычно применяют к деньгам; но он может обозначать и любые другие ресурсы, необходимые для успеха. Когда порох сухой, он взрывоопасен; но отсыревший — никуда не годится. Если моральный дух работника улетучился и «пороховницы пусты», не стоит и думать о запуске новых проектов. Подобным же образом нехватка наличности не позволяет фирме «встать на ноги», сколько бы свежих идей ни предложили ее сотрудники.

ENG — We knew we had to give up our expansion plans when we understood that we simply did not have enough **dry powder** to survive and also open the new distribution center.

RUS — Мы поняли, что с планами по расширению дела придется проститься, так как у нас «не осталось пороха» (**dry powder**) для открытия нового распределительного центра.

DUELING DATA (*букв.: конфликтующие данные*). Данные, которые противоречат друг другу или иным способом вводят вас в заблуждение. Порой два разных источника сообщают разную информацию об одном и том же предмете, причем оба претендуют на достоверность. Скажем, производственный отдел докладывает, что изготовил X единиц продукции, тогда как отдел распространения сообщает, что через него за тот же период прошло Y единиц. Попытки выяснить, сколько же выпустила фирма на самом деле, просто необходимы: они выявляют проблемы внутри компании. Оборот также используют, если возможны различные трактовки одного и того же показателя.

ENG — We produce only what we've sold. When marketing claimed that it sold 444 widgets and manufacturing claimed that it produced 494 widgets,

> we had to explain the **dueling data** for May. As it turned out, the difference was the defective parts.

RUS | Мы регистрируем только то, что реально продано. Когда отдел маркетинга заявил, что через него прошло 444 штуки, а отдел производства отчитался о 494 экземплярах, Мэй потребовал немедленно найти источник «конфликтующих данных» (**dueling data**). Как выяснилось, разница возникла за счет отбракованных товаров.

END-TO-END (букв.: конец к концу). Выражением пользуются продавцы технологий, заверяя, что разработанное ими для одной части вашего предприятия оборудование совместимо с другим, произведенным ими же, а значит, компьютерные или механические системы образуют единую сеть от одного конца вашего предприятия до другого. Оборот приложим к любому процессу, где что-либо работает «от и до». (См. также: *Cradle to grave*.)

ENG | Our **end-to-end** computers talk seamlessly with each other, linking production, accounting, engineering and design, inventory management, payroll, sales and distribution.

RUS | Наши компьютеры подогнаны «заподлицо» (**end-to-end**), так что они позволяют обмениваться информацией о производственных связях, бухгалтерии, инженерии и дизайне, инвестиционном менеджменте, платежных ведомостях, распространении и продажах.

FISHBONE ANALYSIS (букв.: анализ рыбьих костей). Имеется в виду тщательное исследование, позволяющее докопаться до корней проблемы; его называют также «диаграмма Исикавы» по имени японца-первооткрывателя. Для решения вопроса надо понять все его первопричины. Подобное упражнение обнажает «скелет» предмета, снимая поздние наслоения. (См. также: *Drill down, Layers of the onion* и *Granularity*.)

ENG | We paid for the complete works, a **fishbone analysis** that will tell us the origins of the ongoing labor dispute and all the factors leading to the strike by our truckers.

RUS | Мы заплатили за полномасштабную работу — причинно-следственный анализ (**fishbone analysis**), который откроет нам причину непрекращающихся трудовых споров и все факторы, вызвавшие забастовку водителей грузовиков.

FLAMING E-MAIL (*букв.: горящее письмо*). Электронное письмо, включающее бранные выражения или другие признаки неделовой речи — оскорбительной, вызывающей или глумливой.

ENG | Our attorney, «boiling mad» over unproductive negotiations to settle claims against our company, sent a **flaming e-mail** to the plaintiffs' attorney. When the judge heard about it, he also used some coarse language to chastise our attorney.

RUS | *Наш поверенный, вскипев до сумасшествия из-за бесплодных переговоров по улаживанию претензий к компании, послал «горящее письмо»* (**flaming e-mail**) *представителю истцов. Узнав об этом, судья не удержался от нескольких «соленых» словечек.*

FOOT AND TIE (*букв.: ступня и галстук*). Этот оборот используют составители финансовых и бизнес-планов, чтобы показать, что «галстук и носки ботинок у их детища смотрят в одну сторону». То есть цифры внушают доверие, расчеты кажутся обоснованными, числа логически вытекают одно из другого, данные совпадают. Правило *галстука и ботинок* должно неукоснительно соблюдаться в бухгалтерии.

ENG | It was obvious as we studied the plan that the financial numbers **didn't foot and tie** to the operating metrics, which were exorbitant.

RUS | *По мере изучения плана стало ясно, что все бухгалтерские данные не сходились* (**didn't foot and tie**) *друг с другом — отчет был «шит белыми нитками».*

FRIENDS AND FAMILY (*букв.: друзья и родственники*). Группа близких партнеров, друзей или родственников продавца, связанных общей целью: скажем, устройством междусобойчика, когда акции распродаются только среди своих. Я сам закрывал две подобные сделки: одна относилась к моей цепочке складов автомобильного лома (прежде чем я продал их компании *Ford*), а вторая — к размещению акций этих самых складов. Такие предложения ограничиваются в размере. В первом случае все оценили в миллион долларов, во втором — в два.

Существуют строгие правила насчет того, как подобный продукт может распределяться, выводиться на рынок и вовлекать вкладчиков. Положения в разных штатах варьируются, так что ищите хорошего консультанта. Оборот *друзья и родственники* навеяла сама жизнь: если размещение акций не является публичным, все лакомые кусочки заранее распределяются в надежные руки.

> **ENG** Don't think that because you are placing shares of your company stock with **friends and family** that you are immune from due diligence, buttoning up the documents, proper disclosures and handling all the legalities. Sometimes relatives will yell even louder than strangers if things go south and they lose money.

> **RUS** *Не думайте, что, поскольку вы размещаете акции своей компании между друзьями и родственниками* (**friends and family**), *это освобождает вас от обязанности тщательно подготовить документы (см. Due diligence и Buttoning up). Когда дела идут ни к черту и на кону оказываются деньги, родственники умеют голосить ничуть не хуже посторонних.*

GAMING THE NUMBERS (*букв.: игра с цифрами*). Имеются в виду махинации с доверенностями, отчетами или другой статистикой для подгонки данных под желаемые планы или прогнозы. Менеджеры иной раз идут на такие поступки ради получения премий, которых они не заслуживают. Оборот используют и для описания двойной бухгалтерии. (См. также: *Cookie jar accounting, Cooking the books* и *Window dressing.*)

> **ENG** We wanted to buy our major competitor so badly that our CPAs were **gaming the numbers** to prove to our directors the wisdom of consummating the acquisition.

> **RUS** *Мы так не хотели покупать акции конкурента, что наши бухгалтера начали «игру цифр»* (**gaming the numbers**)*.*

GAP ANALYSIS (*букв.: анализ разрыва*). Подробное рассмотрение расхождений между данными оперативных

Глава 4. Бухгалтерия, инвестиции, контракты и технологии

или финансовых отчетов и тем, что содержится в бюджете или достижениях. Это реальный взгляд на то, что мы собирались делать на словах, и то, чем занимались на деле. Иной раз он требует рассмотреть все цифры, строчку за строчкой, чтобы понять, где укрылась проблема или слабые места в прогнозировании. Выражение также используют для анализа данных о производстве и распределении.

ENG	When the June results were announced, it was obvious that a **gap analysis** would be required to understand where we missed our targets and why.
RUS	*Когда объявили июньские результаты, стало очевидным, что для понимания, где мы оказались и почему мы не достигли поставленных целей, требуется провести «анализ разрыва»* (**gap analysis**).

GAUGE (*букв.: эталон*). Как в автомобильном или любом другом механизме, эталон служит «немым укором»: это мерка, сверяясь с которой, мы понимаем, что именно происходит. Наличие образца позволяет оценивать все показатели работы фирмы — от текущих замеров до жизненно важных параметров. (См. также: *Driving without a dashboard, KPI* и *Operating metrics*.)

ENG	The CEO wants an up-to-date **gauge** on what's happening in every major division of the company, as well as equally current measures of every vital financial statistic-weekly.
RUS	*Исполнительный директор хочет сверить с эталоном* (**gauge**) *реальное положение дел в каждом крупном подразделении, а также еженедельно получать информацию о важных финансовых показателях.*

GAZELLE (*букв.: газель*). Компания, темпы роста которой превышают 20% в год.

ENG	That company opened its doors five years ago and it's been running like a **gazelle** ever since.
RUS	*Компания открылась пять лет назад и бежит, как газель* (**gazelle**), *до сих пор.*

GO BACK TO THE WELL (*букв.: ступай обратно к колодцу*). Имеется в виду необходимость снова обратиться к кредитору, партнеру, боссу, совету директоров, акционерам или другим инвесторам за новой порцией денег или других ресурсов, а также для одобрения новых инициатив. К добру это не приводит. Если вы слишком часто заглядываете в колодец, вода в нем кончается. Надейтесь на хорошее планирование бизнеса вкупе с превосходным руководством и исполнением. Иначе возвращение к «неисчерпаемому» источнику превращается в то, что называется *CLM* или *CEM*.

ENG	If you **go back to the well** just once too often, it totally dries up for new venture capital, operating loans or even nods to hire more employees.
RUS	*Если вы «ходите к колодцу»* (**go back to the well**) *слишком часто, вы исчерпаете ресурсы пополнения капитала или увеличения штатов.*

GRANULARITY (*букв.: раздробленность*). Необходимость в дополнительных деталях или ситуация их нехватки. При изучении положения дел, бюджета или статистики вы можете ощутить необходимость новых подробностей для понимания сути дела. (См. также: *Drill down, Fishbone analysis, Layer of the onion* и *Color vs. play by play*.)

ENG	It was a **granularity** case. We knew the rate of production for our widgets, but we needed to know more — like how many minutes were required to apply a decal to each widget and how much glue is used to do it.
RUS	*Это был случай раздробленности* (**granularity**). *Мы имели расценки на производство нашей продукции, но нам нужно было знать, сколько минут потребуется, чтобы применить технологию к каждому из устройств.*

GRAVITY FILING SYSTEM (*букв.: гравитационная система хранения папок*). Сшивание или сваливание в кучу папок по всей конторе вместо расстановки их в алфавитном порядке или использования другой системы организованного хранения. Одна моя секретарша складывала документы горизонтально, а не вертикально. Поиски нужной папки становились сущим кошмаром.

ENG | Some CEOs are notorious for their **gravity filing systems**, either stacking files on the floor or in corners of their offices, instead of returning them to the file clerk for storage.

RUS | *Некоторые исполнительные директора печально известны своими системами «сваливания документов»* (**gravity filing systems***). Они не возвращают папки секретарю, а складывают папки на полу или раскидывают их по углам своих кабинетов.*

GREENMAIL (*букв.: зеленая почта*). Легальный, но, возможно, не вполне этичный прием получения прибыли на рынке ценных бумаг. Покупатель приобретает крупный пакет акций, позволяющий ему в перспективе завладеть выставленной на торги компанией. На самом же деле ничего подобного он не планирует: все совершается для того, чтобы тот, кому эти акции очень нужны, перекупил их по более высокой цене. В отличие от совсем уже «черной почты» этот маневр метафорически окрашивается в зеленый цвет. (См. также: *Anti-greenmail* и *Pirate*.)

ENG | Some corporate raiders like to use **greenmail**. They buy up shares until they have 20–30 percent of a targeted publicly held company. Then they announce plans for a takeover, but they choose only targets they know will avoid a takeover at almost any cost. Hence, the target company's directors agree to a stock buy-back at a premium. The raiders go away richer.

RUS | *Некоторые корпоративные рейдеры предпочитают пользоваться «зеленой почтой»* (**greenmail***). Они скупают до 20–30% акций определенной компании, а затем объявляют о своих планах по доскупке всех остальных. Их цель — вызвать раздражение у фирм, готовых любой ценой не допустить поглощения. Добившись предложения о перепродаже акций с наценкой, рейдеры покидают «поле боя» с оттопыренными карманами.*

HACKER (*букв.: хакер*). Компьютерный эксперт, имеющий богатый успешный опыт преодоления систем защиты данных. Хакерам можно доверять лишь в тех случаях, когда они полностью перешли на ваши платежные ведомости — в этом случае из них получаются превосходные эксперты по безопасности. Многие фирмы нанимают хакеров, защищаясь от вирусов или краж информации.

ENG | A **hacker** broke into our computer systems last night. The servers will be shutdown all day.

RUS | *Какой-то хакер (**hacker**) взломал вчера вечером наши компьютерные системы. Серверы будут в ремонте весь день.*

HAIRCUT (*букв.: стрижка*). Снижение цены или другая уступка, к которой вынуждает продавца или плательщика противоположная сторона. Во время торгов на бирже фирмы начинают процесс, держа в уме некую цифру, но к тому времени, как складывается окончательная цена: продавец уже согласен на скидку. Даже при нормальных переговорах об оплате продуктов или услуг можно запросто сделать *стрижку* и закрыть вопрос в последнюю секунду переговоров, что становится неприятным сюрпризом для продавца.

ENG | As they discussed the final deal, Scott said if the vendor would take a **haircut** of 5 percent off the quoted price of their work uniforms, he would sign up.

RUS | *На последней встрече Скотт заявил, что подпишет договор, если продавец сделает «стрижку» (**haircut**) в размере 5% от установленной цены на рабочую форму.*

HOCKEY STICK (*букв.: клюшка*). Специалисты по планированию называют так изменения показателей, столь же необоснованные, как победная шайба, заброшенная в последние секунды матча. Если продажи последних лет составляли 1 миллион долларов, вероятность того, что они внезапно увеличатся в десять раз, близка к нулю. Банкиры, кредиторы и инвесторы предпочитают уповать на разумный рост прибыли; они будут сомневаться во всем, что взлетает, как брошенная вверх шайба. Хотя из любого правила есть исключения, рост более чем на 10–20% в год встречается очень редко.

Если компания ожидает *клюшкообразного* подъема продаж, инвесторы бьют тревогу. Термин навеян тем обстоятельством, что клюшка лишь на секунду припадает ко льду, а затем круто взмывает вверх. Если ваш график продаж выглядит так же, это может указывать на беду. (См. также: *Nosebleed numbers.*)

ENG | The manager presented a budget with a forecast for growth like the company had never seen before, and it was dismissed as a **hockey stick** projection.

RUS | *Менеджер представил бюджет с прогнозом невиданного для компании роста, но его план был отвергнут как «клюшечный» (***hockey stick***).*

HOLLOWARE (*букв.: фальшивое обеспечение*). Программное обеспечение, которому прочат блестящее будущее, но не работающее так, как обещано разработчиками. (См. также: *Vapor ware.*)

ENG | Cory realized that even though his new accounting software promised the world, it was nothing but **holloware** and couldn't make good on that promise.

RUS | *Новая бухгалтерская программа грозилась потрясти мир, но оказалась пустышкой (***holloware***).*

HOW BIG IS THE HOLE, AND HOW ARE WE GOING TO FILL IT? (*букв.: как велика дыра и как мы собираемся ее заполнить?*) Другими словами, насколько велик финансовый дефицит и что можем мы предложить, чтобы смягчить его. Оборот близок по значению к *Burn rate,* но не совпадает с ним полностью. (Последнее может означать текущую или планируемую нехватку наличности.)

«Размер дыры» — метафора того, какие объемы продаж, дохода или наличности потребуются для разрешения проблемы или потенциального кризиса. Подобный «провал» обычно вызван исчерпанием средств или другим нежданным событием. Впрочем, оборот может успешно применяться к производству, перевозке и другим направлениям

деятельности. Если вы не уложились в производственный план, то как *велика дыра и чем вы ее заполните?* Возможно, вам придется перенести производство на другую фабрику. (См. также: *Burn rate* и *Runway*.)

ENG | Although the company is quite profitable, the pending asbestos litigation forced everyone to ask: «**How big is the hole, and how are we going to fill it**?»

RUS | *Фирма выглядит вполне прибыльной, но нерешенная судебная тяжба заставляет каждого задаться вопросом: «как велика дыра и чем мы будем ее заполнять»* (**how big is the hole, and how are we going to fill it**).

IN THE PENALTY BOX (*букв.: на скамье штрафников*). Период времени, в течение которого акции компании ценятся низко из-за слабых продаж, низких прибылей или ужесточений в законах. Подобно хоккеистам, они посажены *на скамью штрафников* за какую-нибудь провинность.

ENG | If we don't show a profit by the end of this quarter, we'll be **in the penalty box**.

RUS | *Если мы не добьемся прибыли к концу квартала, нас посадят «на скамью штрафников»* (**in the penalty box**).

JENNIFER LOPEZ (J-LO). Термин из области технического анализа, описывающий дугу в матрице биржевых цен. Для тех, кто не в курсе: попка мисс Лопез знаменита своей округлостью.

LAYER(S) OF THE ONION (*букв.: слои лука*). Уровень детализации, глубина разработки проблемы. Чтобы дойти до сердцевины луковицы, надо снять все слои. (См. также: *Fishbone analysis, Granularity* и *Drill down.*)

ENG | Getting to the heart of marketing research is like peeling the **layers of the onion**; you go one step at a time to dig deep for the best information.

RUS | *Маркетинговые исследования сродни очистке луковицы* (**layers of the onion**)*: двигаешься постепенно, зарываясь все глубже в погоне за более ценными данными.*

LEVERS OF PROFIT (*букв.: рычаги прибыли*). Инструменты, поступки или предметы, которые приходится использовать (или толкать, как рычаги у машины) для контроля доходов. Например, снижение цен почти всегда приводит к росту продаж при уменьшении прибыли, получаемой с единицы продукции. Если вы опустите ценовую планку слишком низко, прибыли упадут ниже себестоимости и начнутся потери. Однако стоит задрать ее слишком высоко вверх, и выгодность продукции возрастет; параллельно упадет спрос и в перспективе — прибыль. Впрочем, цена и прибыль лишь часть хранящихся в арсенале менеджеров инструментов. Реклама, спецпредложения, поиск менее дорогих поставщиков и обсуждение цен продавца тоже еще не все. Но только немногие умеют использовать все инструменты одновременно.

ENG | Greg knew that price and product mix were the **profit levers** he wanted to use to achieve the sales and margins needed to deliver record operating income.

RUS | *Грег думал, что цена и сочетание продуктов — это рычаги прибыли (**profit levers**); их-то он и хотел использовать для получения прибылей, необходимых для достижения рекордного уровня доходов.*

LOSING YOUR VIRGINITY (*букв.: потерять девственность*). Относится к первому случаю, когда вы отдаете обыкновенные акции «на поругание» сторонним инвесторам. Впервые выставив на продажи акции компании и лишившись единоличного контроля над ней, мне пришлось вычеркнуть из бухгалтерии расходы на «феррари». (См. также: *Lose virginity.*)

ENG | I **lost my virginity** when I completed my first private placement, selling 15 percent of my company to others. It was a bad feeling, especially when I realized that the company would no longer make the yacht payments or pay for the insurance.

RUS | *Я «потерял невинность» (**lost my virginity**) после первичного размещения акций, когда сторонние инвесторы приобрели 15% компании. Мне стало не по себе, особенно при мысли о том, что фирма не сможет больше оплачивать мою яхту или обеспечивать страхование.*

MASSAGE (*букв.: массаж*). В бухгалтерии это означает подгонку данных к желаемому результату; в планировании — осуществление проекта или отказ от него, если таково требование момента.

ENG | Bill said that given some time he could gather more data and **massage** and refine the numbers, which would determine whether the project was borderline or just plain unfeasible.

RUS | *Билл сказал, что спустя некоторое время он сможет собрать больше данных, подогнать (**massage**) и обновить показатели. Все это позволит определить, является ли проект промежуточной стадией или «чистой воды фантастикой».*

MEATLOAF (*букв.: мясной рулет*). Нежданное электронное письмо от друзей или родственников. Чуть лучше, чем спам.

ENG My friend sent more **meatloaf** than I could handle; I almost wished I could get Spam instead, since it comes in a smaller can.

RUS *Мой друг прислал «мясной рулет» (**meatloaf**) такого размера, что сервер его не пропустил; я бы предпочел спам меньшего объема.*

MONEY TRUCK (*букв.: денежный грузовик*). Инкассаторский автомобиль. Его всегда встречают с надеждой. (См. также: *Backing the truck up*.)

ENG Ever since the first draft of the contract, they had waited anxiously for the **money truck** to arrive.

RUS *С первых шагов к подписанию контракта они с нетерпением ждали денежный броневичок (**money truck**).*

MORE WATER IN THE BUCKET TO OFFSET HOLES IN THE BUCKET (*букв.: больше воды в ведре для возмещения дыр в нем*). Имеется в виду добавление новых ресурсов для затыкания дыр в наличности, штате руководителей или рабочих руках. Эта стратегия, возможно, не самая лучшая, если не помогает решить проблему. Например, если компания теряет слишком много денег, ей потребуются дополнительные продажи.

ENG Our movie theater chain was bleeding cash from our rapid expansion, fierce competition and rising costs to screen new releases. We had to pour **more water in the bucket to offset holes in the bucket**. That's not easy when our ticket and concession prices were already on the high end.

RUS *Наша сеть кинотеатров ощущала нехватку денег, вызванную быстрым расширением дела, свирепой конкуренцией и растущими ценами на кинопремьеры. Нам пришлось «влить больше воды в ведро, чтобы возместить утечку» (pour **more water in the bucket to offset holes in the bucket**). А ведь цены на билеты и так чрезвычайно высоки.*

NOSEBLEED NUMBERS (*букв.: кровоточащие цифры*). Продажи, продуктивность или финансовые показатели столь высокие, что от них «кровь идет носом», как при высоком давлении. В бизнесе такие данные, входя в бизнес-план или проект, выглядят бессмысленными или дико оптимистичными. (См. также: *Hockey stick*.)

ENG | Patty predicted that she could rent all the spaces in less than three months, which were obviously **nosebleed numbers**, since it took over two years on her last project to accomplish the same goal.

RUS | *Пэтти пообещала арендовать все свободные места менее чем за три месяца, что выглядело как данные «кровь из носа» (**nosebleed numbers**), поскольку в последний раз для достижения подобного результата ей потребовалось два года.*

PAIN POINTS (*букв.: болевые точки*). Любимое словечко консультантов, служащее для описания подразделений, предприятий и любых других уязвимых сторон фирмы в оправдание ее бедной оперативной структуры, технологической базы или неэффективности.

ENG | Delta Air Lines has been hit hard by rising fuel prices, a shrinking leisure flying market and regional low-cost carriers. Those are the airline's biggest **pain points**.

RUS | *Авиакомпания Delta пострадала от растущих цен на топливо, сокращения рынка развлекательных полетов и действия региональных низкобюджетных перевозчиков. Это ее самые главные «болевые точки» (**pain points**).*

PAYS LIKE A JUDGE (*букв.: платит как судья*). Относится к тем, кто платит по счетам «как в аптеке»: вовремя и не претендуя на неприемлемые скидки или особые услуги. Судьи в Америке обычно предсказуемы, справедливы и, я надеюсь, честны.

ENG | Mennonite businessmen are known for **paying like a judge**. They're never late on a bill and they even hand-deliver the check or cash to the creditor.

RUS | *Предприниматели из секты менонитов известны тем, что любой из них «платит как судья» (**paying like a judge**). Они никогда не задерживают оплату и, более того, лично посещают вас с деньгами или чеком.*

PLACEHOLDER (*букв.: местоблюститель*). Вещь или человек, которые лишь заполняют пустое место. Или цифра в бюджете, которая не проверена, но в чьей точности не сомневаются. Такая «говорящая обезьяна» сидит, лишь пока ей не находят достойной замены. Оборот применяют также к незаполненной графе плана.

ENG | Paul was asked to be a **placeholder** in the CEO position until a replacement for the deceased officer could be found.

RUS | *Пола попросили «подержать место»* (to be a **placeholder**) *исполнительного директора, пока не найдётся подходящий человек.*

PLAN B (*букв.: план Б*). Отходные пути, запасной вариант на случай, если план А провалится. Хорошие руководители всегда имеют его под рукой, зная, сколь часто возникает такая необходимость. В соответствии с одним из законов Мерфи: «То, что может пойти не так, обязательно пойдет, так что имейте *запасной вариант*». Вы можете завести третий план: хуже точно не будет. (См. противоположное по смыслу *Playing football without a helmet*).

ENG | We have a **plan B** so that if the building doesn't sell by the deadline, we can draw some cash from our credit line.

RUS | *У нас есть запасной вариант (*plan B*), так что, если здание не удастся продать до наступления крайнего срока, мы получим немного наличных по кредитной линии.*

POTHOLE IN THE INFORMATION SUPER HIGHWAY (*букв.: пробел в информации выше шоссе*). Пренебрежительный термин по отношению к «чайнику», проболевшему весь школьный курс информатики. Оборот был впервые использован сенатором Альбертом Гором при составлении законопроекта, а также в политической риторике.

ENG | Did you see Mary trying to do research online? She could barely even open the browser — talk about a **pothole in the information super highway**!

RUS | Вы видели, как Мэри пыталась провести исследование в Сети? Она с трудом смогла даже открыть нужный сайт — что возьмешь с «чайника» (pothole in the information super highway)!

RAGGED EDGE (*букв.: обтрепанный край, рваная каемка*). Так называют процесс, вышедший из-под контроля или продвигающийся слишком быстро; а также тягу к нововведениям, несмотря на возрастающие риски.

ENG | Pauline's nearly **ragged edge** R&D has management worried that she won't check our new pharmaceuticals for all potential hazards.

RUS | То, как Полина «разлохматила края» (**ragged edge**), заставило менеджеров отдела исследований и разработок усомниться в том, сможет ли она проверить все новые лекарства на предмет побочных эффектов.

RAINMAKER (*букв.: вызывающий дождь*). Человек, подразделение или фирма, благодаря которым все получается или «срастается». Обычно оборот используют финансисты для обозначения человека, который умеет привлекать деньги; он также может применяться к чудо-продавцу или агенту, делающему большие продажи в конце отчетного периода, помогая фирме добиться поставленных целей. (См. также: *Drag the prize to the front door for someone else to kill.*)

ENG | Everyone agreed that if he stayed focused, J. C. could be the **rainmaker** we were seeking to spur the sales increase in Seguin.

RUS | Все согласились, что если он и дальше будет заниматься этим делом так же усердно, то может стать «палочкой-выручалочкой» (**rainmaker**), которую мы искали для улучшения показателей.

REVENUE LEAKAGE (*букв.: нехватка дохода*). Продажи, доходы или прибыли, упавшие вследствие неких проблем. Выражение может описывать кражи или просто возможности, упущенные из-за неподготовленности персонала.

Глава 4. Бухгалтерия, инвестиции, контракты и технологии 187

ENG | Bill told us our single biggest source of **revenue leakage** is excessive price discounting by the staff.

RUS | *Билл сказал, что главный источник нашей нехватки дохода (***revenue leakage***) заключается в чрезмерных скидках с цены, вина за которые лежит на персонале.*

RUNAWAY EMAIL (*букв.: почта-беглец*). Электронное письмо, которое случайно ушло не к тому получателю, ввергнув отправителя в ужасные неприятности.

ENG | Ted knew the second he hit send that the objectionable attachment was going to get him in trouble with the HR director, and he wished he hadn't sent the **runaway email**.

RUS | *В ту самую секунду, когда письмо было отправлено, Тэд понял, что спорное приложение втянет его в конфликт с директором по внутренним связям, и подумал, что не стоило путать адреса (***runaway email***).*

RUNWAY (*букв.: взлетная полоса*). Взлетная полоса у фирмы или частного предпринимателя может быть короче или длиннее; в любом случае остаются вопросы, хватит ли горючего (то есть наличности) и умеет ли пилот выбираться из штопора. Всегда хочется, чтобы аэродром не кончался как можно дольше, подстраховывая от возможных ошибок. Это лучше, чем другая крайность — когда *взлетная полоса* слишком короткая. (См. также: *Burn rate* и *How big is the hole* и *How are we going to fill it?*)

ENG | If you only have $ 20 in cash to last you six days until payday, and it's going to cost you $ 5 per day for gas, your **runway** is too short!"

RUS | *Если за неделю до получки у вас остался лишь четвертной, а каждый день только на бензин нужна пятерка, вы катитесь по слишком короткой «взлетной полосе» (***runway***).*

SCALDED CAT (*букв.: ошпаренный кот*). Инвестор, кредитор или партнер, который, «обжегшись на молоке, дует на воду» — «и первый бежит с вашего корабля при малейших признаках бури».

ENG | After just one quarter of bad numbers, Sarah sold all her stock like a **scalded cat**.

RUS | Сара, точно пуганая ворона (**scalded cat**), продала весь свой пакет акций сразу, как только узнала о плохих показателях за квартал.

SITTING ON THE NICKEL (*букв.: сидя на пятачке*). Так называют бережливость, переходящую в скупость, которая не вызывает уважения в среде умудренных опытом финансистов. (См. обороты: *Chasing nickels around dollar bills, Can't see the forest for the trees, Too close to the trees, Weatherman syndrome, Open the window and see the weather,* а также *Blind man and the elephant.*)

ENG | Fred was always **sitting on the nickel**. He felt secure with the cash in the bank even though he knew that by not spending it, he was costing himself sales and business growth.

RUS | Фред всегда был прижимист (**sitting on the nickel**). Он чувствовал себя в безопасности лишь с полным банком наличности, хотя и понимал, что это означает уменьшение продаж и тормозит дело.

SKUNK COSTS (*букв.: вонючие издержки*). Расходы или инвестиции, которые нельзя возместить, даже если проект будет свернут. (См. также: *Sunk costs.*)

ENG | We had already spent over $ 100,000 when we realized that we were never going to perfect the product, so we chalked it up to **skunk costs**.

RUS | Уже потратив около 100 тысяч долларов, мы поняли, что улучшить продукт не удастся и нам придется смириться с безвозвратными издержками (**skunk costs**).

SLOP GUY (*букв.: помоечный парень*). Человек, соглашающийся на кабальные условия при распределении обыкновенных акций.

ENG | Brian made it clear he won't be the **slop guy**. He wanted everyone to sign up for the amount of equity they wanted, including him. He wasn't going to just stand by and take what was left.

RUS — Брайан дал понять, что не собирается быть «канарейкой за копейку» (**slop guy**). Он хотел, чтобы каждый, включая его самого, расписался за желаемое количество обыкновенных акций. Он не собирался просто стоять рядом и брать то, что останется.

SUNK COSTS (см. *Skunk costs*).

THE BIG PRINT GIVETH AND THE SMALL PRINT TAKETH AWAY (*букв.: буквищи дает, а буквочки отбирает*).
Крупным шрифтом в контрактах набираются должности и другая важная информация, а мелкими то, что называется *Boilerplate*, — условия расторжения соглашений. (См. также: *Boilerplate* в главе 7 и *Devil is in the details*.)

ENG — After getting burned on selling his first invention, the young entrepreneur knew that **the big print giveth and the small print taketh away**.

RUS — После торжественного оформления договора на свое первое изобретение молодой предприниматель понял, что «буквищи дают, а буквочки отбирают» (**big print giveth and the small print taketh away**).

TIRED OF DANCING, READY TO FUCK (*букв.: поплясали — и в койку*).
Здесь вряд ли нужны объяснения. Выражение значит, что вы устали от переговоров или проволочек и готовы совершить сделку или перейти к следующей стадии процесса. (См. также: *Stop selling* и *The dance*.)

ENG — Venture capital principals can have short attention spans. Once they've decided they've heard enough, they take decisive action because they're **tired of dancing, ready to fuck**.

RUS — Директора предприятий с венчурным капиталом могут иметь короткий объем внимания. Однажды решив, что информации им достаточно, они совершают решительные шаги, поскольку устали разминаться и готовы на полный контакт (**tired of dancing, ready to fuck**).

TOMBSTONE (*букв.: могильный камень*).
Нечто в ознаменование сделки (см. *Deal toy*), равноценное призу или трофею. Обычно это информация в официальном финан-

совом издании вроде «Wall Street Journal». (См. также: *Deal toy*.)

ENG	Years later, he still had the **tombstone** announcement that had been published in the Financial Times.
RUS	*И годы спустя он хранил «надгробную плиту»* (**tombstone**): *объявление, размещенное им в газете «Financial Times».*

TOTEM POLE (*букв.: тотемный столб*). Любой рейтинг, выстраивающий от лучшего к худшему показатели факторов, измерений или результатов применительно к работникам, процессам или финансовому отчету. Подобные знаки в быту американских индейцев рассказывают об истории племени или семьи. В компаниях эти предметы множатся, распространяются или вывешиваются, так что всем известно, кто в данный момент работает лучше, а кто хуже всех.

ENG	As for our company's list of top salary makers, our CEO is always on top of the **totem pole**.
RUS	*Что касается ведомостей о зарплате, наш исполнительный директор всегда на вершине «тотемного столба»* (**totem pole**).

VOODOO MATH (*букв.: математика в духе Вуду*). Расчет, который выглядит столь подозрительным, запутанным и туманным, что у всех возникают сомнения в его достоверности. Будучи иной раз вполне объективным и точным, он все же вызывает сердечный приступ, требуя на разъяснения чересчур много времени. Инвесторы и аналитики оценивают такие бумаги скептически, особенно в подозрительной бизнес-среде; иногда они попросту не могут в них разобраться. (См. также: *Cooking the books, Black-box accounting* и *Cookie jar accounting*.)

ENG	The cost-of-goods formulas and data were so complex that everyone but the CFO referred to them as **voodoo math**, and no one really trusted their accuracy.
RUS	*Формулы подсчета стоимости товаров и связанные с этим данные были столь сложны, что все, кроме финдиректора, воспринимали*

их как «шаманскую арифметику» (**voodoo math**), сильно сомневаясь в их точности.

VULTURE CAPITALIST (букв.: *капиталист-стервятник*). Пренебрежительный отзыв о венчурном капиталисте, построенный на игре слов.

ENG | When the VC firm announced that they were closing the company to sell the assets one day after the acquisition, we knew we had been had by the **vulture capitalist**.

RUS | *Когда фирма VC объявила, что они закрывают фирму для продажи ценностей на следующий день после сделки, мы поняли, что «акула капитализма»* (**vulture capitalist**) *провела нас.*

WEENY WINDOW (букв.: *крохотное окошко*). Крошечное окошко, часто с ограниченным доступом, на сетевом телефоне или другом небольшом электронном устройстве.

WORD OF MOUSE (букв.: *слово мыши*). Толки, слухи или любые новости, распространяемые по электронной почте.

ENG | I always liked **word of mouse** vs. word of mouse compliments, as email didn't seem to convey all the emotion.

RUS | *Я всегда предпочитал устную речь e-mail* (**word of mouse**), *поскольку электронное письмо не может выразить всех эмоций.*

YOU WON'T FIND THAT PONY IN MY STABLE (букв.: *вы не найдете этого пони в моем стойле*). Относится к акциям, который инвестор решает не приобретать.

ENG | ZLM has had a few good years, but I think their run is over and the company needs new management. **You won't find that pony in my stable now**.

RUS | *У фирмы ZLM было несколько удачных лет; но я думаю, что они пережили свой расцвет, и теперь им бы не помешало сменить руководство. Теперь «вы не найдете этого пони в моем стойле»* (**you won't find that pony in my stable**).

Глава 5

РАБОТНИКИ И ОПЕРАЦИИ

80% GUY (*букв.: парень на 80 процентов*). Выражение относится к человеку, который добивается 85% результата, используя 50% ресурсов. Как правило, он практичен, бережлив и отличается высокой производительностью. Иногда в бизнесе полезно «упереться рогом», чтобы выполнить план «на все сто»; но зачастую, особенно если вы используете правило «80 к 20», полезнее бывает «забить» на план и получить почти то же самое, чем топтаться на одном месте, расходуя энергию или ресурсы.

90-DAY WITCHING HOUR (*букв.: 90-дневный ведьминский час*). Отчаянное положение, когда не очень хорошие сотрудники или неадекватно работающие звенья истощили терпение начальника или владельца почти до критической отметки. Что бы они ни делали, все недостаточно хорошо. Проекту или его руководителю дается срок в 90 дней, в течение которого нужно либо выправить дело, либо проститься с теми, кто его провалил. (См. также: *Bad actor.*)

ENG It was my **90-day witching hour** and I knew that if my tamale production team didn't reach our efficiency goals soon, my career was in jeopardy.

RUS *Начался мой 90-дневный последний шанс* (**90-day witching hour**). *Я знал, что, если команда не выполнит план по продуктивности, моя карьера окажется под угрозой.*

ABOVE THE LINE (*букв.: над линией*). В широком смысле выражение обозначает любого человека, делающего большой вклад в развитие предприятия. Пришло из телевидения и кино, где оно описывало актера, сыгравшего важную роль или как-то иначе внесшего весомый вклад в фильм или программу. Это, например, писатель, директор картины, продюсер. Теперь же оно относится к любой сильной фигуре проекта.

ENG | No one goes farther **above the line** in late-night TV production circles than that creative genius Lorne Michaels, the creator and producer of Saturday Night Live.

RUS | *Никто так сильно не выделяется «из толпы» (**above the line**) создателей вечерних телепрограмм, как гениальный Лорн Майклс, продюсер Saturday Night Live.*

ALL HANDS ON DECK (*букв.: все руки на палубу*). Так на флоте называют аврал, или когда всем сотрудникам фирмы приходится участвовать в «затыкании пробоины» или отвечать на угрозу. (См. также: *All hands on the pump.*)

ENG | When it was discovered that the company was going to miss third-quarter sales targets, Greg called **all hands on deck**. At the meeting of all our key supervisors and workers, he enlisted everyone's full support.

RUS | *Когда обнаружилось, что компания может не выполнить план третьего квартала по продажам, Грег приказал «свистать всех наверх» (**all hands on deck**). На встрече с нашими ревизорами и рабочими он призвал к единодушной поддержке проекта.*

ALL HANDS ON THE PUMP (*букв.: все руки на помпу*). Возможно, оборот восходит к тем временам, когда для тушения пожара требовался массивный насос, приводимый в движение несколькими парами сильных рук. Теперь

он означает лишь то, что все по мере сил должны участвовать в решении или выполнении задачи. (См. также: *All hands on deck.*)

ALL HAT, NO CATTLE (*букв.: сплошная шляпа и никакого скота*). Так называют «мыльный пузырь»: выскочку и хвастуна, за рисовкой и бахвальством которого ничего нет. Как правило, такие люди стремятся заверить каждого, что у них есть все природные данные для выполнения работы; но вскоре становится очевидным, что им это не под силу. Как говорят в таких случаях в Техасе, шляпой обзавестись легко, а вот стадом скота гораздо труднее. (См. также: *Empty shirt.*)

ENG | Joe, the new CEO, drops celebrity names like he knows everybody in New York, but he proved to be **all hat, no cattle** when it came to getting us any PR with all his friends in New York.

| RUS | *Новый исполнительный директор хвастал, что знает в Нью-Йорке буквально каждого, но когда дело дошло до установления реальных контактов, оказалось, что у него все «уходит в гудок»* (**all hat, no cattle**). |

ALL THE ARROWS ON THE BACK (OR IN THE QUIVER)

(*букв.: все стрелы на спине, в колчане*). У американских индейцев считалось, что колчан на спине должен быть полон стрел на случай встречи с врагами или охоты. Выражение означает, что для достижения цели подходят все средства — что бы там ни говорили. Только не путайте это выражение со «стрелами в спине» (см. *Arrows in the back*.)

| ENG | Sam questioned whether he would have **all the arrows on his back**, but his partners assured him that the company's lawyers, CPAs and emergency funds would be at his disposal when the liability lawsuits flooded the courts. |

| RUS | *Сэм спросил, будут ли в его распоряжении все необходимые ресурсы* (**all the arrows on his back**), *и партнеры заверили его, что как только первый иск попадет в суд, на помощь будут подняты юристы компании.* |

APOLOGY BONUS (*букв.: извинительный бонус*). Дополнительные деньги, выдаваемые сокращенным сотрудникам, особенно только что нанятым, вроде недавних выпускников или тех, кто покинул ради компании свои многообещающие работы.

BAD ACTOR (*букв.: плохой актер*). Не очень хороший работник. В качестве босса вы должны сосредоточиться на ключевых показателях этого работника (см. *KPIs*). Конечно, *плохой актер* может вынудить вас дать ему последний шанс (см. *90-day witching hour*). Такие работники могут вводить вас в заблуждение, делая вид, что они с вами или знают, что делают, но вы вообще-то понимаете, что происходит на самом деле. Оборот может применяться к любому, кто создает фирме проблемы и трудности.

ENG | I hope Billy Bob is not a **bad actor**. I need all his management skills, not just an act with weak results.

RUS | *Я надеюсь, что Билли Боб не является «плохим актером»* **(bad actor)**. *Хочу, чтобы он проявил управленческую смекалку, а не просто отбывал трудовую повинность.*

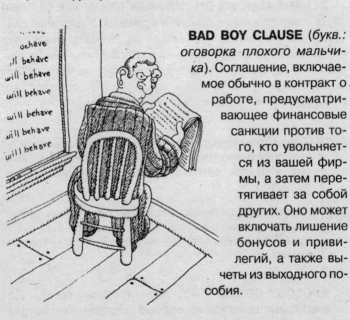

BAD BOY CLAUSE (*букв.: оговорка плохого мальчика*). Соглашение, включаемое обычно в контракт о работе, предусматривающее финансовые санкции против того, кто увольняется из вашей фирмы, а затем перетягивает за собой других. Оно может включать лишение бонусов и привилегий, а также вычеты из выходного пособия.

ENG | I would have taken Brendan and Pete with me when I left, but I have a **bad boy clause** in my contract.

RUS | *Увольняясь, я хотел взять с собой Брендана и Пита, но в моем контракте был пункт «плохого мальчика»* **(bad boy clause)**.

BAD NUM (*букв.: плохой номер*). Плохая или неточная цифра в бизнес-плане или другом документе. Она может быть как неверной, так и просто не внушающей доверия.

ENG | Theresa's model included many **bad nums**, so she was told to study her data for errors.

RUS | *Модель, предложенная Терезой, содержала настолько много сомнительных цифр (**bad nums**), что ее попросили перепроверить данные.*

BADGE (*букв.: значок*). Выдача «завербованному» работнику воображаемого значка дает понять ему и остальным: теперь он работает на компанию.

ENG | Kathi said we should **badge** him before he got away, as he was the perfect candidate for the sales manger's position.

RUS | *Кэти сказала, что мы должны «заклеймить» (**badge**) его до того, как он уйдет, поскольку он главный кандидат на высокую должность.*

BALLOON JUICE (*букв.: сок из воздушного шара*). Постоянное словоизвержение и хвастовство работника, зацикленного на самом себе.

ENG | Noah has a lot to say, but it's mostly just **balloon juice**.

RUS | *Ной может много чего сказать, но в основном это будут «гнилые понты и словесный понос» (**balloon juice**).*

BATTING AVERAGE (*букв.: среднее отбивание*). Выражение позаимствовано из бейсбола и обозначает КПД игрока (хорошим считается показатель в три отбитых мяча из десяти). Если вы хотите остаться на работе, вам следует показывать более высокие результаты.

ENG	Rich's **batting average** is amazing. He's done wonders for our company.
RUS	*Средние показатели (**batting average**) Рича просто завораживают. Он делает для фирмы чудеса.*

BEEHIVE (*букв.: улей*). Бесцельные метания и суетливая деятельность, камуфлирующие топтание на месте; могут вызвать застой крови и даже временный паралич.

ENG	The place was a **beehive**, but there were lots of unproductive, unfocused employees. They had the worst production month in over a year.
RUS	*Контора гудела, как улей (**beehive**), но шум создавали множество непродуктивных, рассеянных работников. У них шел самый плохой в году месяц.*

BEND OVER; HERE IT COMES AGAIN (BOHICA) (*букв.: пригнись, сейчас опять начнется*). Цинизм, с которым люди приветствуют новые корпоративные начинания, ожидая очередного ярма со стороны начальства.

ENG	CEO Smith is about to announce another round of increases on employee-paid shares for their medical insurance premiums. Well, **BOHICA**!
RUS	*Исполнительный директор Смит собирается объявить о повышении доли медицинской страховки, оплачиваемой самими работниками. Ну вот, снова-здорово (**BOHICA**)!*

BIG CHIEF TABLET AND A NO. 2 PENCIL (*букв.: грифельная доска большого начальника и простой карандаш*). Любимые приспособления того, кто не слишком сведущ в компьютерах. Оборот также относится к кому-либо, живущему прошлым, когда эти аксессуары использовались в начальной школе для обучения детей азбуке. Выражение применяют и к тем, кто не соответствует профессиональным стандартам.

Глава 5. Работники и операции

ENG	Everyone else in the office scurried around with their PDAs and laptops, but Jack was better off at his desk with a **Big Chief tablet and a No. 2 pencil**.
RUS	*Все в конторе носились с компьютерами и ноутбуками, но удача прошла мимо его стола, на котором красовались букварь и промокашка* (**Big Chief tablet and a No. 2 pencil**).

BOY SCOUT (*букв.: бойскаут*). Человек, который всегда старается выручить остальных, сделать добрые дела или другим способом оказаться достойным похвал. Большинство компаний имеют таких людей в команде управленцев. Встречаются среди них и женщины, которых по-английски правильнее было бы называть *girl scouts*.

В деловом мире сравнение с бойскаутом не обязательно равносильно комплименту. Постоянное выступление в роли спасителя может оцениваться начальством в штыки. Ведь это означает и то, что вы закрываете глаза на недостатки в работе других или придерживаете внедрение новых инициатив. (См. также: *Girl scout.*)

ENG	We could always count on David as the **boy scout** on the team, because he could be completely trusted. He wasn't necessarily good at meeting heady goals or clinching bargain deals, though.
RUS	*Мы всегда могли положиться на Дэвида как на юного пионера* (**boy scout**), *поскольку ему можно было полностью доверять. Впрочем, он не был так уж хорош в достижении главных целей или доведении до конца распродаж.*

BRICK SHY OF A LOAD (*букв.: в грузе кирпича недостает*). Пренебрежительный отзыв о человеке, чьи тупость и невежество бросаются в глаза; кто-то, неспособный связать свои действия воедино. Это показывает, что решающий элемент в его мыслительном процессе отсутствует. У него *нет полного набора кирпичей*, так что построить ничего не получится. (См. обороты *Rode the short bus, Elevator doesn't go to top floor, Can't walk and chew gum at the same time, Through the eyes — there aren't many bulbs* there, One card shy of a full deck, The light is on but nobody's home, Can short of a six-pack, Not the sharpest knife in the drawer, а также Hamster died.)

ENG — Pete's new idea was «half-baked», as were all of his presentations, so we often wondered if he was a **brick shy of a load**.

RUS — *Новая идея Пита была сыровата, как и все его презентации, так что мы часто задавались вопросом, «все ли у него дома»* (**brick shy of a load**).

CAN SHORT OF A SIX-PACK (см. *Rode the short bus, Elevator doesn't go to top floor, Can't walk and chew gum at the same time, Brick shy of a load, Through the eyes — there aren't many bulbs there, The light is on but nobody's home, Not the sharpest knife in the drawer* и *Hamster died*).

CAN'T WALK AND CHEW GUM AT THE SAME TIME (*букв.: не может одновременно ходить и жевать резинку*). Еще одно описание... ну что тут скажешь, просто настоящего болвана! (См. также: *Rode the short bus, Elevator doesn't go to top floor, Can't walk and chew gum at the same time, Through the eyes — there aren't many bulbs there, Brick shy of a load, The light is on but nobody's home, Can short of a six-pack, Not the sharpest knife in the drawer* и *Hamster died*.)

ENG — I don't know how she even got this job; she **can't walk and chew gum at the same time**, much less work.

RUS — *Не понимаю, как ее взяли на эту работу: она не справляется и с меньшим объемом задач, два и два сложить не может* (**can't walk and chew gum at the same time**).

CAPPUCCINO COWBOY (*букв.: ковбой капучино*). По аналогии с «ковбоем Мальборо» так называют того, кому утром нужна чашка крепкого кофе по пути на работу. Как правило, это житель пригорода, рано встающий и долго добирающийся до офиса.

| ENG | Amanda just had to go by Starbucks every morning even if it made her late, she is such a **cappuccino cowgirl**. |
| RUS | Даже рискуя опоздать, Аманда каждое утро должна была выпить в «Старбакс» чашку кофе: такой уж она «ковбой капучино» (**cappuccino cowgirl**). |

CAREER ENDING MOVE (CEM) (букв.: ход, который кладет конец карьере). Очень-очень большая ошибка или трагическое решение. Оно приводит к тому, что человек теряет работу и, возможно, получает «волчий билет». (См. также: *CLM*.)

| ENG | When the HR director heard of Tom's felony, she knew it was a **CEM**. |
| RUS | Когда директор по внутренним связям услышала об уголовном преступлении Тома, она подумала, что это конец его карьеры (**CEM**). |

CAREER LIMITING MOVE (CLM) (букв.: ход, ограничивающий карьеру). Потенциально опасная ошибка. Такой промах, разумеется, ограничит вам продвижение по службе как минимум на несколько лет. (См. также: *CEM*.)

ENG — If Pete doesn't accomplish the goal of meeting the product launch date, it will definitely be a **CLM**.

RUS — *Если Пит не справится с презентацией продукта, это определенно закроет ему путь наверх (**CLM**).*

CARROT AND STICK (*букв.: морковка и палка*). Имеется в виду политика «кнута и пряника», когда одновременно сулят награду и припугивают наказанием.

ENG — One management strategy is the old **carrot-and-stick** approach, in which a reward is offered yet a threat of a demotion is understood.

RUS — *Одна из стратегий управления заключается в старом подходе «кнута и пряника» (**carrot and stick**), когда при предложении награды одновременно предлагают осознать угрозу понижения в должности.*

CATCH AND RELEASE (*букв.: поймать и отпустить*). То, что происходит с новыми сотрудниками и обычно применяется к недавно нанятым, когда компания переживала прилив наличных: их с сожалением увольняют.

ENG — We had a bunch of bright, new, minds, many fresh out of college, but things went south and now we're instituting a **catch and release** policy.

RUS — *У нас был «цветник из ярких звездочек», только что окончивших колледж. Но все пошло вкривь и вкось, и мы перешли к политике «поймай-отпусти» (**catch and release**).*

CENSUS REDUCTIONS (*букв.: сокращения переписи*). Увольнения.

CHAMPAGNE TASTES, BEER POCKETBOOK (*букв.: вкус на шампанское, бумажник на пиво*). Оборот может также выглядеть как *вкус к шампанскому при пивном бюджете*. Он означает вкус к красивой жизни у человека с маленьким кошельком.

ENG	Her modest income belied her **champagne tastes**; she longed for a BMW, but her beer pocketbook could only afford a Chevy.
RUS	*Ее скромный доход не соответствовал «вкусу к шампанскому» (**champagne tastes**); она жаждала BMW, но «пивной бумажник» (**beer pocketbook**) мог предложить только «шевроле».*

CLEAR ALL THE CATS IN THE ALLEY (*букв.: «зачистить» всех кошек в переулке*). Обычно такие кошки — дикие разбойники; оборот прилагают к людям со схожими характеристиками. Он был введен Аленом Гринбергом, председателем фирмы *Bear Stearns*, для описания работников, которых следует удалить из команды. В единственном числе он употребляется в отношении того, кто саботирует процесс или не играет в команде.

ENG	In our last meeting, it was announced that new policies affecting outliers should **clear all the cats in the alley**.
RUS	*На нашем последнем совещании были объявлены новые принципы, направленные на то, чтобы произвести «зачистку местности» (**clear all the cats in the alley**).*

CLOSE, BUT NO CIGAR (см. *Good try, but no cigar*).

COASTER (*букв.: каботажное судно*). Негативное определение работника, который не слишком усерден и/или не амбициозен. К нему применима одна из моих любимых поговорок: «Начиная катиться вниз, вы можете оказаться только у подножия холма».

ENG	Mary was a **coaster**, always late to work, never meeting deadlines, and she always had an excuse for her poor performance.
RUS	*Как и все, кто «плывет на буксире» (**coasters**), Мэри постоянно опаздывала на работу и не укладывалась в сроки, всегда находя уважительные причины.*

COMING UP OR GOING DOWN (букв.: идя вверх или спускаясь вниз).
Относится к работнику, который или тонет, или чуть-чуть всплывает в потоке больших проблем. Эти стадии могут чередоваться или совмещаться, если он берется за два проекта одновременно. (См. также: *Drinking from a fire hose.*)

ENG | Shipping Supervisor Johnny B. Good was so beleaguered by job pressures that he could feel as if he were going-down, gasping for air one moment, and **coming up** the next moment, exhaling a sigh of relief.

RUS | *Джонни Гуд был так завален работой, что чувствовал, как то «тонет» (going down), то «всплывает» (coming up) — все менялось букв. за считаные секунды.*

COVER YOUR ASS (CYA) (букв.: прикрывать задницу).
Опережающая защитная тактика, призванная внушить уверенность в том, что ни один коллега или ревизор не сможет обвинить вас, когда что-то пойдет не так.

ENG | When Anna wrote our new hiring procedures, she **covered her ass** by sharing credit for her work with other executives, just in case some rejected job applicant successfully sued us for discrimination. By not claiming full credit, she would not get the sole blame.

RUS | *Составив новые правила приема на работу, Анна «прикрыла свою задницу» (covered her ass), оформив сей документ как плод коллективного творчества. Это было сделано на случай, если какой-либо отвергнутый кандидат обвинит ее в дискриминации.*

CREEPBACK (букв.: проползание обратно).
Так называется ситуация, когда уволенные работники возвращаются назад, нанимаясь в компанию в качестве консультантов.

ENG | When Adam and three other programmers were laid off in the spring, no one would have guessed that by summer all of them would be back, working on the network as consultants, charging 150 percent of what they made as employees. The **creepback** effect made us miss our expense budget by even more.

Глава 5. Работники и операции

RUS | *Когда по весне Адам и три других консультанта были уволены, никто не мог предположить, что уже летом вся четверка вернется к нам консультантами на деньги в полтора раза бо́льшие, чем они имели, состоя в штате. Из-за этого «проползания»* (**creepback**) *фирме стало еще труднее втискиваться в бюджет.*

CUBICLE LIZARD (букв.: *кабинетная ящерица*). Некто, предпочитающий поселиться в своем кабинете как дома. Такие люди все время в работе, так что их уголок полон личных вещей вплоть до СВЧ-печки и холодильника.

ENG | Hey Bob, clean this place up. What is that, an ironing board under there? You're such a **cubicle lizard**.

RUS | *Эй, Боб, разбери-ка завал в этом месте! Что это, неужто гладильная доска? Да ты, я смотрю, стал «кабинетной крысой»* (**cubicle lizard**).

CYA (см. *Cover your ass*).

DESK POTATO (букв.: *картофель за письменным столом*). Некто тупо просиживающий штаны за столом, делая всякие глупости вместо того, чтобы заняться делом. Я уверен, вы увидите связь с ползучим пыреем.

ENG | lames, if you don't change your **desk potato** habits, we're going to have to let you go.

RUS | *Джеймс, если вы не бросите свои «привычки плюща»* (**desk potato**), *нам придется с вами расстаться.*

DIRTY FINGERNAIL PERSON (букв.: *человек с грязными ногтями*). Человек с большим опытом, который вырос в начальника, начав с низших должностей и дойдя до самой вершины. (См. также: *Scars on my body, MBWA* и *Arrows in the back.*)

ENG | A reliable **dirty fingernail person** has loads of self confidence, solves problems efficiently or finds the right person to do the job, but never toots his or her own horn too loudly.

RUS | *Можно положиться на «питомца фирмы» (**dirty fingernail person**), когда он уверен в себе, эффективно решает проблемы сам или находит для этого нужных людей, но никогда не трубит в свой рожок слишком громко.*

DOCTOR'S APPOINTMENT (*букв.: номерок к врачу*). Эвфемизм собеседования о не самой престижной работе.

ENG | I need to run, I have an, ahem, **doctor's appointment**.

RUS | *Мне надо бежать: у меня, скажем так, номерок к врачу (**doctor's appointment**).*

DOG TRICK (*букв.: собачий трюк*). Ряд работников берет на вооружение тактику собак, которые умеют, если что, притворяться мертвыми. Менеджер, который это разоблачает, с удовольствием называет вещи своими именами.

ENG | Ted said it was the last time Patty would be allowed to play dead and not meet a deadline without being written up. He wondered what she was doing in her cubicle, since she darn sure wasn't producing any work. She was doing the old **dog trick**.

RUS | *Тед сказал, что он в последний раз позволяет Петти «прикинуться валенком» (play dead) и задержать сдачу письменного отчета. «Чем, черт побери, занимается она в своем кабинете, — спросил он, — если работа не продвигается ни на шаг? Мне не интересен «танец умирающего лебедя» (old **dog trick**)».*

DO YOU READ ME? (*Букв.: ты читаешь меня?*) Это выражение американских вояк грубо, но весьма доходчиво намекает на то, что у респондента проблемы с пониманием и/или слухом. Если вам задают этот вопрос, пора что-то менять: свои мозги, начальника или работу.

ENG | I need those reports by tonight; **do you read me** on that?"

RUS | *Отчет мне нужен сегодня. «Ты въезжаешь» (**do you read me**), салага, или тебе уши штыком прочистить?*

DUCK AND WEAVE (*букв.: увертываться и петлять*). Обычная тактика работников по избеганию ответственного совещания или отчета. На таких нельзя рассчитывать, когда нужен рассказ о конкретном результате.

ENG | Ted was always **ducking and weaving**, and everyone knew not to count on him for the weekly reports.

RUS | *Тед всегда «вертелся и петлял» (**ducking and weaving**), так что никто уже и не приставал к нему с еженедельным отчетом.*

ELEVATOR DOESN'T GO TO THE TOP FLOOR (*букв.: лифт на чердак не едет*). Ограниченное мышление.

ENERGY DRAINER (*букв.: высасыватель энергии*). Человек, который так часто впадает в панику, что у него не остается сил на конструктивные поступки. (См. также: *Toxic worrier*.)

ENG | Dave is an **energy drainer**. He worries so much about his job security that he never gets anything done.

RUS | *Дейв — жуткий зануда и паникер (**energy drainer**). Он так печется о совершенстве деталей, что никогда не доводит проект до конца.*

FARM TEAM (*букв.: фармклуб*). Термин из области бейсбола. Будущих игроков воспитывают и тренируют, после чего отбирают лучших из них. Подобным же образом фирма нанимает сотрудников и прививает им необходимые навыки, но не может удержать в штате. Набравшись ценного опыта, они из-за плохого начальства уходят на службу к конкурентам, отдавая тем все свои знания. Такой фирме, больше напоминающей колхоз, остается только отбирать паспорта, чтобы сотрудники не «уехали в город».

ENG | The company had rampant turnover in their specialists, and they were spending heavily to train them, but they were really just a **farm team** for their competitors.

RUS | *Испытывая нужду в «молодых мозгах», фирма положила все силы на подготовку специалистов, но оказалась лишь «питомником» (**farm team**) для своих конкурентов.*

FAT IS IN THE FIRE (*букв.: жир в огне*). Произошло то, что наверняка вызовет разногласия или скандал того или иного рода. Когда мясо на гриле истекает жиром на горячие угли, пламя вспыхивает еще ярче.

ENG | Well, the **fat is in the fire** now, because Sarah Jane just accused the boss of sexual harassment.

RUS | *Сара Джейн «подлила масла в огонь»* (**fat in the fire**)*, обвинив босса в сексуальных домогательствах.*

FENCE-MENDING (*букв.: починка забора*). Приведение себя в порядок. После особенно жаркого разговора или спора с коллегой вам следует заняться *починкой забора*, иначе «можно остаться на пепелище». *Починить забор* — значит разрешить прошлые сомнения, собраться с духом и мыслями. *Починка забора* означает подготовку к новым атакам противника.

ENG | After their argument, James and Sharon **mended fences**. It was the best thing to do to keep the project moving forward on pace.

RUS | *После жаркого спора Шарон и Джеймс разошлись, чтобы «прийти в себя»* (**mended fences**)*. Это был лучший способ помочь проекту продвинуться дальше.*

FLAME OUT (*букв.: выгореть*). *Сгореть* на работе. Внезапный конец блестящей карьеры, причиной которого стала постановка невыполнимых задач.

ENG | Though Pete's brilliant performance had exceeded expectations for months, no one was really surprised when he **flamed out** on that last ambitious project.

RUS | *Хотя Пит в последнее время показывал неожиданно блестящие результаты, никто не удивился, что на последнем важном проекте он надорвался: человек просто «сгорел на работе»* (**flamed out**)*.*

FLIGHT RISK (*букв.: полетный риск*). Ценный работник, которого подозревают в намерении уйти. Тот, на кого косо смотрят в отделе кадров. Сюда относится и руководитель,

Глава 5. Работники и операции 209

почти пойманный за руку при подделке отчетов или совершении другого неблаговидного поступка.

FOOD CHAIN (*букв.: пищевая цепочка*). Выражение используют для описания системы отношений в трудовом коллективе — с начальством «наверху» и почасовиками «на дне».

ENG | I'd never want to be in the hot-tar roofing business. Those laborers are at the bottom of the **food chain**.

RUS | *Никогда не хотел бы заливать крышу кипящей смолой. Эти ребята стоят на конце «пищевой цепочки» (food chain).*

FRESH OFF THE BOAT (*букв.: освежить лодку*). Пренебрежительный отзыв о приезжем издалека, который еще не привык к местной культуре (чаще всего это легко заметить по другому стилю вождения). Оборот может относиться к любому новому человеку в компании.

ENG | It was obvious Tim was **fresh off the boat**, he didn't have a clue how the conveyor worked.

RUS | *Тим, как новичок (fresh off the boat), даже не знал принципов работы конвейера.*

GADGET TRANCE (*букв.: обожатель «примочек»*). Так называют сотрудника, зацикленного на последних новинках техники, вечно обсуждающего их с товарищами по работе.

GIRL SCOUT (*букв.: пионерка*). Женская версия бой-скаута. (См. также: *Boy scout*.)

ENG | Everyone felt she was the **girl scout** of the department because she always volunteered the most time, helped her co-workers, got along with everyone and never complained.

RUS | *Все воспринимали ее как пионерку (girl scout) отдела, поскольку она вечно лезла в самое пекло, помогала коллегам, всех выслушивала и никогда не жаловалась.*

GOOD TRY, BUT NO CIGAR (букв.: *хорошая попытка, но без сигары*). Старая двусмысленная похвала за серьезную попытку, не завершившуюся полным успехом. Когда-то хорошая сигара была общепризнанной наградой за достижение. Подойдя близко к цели, но не взяв ее, вы получаете не сигару, а лишь несколько теплых слов.

ENG | We missed our annual sales goal by just $20,000, but the increase from $ 275,000 last year to $ 280,000 wasn't thrilling enough. «**Good try, but no cigar**», the boss said.

RUS | *Мы недобрали до годового плана всего 20 тысяч. Тем более что увеличение объема продаж с 275 тысяч в прошлом году до 280 тысяч в текущем не решало проблему. «Молодцы, старались, — сказал босс, — но "звезд с неба не хватали"»* (**Good try, but no cigar**).

GROOM OR BROOM (букв.: *ухаживать или выметать*). Относится к любому слабому работнику. Вам надо либо «выращивать» его, добиваясь повышения производительности, либо «выметать» его прочь.

ENG | After seeing John's dismal numbers, they knew that if he wasn't properly **groomed** at next week's training session, he'd have to be **broomed out** with the dust bunnies.

RUS | *Увидев показатели Джона, все поняли, что он будет либо «выдрессирован»* (**groomed**) *на ближайшей стажировке, либо «выметен поганой метлой»* (**broomed out**).

HAMMOCK PAY (букв.: *оплата гамака*). Компенсация тому, кто не работает, — допустим, получив выходное пособие или уйдя на хорошую пенсию. Выражение навеяно образом руководителя, который от ревизора до ревизора «качается в гамаке со стаканом коктейля в руке».

ENG | After so many years with the company, Evan was happy to finally relax and let the **hammock pay** roll in.

RUS | *Проработав на компанию много лет, Ивен был счастлив. Наконец-то он имеет полное право расслабиться и слушать, как «тихо капают проценты на гамак»* (**hammock pay**).

HAMSTER DIED (*букв.: хомяк умер*). Когда умирает белка, крутиться в колесе некому. Колесо стоит, и все изменяется. (См. также: *Rode the short bus, Elevator doesn't go to top floor, Can't walk and chew gum at the same time, Through the eyes — there aren't many bulbs there, The light is on but nobody's home, Brick shy of a load, Can short off a six-pack* и *Not the sharpest knife in the drawer*.)

ENG | We knew that Ken couldn't complete such a difficult task; his **hamster died** a long time ago.

RUS | *Мы считали, что Кен не сможет завершить задание: его «бобик сдох» (*hamster died*) намного раньше.*

HEAD UP HIS/HER ASS (HUHA) (*букв.: его/ее голова на заднице*). Благоразумное напоминание о том, что идеи, сведения или мнения не до конца проверены. Это указывает на то, что источник информации не совсем понимает, о чем говорит.

HELICOPTER MANAGER (*букв.: менеджер-вертолет*). Шеф, который «стоит над душой», пытаясь «воткнуть свой нос в каждую щель».

ENG | My boss has already stopped by my desk six times today to ask about this project. He's such a **helicopter manager**.

RUS | *Сегодня шеф шесть раз «тормозил» у моего стола, чтобы узнать об этом проекте. Такой уж он «вертолетчик» (*helicopter manager*).*

HELICOPTER SKILLS (*букв.: вертолетные способности*). Способность подняться над обстоятельствами и разглядеть горизонты. Увидеть полную картину — еще не все: важно суметь приблизиться к реальности, чтобы уяснить детали или определить участок местности, который нуждается в изменениях. (См. также: *30,000 feet above*.)

ENG | Mike made such a great manager because of his **helicopter skills**, which allowed him to see things from a much better perspective than the other managers.

RUS | Майк стал большим начальником благодаря широте кругозора (**helicopter skills**): он позволял ему видеть вещи под нужным углом, в отличие от других претендентов.

HUHA (см. *Head up his/her ass*).

JESUS CHRIST SYNDROME (*букв.: синдром Иисуса Христа*). Желание или необходимость найти самого лучшего кандидата на трудную работу. Это всегда создает проблемы в случае найма, перевода на должность или служебного продвижения, особенно когда нужна скорость, а время не ждет. Если вы ищете кандидата-мессию, то не найдете его никогда. (См. также: *Looking for Jesus.*)

ENG | Stoney was in a rush to find the perfect candidate for the critical sales position, but after searching for two months, he still hadn't found anyone. Our sales manager accused him of having the **Jesus Christ syndrome** and told him to fill the position within a week.

RUS | Стони очень спешил найти подходящего парня для продажи лежалых товаров; но даже после двухмесячных поисков не обнаружил достойных. Начальник отдела продаж заподозрил у него «синдром Иисуса Христа» (**Jesus Christ syndrome**) и потребовал заполнить вакансию за неделю.

JOHNNY LUNCHBOX (*букв.: Джонни Ланчбокс*). Так называют прижимистого работника, который не желает из своего кармана оплачивать расходы компании (например путешествия), поскольку не верит, что фирма все возместит. Возможно, впрочем, что у него просто нет средств, что бросает тень на его начальство.

ENG | Old **Johnny Lunchbox** over there in the HR department was sure a cynic. He didn't believe in expense reports, and wasn't willing to spend any money and then have to wait for reimbursement, so I had to pay for our clients' lunches every time we took them out.

RUS | «Старый куркуль Джонни» (**Johnny Lunchbox**) из отдела персонала был законченный циник. Он не верил отчетам о представительских расходах и не желал тратить ни копейки из своих денег, чтобы потом ждать компенсации. Когда мы приглашали клиентов на ужин, за него платил я.

JUMP OUT OF THE AIRPLANE (*букв.: выпрыгнуть из самолета*). Относится к тому, кто больше не участвует в общем деле, кто духовно или физически «ушел в самоволку». Иногда люди угрожают *выпрыгнуть из самолета*, чтобы напугать или шантажировать остальных.

ENG	Rick wasn't pulling his weight on the project, and we all realized that he had already **jumped out of the airplane**.
RUS	*Рик не стал ничего вкладывать в этот проект, и мы все поняли, что он уже «вышел из игры»* (**jumped out of the airplane**).

JUST CAME (IN) ON A POTATO TRUCK (*букв.: только что прибыл в грузовике с картошкой*). Дурак с мороза. Пренебрежительный намек на то, что кое-кто не слишком справляется с работой вследствие возраста и/или неопытности: он вырос в оленеводческом колхозе и не видел больших городов. Хотя, впрочем, люди с полей могут быть ничуть не хуже всех прочих. (См. также: *Just fell off the turnip truck.*)

ENG	At the end of the work day it's standard for everyone to shut down his/her computer, but the new employee didn't because he **just came in on the potato truck** and hadn't been yet notified of this procedure.
RUS	*В конце рабочего дня все, как обычно, выключили компьютеры, за исключением новичка, который «только что слез с пальмы»* (**just came in on the potato truck**) *и еще не познакомился с этим процессом.*

JUST FELL OFF THE TURNIP TRUCK (см. *Just came on/in a potato truck*).

KEVORK (*букв.: кеворк*). Убить идею или помочь в этом кому-либо. Выражение возникло в связи с деятельностью доктора Джека Кеворкяна, помогавшего пациентам «свести счеты с жизнью».

| ENG | It was clear that Nancy's plan was going nowhere, so James stepped in to **Kevork** it. |
| RUS | *Стало ясно, что план Нэнси никуда не годится, и Джеймс предложил «его усыпить, чтоб не мучился» (to **Kevork** it).* |

LACKEY (*букв.: лакей*). Так называется подхалим, готовый на все, чтобы ублажить босса. Ему обычно поручают черную работу.

| ENG | She needed the job so badly, she was willing to be her boss's **lackey** by getting his coffee and newspaper and taking care of all of his personal errands. |
| RUS | *Позарез нуждаясь в работе, она готова была стать «лакеем» (**lackey**) начальника: готовить ему кофе, носить газеты и составлять расписание.* |

LET THE DEAD BURY THEIR DEAD (*букв.: пусть мертвые хоронят своих мертвецов*). Обозначает стремление продвигаться вперед, а не цепляться за дно из-за тех, кто осмысляет потери. Конечно, лучше сосредоточиться на настоящем и будущем, чем слишком долго пережевывать прошлое; но надо и суметь вовремя обмозговать или оплакать свои поражения, чтобы извлечь уроки.

| ENG | I always say «**Let the dead bury their dead**», but we had to allow time for consoling our engineering associates on their design failures before we could move on to a brighter future with innovative cars. |
| RUS | *Я всегда говорю: «пусть мертвые хоронят своих мертвецов» (**Let the dead bury their dead**), но нам следовало выделить время на переговоры со всеми инженерными звеньями, прежде чем мы займемся новомодными моделями автомобилей.* |

LOOKING FOR JESUS (*букв.: поиски Иисуса Христа*). Поиски совершенства. (См. также: *Jesus Christ syndrome*.)

| ENG | Why haven't you found a better insurance agent for the employees yet? Are you still **looking for Jesus** while they're suffering with inferior health benefits? |

RUS | *Почему вы до сих пор не нашли лучшего страховщика для сотрудников? Все «ищете Иисуса Христа»* (**looking for Jesus**), *в то время как все сидят с низкими выплатами по больничным?*

LOSE VIRGINITY (*букв.: потерять девственность*). Объять перемены, попробовать новое, замочить ноги. Зачастую работники полны желания получить трудное задание или повысить квалификацию. Впрочем, многие люди лишь размышляют, стоит ли это делать. Однако, *потеряв девственность*, те и другие становятся «стреляными воробьями». А значит, более ценными: «за одного битого двух небитых дают». (См. также: *Losing your virginity*.)

ENG | It's good to **lose virginity** by taking that first training step toward the big leap into a new career.

RUS | *Хорошо «терять девственность»* (**lose virginity**), *зная, что делаешь первый шаг к доходному месту.*

MARCHING ORDERS (*букв.: приказы маршировать*). Указания подчиненному, отданные командным тоном. Задания могут быть столь же просты, как их формулировка; но скорее они окажутся чуть посложнее и повлекут разногласия или трудности. Не каждый, например, легко сможет «идти по головам», занимая место своего друга.

ENG | Cory was unhappy to get his new **marching orders**; he really liked his team and didn't want to be the one to fire three people.

RUS | *Гарри, к своему несчастью, получил новые «приказы маршировать»* (**marching orders**); *он и правда любил свою команду и не хотел увольнять трех коллег.*

MCJOB (*букв.: Мак-Работа*). Обозначение непрестижной и низкооплачиваемой работы, как правило, в сфере обслуживания.

ENG | Bob didn't bother finishing high school and didn't seem to have much motivation, so his parents feared he would never get anything beyond a **McJob**.

RUS | Боб не особенно стремился окончить высшую школу и не казался очень амбициозным, так что его родители переживали, найдет ли он что-нибудь кроме рытья канав *(McJob)*.

NAILS IN THE 2×4 (*букв.: гвозди в доске 2×4*). Так называются крайние меры, призванные заставить упрямых или несобранных подчиненных стать внимательнее и следовать указаниям. Если удар по голове доской не помогает, в сей инструмент следует забить гвозди острыми концами наружу.

ENG | We tried termination threats, cash incentives, even free champagne dinners and stern meetings. But none of those ploys convinced our workers to adopt good safety practices. Maybe **nails in the 2×4** could spur them to do it.

RUS | Мы испробовали все: угрозу увольнения, вычеты из зарплаты, бесплатные обеды с шампанским и суровые совещания. Но «ни кнут, ни пряник» не подвигли наших рабочих соблюдать технику безопасности. Осталось применить «дощечку 2 на 4 с гвоздями» (**nails in the 2×4**).

NIBBLED BY DUCKS (*букв.: защипан утками*). Неприятный, но не смертельный опыт вроде разноса на ковре у начальника. Кстати, щипание может быть повторяющимся.

ENG — The boss pestered me all month about Pete not hitting his sales goals, but the sales team delivered their goal despite his underperformance, and all those comments were just **nibbles by a duck**.

RUS — Шеф целый месяц «промывал мне мозги» насчет того, что Пит не выполняет план по продажам. Однако его отдел справился с заданием, и ругань начальства оказалась «щипками уток» (**nibbles by a duck**).

NONSTARTER (букв.: дохлый номер, дохлое дело). Начинание, которому не суждено воплотиться, вроде скаковой лошади, которая никогда не выходит из стойла. Обычно так происходит с плохой идеей или недоношенным планом. Впрочем, «дохлым» называют и человека, который не проявляет инициативу. (См. также выражения *Stillborn* и *It will never fly*.)

ENG — Selling beer at Billy Graham Crusades is a **nonstarter** if there ever was one.

RUS — Продажа пива под маркой Billy Graham Crusades — «дохлый номер» (**nonstarter**), если это вообще придет кому-нибудь в голову.

OLD CHINA HAND (букв.: старая китайская рука). Так называют того, кто работает в компании уже много лет. У таких старожилов есть чему поучиться. Они охотно и обстоятельно отвечают на все вопросы, так как неоднократно слышали их раньше.

ENG — Pete has been here for more than 50 years and knows everything about everything, which qualifies him to be an **old China hand**.

RUS — Пит работает здесь больше 50 лет и знает все обо всем, поэтому его называют гуру и аксакалом (**old China hand**).

ONE CARD SHY OF A FULL DECK (см. *Rode the short bus, Elevator doesn't go to top floor, Can't walk and chew gum* *at the same time, Brick shy of a load, Through the eyes — there aren't many bulbs there, The light is on but nobody's home, Can short of a six-pack, Not the sharpest knife in the drawer,* а также *Hamster died*).

ONE PERCENTER (*букв.: однопроцентщик*). Те, кто правит миром или, во всяком случае, намерен к этому приступить. Эти люди, составляющие одну сотую долю населения, амбициозны, любят соревноваться, готовы к переменам, способны и готовы отвечать за себя и других. Еще одним их уникальным качеством является отсутствие претензий на избранность; они желают заработать себе имя самостоятельно. Им важно добиться результата и славы, а не материального поощрения. Ничто так не раздражает меня, как работники, которые говорят, что могли бы делать больше за дополнительную плату, а затем оправдывают свою плохую работу моим отказом повысить им жалование. Возможно, я старомоден, но мне кажется, что лучших начальство должно отмечать еще до напоминаний с их стороны.

ENG | David said that Kevin was clearly one of the **one percenters**: He wasn't afraid to take risks, was decisive and had a good track record of delivering both ambitious goals and impressive results.

RUS | *Кевин — «настоящая соль земли»* (**one percenter**): *он не боится рисковать и решителен; он набрал хороший опыт в постановке трудных заданий и в последующем их выполнении.*

OUTLIER (*букв.: посторонний*). Человек, непохожий на других или выполняющий свою работу хуже некуда. Выражение означает, что кто-то выпал из команды всерьез и надолго.

ENG | Pete was definitely an **outlier** — his sales were always less than the average and he constantly complained. It was time for him to go.

RUS | *Пит определенно был «отщепенец»* (**outlier**) *— его продажи были ниже, чем у всех остальных, и он постоянно ныл. Не пора ли избавиться от него?*

PARACHUTE IN (букв.: *десантироваться*). Поступок, вовлекающий в дело дополнительные ресурсы и призванный спасти начинание. Оборот восходит к военным действиям с той же целью.

ENG | The CEO ordered that we **parachute in** out brightest process engineers to address the continuing quality issues in the Smithfield production plant.

RUS | *Исполнительный директор приказал «десантировать» (**parachute**) наших самых блестящих инженеров на завод Смита, чтобы решить проблемы с качеством.*

PINK SLIP PARTY (букв.: *вечеринка уведомлений об увольнении*). Неформальное собрание только что уволенных коллег.

ENG | The union was quick to tell us to ask for more wages, but they didn't attend the **pink slip party** when 50 percent of the employees were laid off.

RUS | *Профсоюз посоветовал нам требовать прибавки жалованья, но не присутствовал на «собрании выгнанных» (**pink slip party**), когда был уволен каждый второй.*

PLUG AND PLAY (букв.: *подсоединяй и играй*). Новоприобретенная компания, которая почти не нуждается в интеграции; она хорошо совместима с существующей фирмой, включая отдел кадров, операционные и компьютерные системы.

ENG | Todd was relieved to see that the recently acquired company was going to be a **plug and play** deal, with hardly any hassle and quick integration.

RUS | *Тоду пришлось осознать, что новоприобретенная компания оказалась «сделана под ключ» (**plug and play**), — она влилась в нашу структуру почти без канители и с высокой скоростью интеграции.*

PREMATURE ACCUMULATION (букв.: *поспешное накопление*). Компания, инвестор или руководитель, которые делают роковые приобретения: раньше времени, слишком быстро или в большем, чем надо, количестве. (См. также: *Acquisitive binge.*)

ENG | Our CEO would sometimes practically gorge himself on new investments, proving that he suffered from **premature accumulation**.

RUS | *Нашего исполнительного директора иной раз почти тошнило от новых вложений: это доказывало, что он пострадал от излишне поспешного накопления (**premature accumulation**).*

PROMOTE TO CUSTOMER (*букв.: продвинуть до уровня покупателя*). Ироничный эвфемизм увольнения. Не работая больше в компании, человек может стать ее клиентом.

ENG | Kacee was **promoted to a customer** last Thursday, when she got her pink slip.

RUS | *Допустившая ошибку Кейси была в прошлый четверг продвинута до уровня покупателя (**promoted to a customer**).*

PUBLIC HANGING (*букв.: публичное повешение*). Разнос или увещевание руководителя или другого сотрудника на публике; способ нагнать страху на остальных и дать всем понять, что, если положение не изменится, их ждет та же незавидная участь. Эта стратегия противоположна доверительной беседе тет-а-тет. *Выставление к позорному столбу* используется также, дабы внушить уверенность, что наказание совершилось или что найден «козел отпущения».

ENG | The president dismissed his Commerce Secretary in a **public hanging** when the steel tariffs backfired and China imposed huge penalties on our goods.

RUS | *В ответ на повышение США таможенных тарифов Китай увеличил пошлины на американские товары, и президент санкционировал «публичную казнь» (**public hanging**) министра торговли.*

PUCKER THEM (*букв.: морщить их*). В бизнесе так говорят о тех, чья работа не соответствует стандартам; насмешки и давление вынуждают *их сморщиться*.

ENG	Bill said he would see to that all the production managers were **puckered up** at the next meeting, since not one had hit their goals for the first quarter.
RUS	*Билл сказал, что не удивится, если на следующем совещании «разнесут»* (**pucker up**) *всех начальников отделов производства, поскольку никто из них не справился с планом первого квартала.*

RENT BEFORE WE BUY (*букв.: сначала арендуем, потом купим*). Если увольнение из фирмы почему-либо затруднено, она практикует установление бесконечных испытательных сроков. Прежде чем войти в штат, люди долгие месяцы (а то и годы) числятся консультантами. Начальство же выжидает, пока люди притрутся друг к другу, и стремится избежать выплаты процентов от прибыли и других трат, необходимых при увеличении штата.

REST OF THE TREES START TO FALL (*букв.: начали падать остальные деревья*). Сотрудники, которые могут «унести ноги» после того, как в компании случится что-то плохое. Например: их босса снимают, или он исчезает за границей. Теперь есть вероятность, что за ним последуют и подчиненные.

ENG	When Jeff left to go to IBM, we knew we had better get to work fast before the **rest of the trees started to fall** and his employees defected to IBM as well.
RUS	*Когда Джефф ушел работать в IBM, мы думали, что надо как следует постараться удержать ценные кадры, не дожидаясь, когда начнут «падать остальные деревья»* (**rest of the trees started to fall**) *и туда сбегут все его работники.*

RIDING TO ABILENE (*букв.: поездка верхом в Абилин*). В моем родном Техасе большинство людей знает, что поездка верхом в Абилин ужасна. Пейзаж плоский, как доска, заняться нечем и даже глазу не за что зацепиться. Так говорят подчиненные о приказе своего эксцентричного шефа, который хочет командировать их в не очень приятное место. Когда начальник советуется с группой, ему могут ответить: «*С вами хоть в Абилин*». Оборот означает двусмысленное уважение, иронично изображая слепую веру в мудрость руководства. Когда ехать совсем не хочется, выражают готовность ехать даже в кузове грузовика.

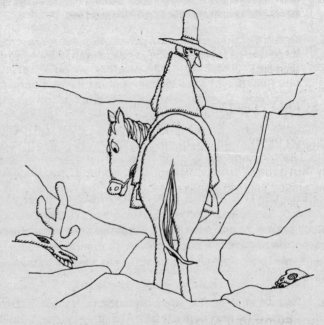

ENG | Ted said there was no way he was **riding to Abilene**, as the proposed initiative was destined to failure and he wanted no part of that accountability.

RUS | *По словам Теда, ему оставалось лишь «поехать в Абилин»* (**riding to Abilene**), *поскольку предложение явно вело в тупик и он не хотел брать на себя ответственность.*

RODE THE SHORT BUS (*букв.: ехал в коротком автобусе*). «У вас появилась идея или вы *ехали в коротком автобусе?*» Если начальник задал этот вопрос, берегитесь: он намекает на то, что вы «тормоз». Большие школьные автобусы возят нормальных детей, а вот короткие — тех немногих, которым нужно особое внимание. (См. также: *Can't* *walk and chew gum at the same time, Elevator doesn't go to top floor, Through the eyes — there aren't many bulbs there, Brick shy of a load, Hamster died, Can short of a six-pack* и *Sharpest knife in the drawer.*)

ENG	When Mike claimed that he forgot about the most important meeting of the year, the word was out that he **rode the short bus.**
RUS	*Когда Майк признался, что пропустил важнейшее совещание года, все поняли, что он учился в школе для умственно отсталых (**rode the short bus**).*

SCARLET LETTER (*букв.: алая буква*). Когда-то к одежде женщины, уличенной в прелюбодеянии, пришивали красную букву А. По сути, *алая буква* — это «волчий билет». Оборот пришел из одноименной новеллы Натаниэля Хоторна и стал символом позора. В бизнесе он описывает клеймо поражения, с которым человеку приходится жить.

ENG	Chad was the pace-setter this year, but he still wears a **scarlet letter** from his awful performance last year.
RUS	*В этом году Чад был на высоте, но он все еще носит полученное в прошлом году позорное клеймо (**scarlet letter**).*

SCREWDRIVER SHOP (*букв.: магазин отверток*). Обозначает «отверточную сборку», когда конечный продукт не столько производится, сколько собирается из готовых деталей.

ENG	All of our widgets get shipped to a **screwdriver shop**, where they're put together with other widgets and then boxed up.
RUS	*Все наши устройства поступают на отверточную сборку (**screwdriver shop**), где их соединяют с другими узлами, а потом заключают в корпус.*

SCUT PUPPY (*букв.: щенок*). Конторская крыса. Такой человек контролирует все: от инвентаря для уборки комнат до заказа авиабилетов. Хотя к этому можно относиться неодобрительно, такие люди оказываются незаменимы; поэтому они расширяют свои контакты внутри компании, чтобы продвинуться вверх по карьерной лестнице. (См. *Gopher/Go-far.*)

ENG | Andy didn't mind handling all the mundane details of running the office; he knew he wouldn't be a **scut puppy** forever, and he was making important acquaintances along the way.

RUS | *Энди умудрялся держать в голове все земные подробности управления производством; он знал, что не всегда будет завхозом (**scut puppy**), и попутно завязывал полезные знакомства.*

SCUTTLEBUTT (*букв.: слухи*). Слухи и разговоры, которые гуляют в конторе и могут включать подробности деловых и личных отношений. Если вы вправду этого хотите, держите уши востро. (См. *Grapevine.*)

ENG | The **scuttlebutt** around the office is that Mike's about to be let go.

RUS | *Сплетни (**scuttlebutt**) могут означать, что Майк собрался уйти.*

SHARPEST KNIFE IN THE DRAWER (*букв.: самый острый нож в ящике*). Самый острый — значит сообразительный. Если кто-то не таков, подразумевается, что он зануда — в отличие от других. (См. также: *Can't walk and chew gum at the same time, Rode the short bus, Elevator doesn't go to top floor, Through the eyes — there aren't many bulbs there, The light is on, But nobody is home, Hamster died, Can short of a six-pack* и *Brick shy of a load.*)

ENG | When she told us she couldn't see what was on the other side of the glass wall, we knew she wasn't the **sharpest knife in the drawer**.

RUS | *Когда она сказала, что не понимает очевидных вещей, мы решили, что девушка «академиев не кончала» (the **sharpest knife in the drawer**).*

SHRINK REPORT/TEST (*букв.: психотчет/психотест*). Существует в многочисленных версиях, разработанных психиатрами. Применяется при найме людей и, например, для оценки того, насколько члены команды способны ла-

Глава 5. Работники и операции

дить друг с другом. Это оценка личности или работоспособности и вообще любого набора качеств, включая соответствие человека должности, его сообразительность или честность. Потом *психотест* поступает наверх, сортируется, превращается в *психотчет*.

ENG The **shrink report** said that the COO was very risk adverse, while the CEO had a lower aversion to risk, so the two balanced each other.

RUS *В психотчете* (**shrink report**) *утверждалось, что фининспектор очень боится рисков, в то время как директор — наоборот. Они вполне уравновешивали друг друга.*

SLEEP CAMEL (*букв.: сонный верблюд*). Работник, обычно технический, который способен сутками вкалывать, чтобы потом сутками отсыпаться.

ENG Jamie put in almost 50 hours on that project in three days last week, then crashed and spent the next three days in bed. Her schedule always works out that way; she's definitely a **sleep camel**.

RUS *Джейми посвятила проекту почти 50 часов за три дня, но потом у нее «полетели предохранители», и остаток недели она провалялась в постели. Ее расписание всегда строится таким образом: она настоящий «сонный верблюд»* (**sleep camel**).

STARTER MARRIAGE (*букв.: пробная женитьба*). Так называется первая работа выпускника колледжа, только что вышедшего из его стен. Сталкиваясь с реальной действительностью, которую в школах не изучают, он вынужден скорректировать представления о себе и будущей деятельности. Что довольно похоже на первый брак, приносящий ценный опыт и меняющий ожидания.

ENG Robert enjoyed his job at XYZ Corp., but he knew it was just a **starter marriage**. His work there had taught him a great deal about business, and helped him plan out his future professional goals.

RUS *Роберту нравилась работа в фирме XYZ, хотя он и считал ее лишь «пробой пера»* (**starter marriage**). *Эта работа многое рассказала ему о бизнесе и помогла расставить приоритеты в будущей карьере.*

STARTERS AND RUNNERS (*букв.: стартеры и бегуны*). Два типа работников. *Стартеры* или «спринтеры» не боятся рисковать, не прорабатывают детали как следует, настроены на конкуренцию и всегда берутся за что-нибудь новое. Конечно, есть много их разновидностей, и многие из них так никогда и не понимают, куда и зачем бегут. Чаще всего они просто мечтатели, постоянно стремящиеся быстро заработать.

Что же до *бегунов* или «стайеров», то риск они ненавидят и не пренебрегают подробностями. Такие люди не боятся монотонной работы и готовы день за днем делать одно и то же (причем как следует). На меня самого работает множество неплохих бегунов. Многие из них вполне в состоянии открыть свое дело, но слишком осторожны, чтобы рискнуть деньгами. Из-за своей нелюбви рисковать они предпочитают отчитываться каждую неделю. Слишком мало людей могут браться за то и другое, причем во всем успевать. Говорили, что я могу все совмещать; но, увы, мое призвание — открывать дело или помогать в этом другим.

ENG | Julie was a **runner**, she was the most dependable manager we had ever had, and she was very thorough. We were glad she was so conservative, as we knew she would never leave to start her own business.

RUS | *Джулия – настоящий «стайер» (**runner**): самый надежный начальник из всех, что мы наблюдали, она педантична до занудства. Нас радовал этот консерватизм, так как он вселял уверенность, что она никогда не откроет свое дело.*

STICKY BOTTOM (*букв.: липкое дно*). Должность самого нижнего уровня с низкой вероятностью продвижения наверх по служебной лестнице.

STRATEGIC FIRING (*букв.: стратегическое увольнение*). Увольнение работников незадолго до того, как они смогут стать акционерами или претендовать на любую другую форму материального поощрения.

ENG | It was obvious that Aaron's dismissal was a **strategic firing** to prevent him from getting his upcoming bonus. «It's like being dumped the day before Valentine's Day», he complained.

| RUS | *Стало очевидно, что прощание с Ароном — это стратегическое увольнение (**strategic firing**) с целью оставить его без премиальных. «Это как если бы любимая девушка бросила тебя накануне дня Святого Валентина», — пожаловался он.*

STRESS PUPPY (букв.: стресс-щенок). Чересчур нетерпеливый, амбициозный, энергичный работник. Такой особенно хорош в качестве агента, но может пригодиться и на другом поприще.

| ENG | Our **stress puppy** JC was a bundle of energy, and could really produce the results when he stayed focused on the goal.
| RUS | *Наш «стресс-щенок» (**stress puppy**) был сгустком энергии и мог добиваться любых целей, если шёл напролом, стиснув зубы.*

THE LIGHT IS ON, BUT NOBODY IS HOME (букв.: свет горит, но дома никого нет). (См. также: *Can't walk and chew gum at the same time, Rode the short bus, Elevator doesn't go to top floor, Hamster died, Brick shy of a load* и *Sharpest knife in the drawer.*)

THROUGH THE EYES — THERE AREN'T MANY BULBS THERE (букв.: *если смотреть в глаза, тут не так уж много лампочек*). Есть ли свет наверху этой лестницы? Есть ли в этих глазах проблеск мысли? Так пренебрежительно говорят о том, кто явно не справляется с поставленными заданиями. Я не однажды слышал это выражение после встречи кадровика с разочаровавшим его потенциальным работником. (См. также: *Can't walk and chew gum at the same time, Rode the short bus, Elevator doesn't go to top floor, Brick shy of a load, Hamster died, Can short of a six-pack* и *Sharpest knife in the drawer.*)

| ENG | When I asked him how he could lose the contract, he just stood there without saying a word. I could see **through his eyes — there weren't many bulbs there**.
| RUS | *Когда я спросил его, куда делся контракт, он застыл истуканом. Я понял, что не всех «война стороной обошла» (**through his eyes — there weren't many bulbs there**).*

TOURIST (*букв.: турист*). Работник, согласившийся на командировку в другой город в надежде хорошо отдохнуть. Хотя он выполняет задание, поездка все равно обратится в славное развлечение.

ENG | John was clearly just a **tourist** when he volunteered to attend that conference in New Orleans.

RUS | *Джон просто хотел немного побыть туристом (**tourist**), согласившись на эту командировку в Новый Орлеан.*

TOXIC WORRIER (*букв.: токсический паникер*). Так пренебрежительно описывают паникера, который вечно делает «из мухи слона» и превращает даже знакомое простое задание в некий набор торжественных ритуалов. (См. *Energy drainer.*)

ENG | We've got to cut down on some of the drama in the office! For starters, let's stop listening to Jay; he's nothing more than a **toxic worrier**, and he's always making mountains out of molehills.

RUS | *Пора положить конец мелодрамам в конторе! Новичкам объясните, чтоб они не слушали Джейн: она не больше чем патологический паникер (**toxic worrier**) и вечно устраивает «бурю в стакане воды».*

UNION DELEGATE (*букв.: делегат союза*). Используется там, где нет профсоюзов, для описания работника, который вечно вносит сумятицу, враждебно настроен или просто не справляется с планом. (См. также выражения *Shitdisturber* и *Stirring the pot.*)

VILLAGE IS EMPTY (*букв.: деревня пуста*). Тяжело «в деревне без нагана» — особенно если «сельсовет закрыт и все ушли на фронт». Порой в компании возникает нехватка компетентных специалистов. В этом случае трудно выработать план и ждать его воплощения. Оборот также относится к человеку, чья голова «пуста и не обезображена печатью раздумий».

ENG | Mike liked the plan, but since that department had lost all its talent, he reported that the **village was empty**.

| RUS | Майк одобрил наш план, но, поскольку отдел «растерял все мозги», он доложил, что все «вымерли» (**village was empty**).

WALK ON WATER (*букв.: гулять по воде*). Относится к человеку с раздутым самомнением, уверенному в своем совершенстве.

| ENG | If Jackson is half as good as he thinks he is, how come we haven't seem him **walking on water**?
| RUS | *Если Джексон хотя бы наполовину тот, за кого он себя выдает, почему мы до сих пор не видели, как он «ходит по воде аки посуху»* (**walking on water**)?

WAVE A DEAD CHICKEN (*букв.: размахивать дохлой курицей*). «Как мертвому припарки». Попытка вдохнуть жизнь в то, что давно не работает.

| ENG | Matt knew everyone else was ready to kill off his plan, but he decided he'd try **waving the dead chicken** one last time, and pitched it from a different angle.
| RUS | *Мэт понимал, что мы готовы поставить на его плане крест, но решил еще раз попробовать создать видимость прогресса* (**waving the dead chicken**) *и предложил рассмотреть идею под другим углом — «те же яйца, только в профиль».*

WHISTLING PAST THE GRAVEYARD (*букв.: насвистывая на кладбище*). Попытка поднять себе настроение перед лицом страха и несчастий. Когда дела обстоят очень паршиво, вам ничего другого не остается.

| ENG | Sales are way down, but we're **whistling past the graveyard**.
| RUS | *Продажи падают все ниже, но мы устроили «пир во время чумы»* (**whistling past the graveyard**).

ZERO DRAG EMPLOYEE (*букв.: работник без обузы*). Сотрудник, не имеющий обременений в виде семьи, детей или животных, почти что бездомный. Такого можно уговорить выходить на работу ранним утром или, наоборот, заканчивать ее поздним вечером.

ENG | Let's get Lori to do it — she's a **zero drag employee**, so she never complains about getting extra responsibility.

RUS | *Поручите это Лори — она «без гирь на ногах» (**zero drag employee**) и никогда не жалуется на дополнительную ответственность.*

ZOMBIES (*букв.: зомби*). Фирмы или сотрудники, продолжающие работать, словно *ходячие мертвецы*, даже в ситуации, когда они несостоятельны или неэффективны.

ENG | I don't know why we are all walking around here like **zombies** since it's common knowledge that the company's going out of business.

RUS | *Я не понимаю, почему мы ходим вокруг да около, как зомби (**zombies**), когда всем ясно, что фирма выходит из бизнеса.*

Глава 6

БИЗНЕС-ПЛАНИРОВАНИЕ, ПРИОБРЕТЕНИЯ И ЛИШЕНИЯ

800-POUND GORILLA (*букв.: 300-килограммовая горилла*). Самый важный участник сделки. Важно поддерживать его в хорошем настроении. Оборот также описывает главного в группе и самого серьезного конкурента в данном сегменте: например компанию *Coke* в области прохладительных напитков.

ENG	Ted is the **800-pound gorilla** in our firm. Nothing happens without his blessing.
RUS	*Тэд — «матерый человечище» (**800-pound gorilla**). Ничто не происходит без его благословения.*

A CAMEL IS A HORSE DESIGNED BY A COMMITTEE (*букв.: верблюд — это лошадь, которую придумал комитет*). Хорошие идеи обычно рождаются у одиночек. Я не хочу принизить роль комитетов, которые оценивают и улучшают удачные мысли. Но у них есть манера придираться к мелочам и в поисках компромисса доводить идею до абсурда. Впрочем, комитеты могут приносить пользу, если их направляют в нужную сторону.

ENG	When the new design was finally presented, it looked like a race horse that had been **redesigned into a camel by a committee**.

RUS | *Когда новый дизайн окончательно согласовали, он отличался от оригинала, как скаковая лошадь от верблюда. Вот что сделал с ним коллективный разум (***redesigned into a camel by a committee***).*

ALTITUDE SICKNESS (*букв.: высотная болезнь*). Будучи погружен в дело с головой, человек становится одурманенным и неадекватно оценивает сам себя, равно как и шансы на успех предприятия. Это мешает ему принимать правильные решения. Способности мыслить, как известно, снижаются из-за низкого содержания кислорода и большой высоты. (См. также выражения *Breathing our own exhaust* и *Ozone thinking*.)

ENG | I think we had **altitude sickness** when we did that acquisition; our brains couldn't have been functioning correctly.

RUS | *Мне кажется, у нас была «звездная болезнь» (***altitude sickness***), когда мы делали это приобретение; «наши мозги были повернуты не в ту сторону».*

ANALYSIS-PARALYSIS (*букв.: анализ-паралич*). Разговоры, не подкрепленные делом: стиль бесконечных совещаний, во время которых любой управленец доводится аналитическими отчетами до состояния, когда он ничего не соображает. В результате получить оперативную информацию оказывается вообще невозможно.

ENG | **Analysis-paralysis** set in during the 10th round of discussions when our investment bankers unloaded another huge cart of reports on our table. It was obvious that we weren't going to make a decision anytime soon.

RUS | *На десятом витке переговоров мы попали в «аналитический паралич» (***analysis-paralysis***), так как наши специалисты по инвестици-*

Глава 6. Бизнес-планирование, приобретения и лишения   233

ям выгрузили на стол очередную пухлую кипу отчетов. Стало ясно, что решение будет принято очень не скоро.

BAG OF SNAKES (*букв.: мешок змей*). Приобретение или другой проект, полный неприятных сюрпризов. Всегда плохо, если дела идут не очень гладко, но выражение обозначает нечто особенно гадкое.

ENG | Ted was disappointed with the sales of the newly acquired company, but he was appalled to discover that there were more than 50 customers threatening to sue over injuries caused by defective products. His investment had turned into a big **bag of snakes**.

RUS | *Тэда и так разочаровали продажи новоприобретенной компании; но вконец его добило известие, что более 50 покупателей требуют возместить им ущерб от некачественных продуктов. «Не было печали — черти накачали»* (**bag of snakes**)*!*

BAKE-OFF (*букв.: выпекание*). Решающий тур при выборе победителя из равно квалифицированных конкурентов. Оборот может относиться к обстановке, накалившейся в тяжелой ситуации, когда *выпечка* дела определяет выжившего. (См. также: *Beauty contest, Boil out* и *Last man standing*.)

ENG | After reviewing the three resumes, we decided that a **bake-off** was in order, as all of the candidates appeared capable of filling the one job we had open.

RUS | *Посмотрев все три резюме, мы решили перейти к «выпечке»* (**bake-off**)*, так как каждый из трех кандидатов вполне подходил на должность.*

BEACHFRONT PROPERTY (*букв.: пляжная собственность*). В сфере приобретений и лишений так называют главные активы, с которыми продавец не хочет расставаться ни при каких обстоятельствах.

ENG | We're willing to sell you almost anything but our scrap yards; those are **beachfront property**.

RUS | *Мы хотим вам продать все, кроме складов утильсырья: это наша «пляжная собственность»* (**beachfront property**)*.*

BEAUTY CONTEST (*букв.: конкурс красоты*). Оборот относится к выбору победителя, которым может стать новый продавец, работник, продукт или услуга. От кандидатов ожидают, что они с самого начала покажут себя в лучшем виде, но из них все равно выберут одного. (См. также: *Bake-off, Boil out* и *Last man standing*.)

ENG | After reviewing all the terms of the vending deal proposals from every prospect, Brian said: «Clearly, Chatham won the **beauty contest**».

RUS | *После пересмотра всех положений заявки на участие в тендере Брайан сказал: "Ясно, что "конкурс красоты"* (**beauty contest**) *выиграл Чатхем».*

BRIGHTSIZING (*букв.: оставь лучше за бортом*). Бездарное, бессмысленное сокращение штатов, в результате которого компания избавляется от лучших работников. Скотт Адамс, создатель серии карикатур «Дилберт», повествующих об офисной жизни, тоже употреблял этот оборот, хотя и считал, что сокращение может сделать работу фирмы более эффективной. Сокращение штатов означает уменьшение потерь времени на идиотские ритуалы вроде письменных подтверждений, совещаний и реогранизаций. Адамс черпает материал для «Дилберта» в том, как менеджеры неправильно подходят к сокращению штатов, а не только в том, как жестоко подчас новости о сокращении преподносятся работникам.

ENG | Nynex has been **brightsizing**, shedding thousands of its brightest employees since 1990. «That is because union rules protect senior workers, but our younger employees were the ones who had taken more time to educate themselves», says a remaining technician. «We have actually gotten rid of our best people».

RUS | *Фирма Nynex сама себя «без ножа зарезала»* (**brightsizing**)*, сократив после 1990 года тысячи лучших работников. Это произошло потому, что профсоюзные правила защищают старых опытных рабочих, чего не скажешь о тех, кому предстояло еще подучиться. «Мы выгнали лучших людей», — жаловался главный инженер.*

BURNING THE SHIPS ON THE BEACH (*букв.: сжигание кораблей на берегу*). Однажды приняв решение или начав двигаться вперед, мы не можем «отмотать обратно». Древние римляне, высадив десант, сжигали свои корабли, дабы отрезать себе путь к отступлению; после этого им оставалось либо погибнуть, либо отбить транспорт у противника.

ENG | Because the deal had no escape clause, Sam knew that our **ships would be burned on the beach** after we closed the transaction.

RUS | *Поскольку отходных путей не было, Сэм решил «сжечь за собой все мосты»* (**ships would be burned on the beach**) *после закрытия сделки.*

BURPING THE ELEPHANT (букв.: *дать слону отрыгнуть*). Это происходит, когда большая компания создает мелкое подразделение, которое с ее точки зрения — лилипут. Другими словами, моська, которую вряд ли можно сравнить со слоном.

ENG | When SuperCorp, with over 70,000 employees, divested MiniCo, with only 135 employees, they were really just **burping the elephant**.

RUS | *Когда гигант SuperCorp со своими 70 тысячами работников открыл MiniCo из 135 человек, это выглядело, как будто «гора родила мышь»* (**burping the elephant**).

BUSINESS ECOSYSTEM (букв.: экосистема бизнеса). Ситуация, когда компании на одном рынке действуют и как партнеры, и как конкуренты, представляя новинки, поддерживая новые продукты и обслуживая клиентов. В таком стиле сегодня работает большая тройка — *General Motors*, *Ford* и *Chrysler*.

ENG | It was almost too good to be true: A balanced **business ecosystem** in which Microsoft and its competitors were battling for customers, but also working together to ensure compatibility and security for their competing innovations.

RUS | *Это казалось слишком хорошим, чтобы быть правдой: сбалансированная «экосистема бизнеса»* (balanced **business ecosystem**), *в которой Майкрософт и ее конкуренты сражались за покупателей, одновременно работая рука об руку над безопасностью и совместимостью своих инноваций.*

CAESAR TOURING GAUL (букв.: Цезарь в турне по Галлии). Иной раз высшие руководители поглощающей фирмы организуют свои визиты, заставляя «простых смертных выстроиться в ряд, чтобы увидеть завоевателя». Это нельзя назвать профессиональным общением. Скорее так поступают, чтобы завоеватель уверился в своем всемогуществе. Цезарь делал так во Франции (тогда Галлии), дабы показать, что он победитель, которому нельзя возражать.

ENG | We thought it was a merger, but it soon became obvious that we were being acquired when their executives showed up like **Caesar touring Gaul**.

RUS | *Мы думали, что это просто слияние, но вскоре стало очевидно, что нас поглощают: визит их руководителей заставил нас «красить траву к их приезду»* (like **Caesar touring Gaul**).

CAR IN THE DITCH (*букв.: машина в канаве*). План, который пошел наперекос; он сам или его воплощение *развалились на ходу и опрокинулись в кювет*. Теперь надо решить, как вытащить машину обратно. В дотехнологическую эру роль машины играл топор; теперь сюда можно поставить и бизнес-план. Так или иначе, когда что-то *ныряет в канаву*, вытащить его будет непросто. (См. также: *Ox in the ditch, Spinning our wheels* и, как противоположность, *Hands on the wheel.*)

ENG | Our plan was in the final stage when we realized we didn't have enough manpower to process all of the raw material we bought, so we came to a screeching halt, putting the **car in the ditch** until we formulated a «Plan B».

RUS | *Наш план был в последней стадии разработки, когда мы поняли, что у нас нет кадров, чтобы включить в процесс все материалы, что мы купили. Поэтому нам пришлось «оставить машину в кювете»* (**car in the ditch**), *пока не возник запасной вариант.*

CHAMPAGNE PHASE (*букв.: фаза шампанского*). Эйфория на ранних стадиях идеи, планируемой сделки или приобретения, рабочих или финансовых отношений. На этом этапе все сдвигают бокалы, чокаясь, и говорят о грядущих великих свершениях. Последующие события обычно не столь приятны. Я применяю этот оборот и к банковским отношениям, и к первой встрече с ипотечным брокером при покупке недвижимости. Он или кредитор строят грандиозные планы, предлагая страховку до того, как узнают побольше о клиенте или о самом проекте. (См. также: *Honeymoon.*)

ENG | After introductions all around, the banker said he was certain he could make the loan. We entered the **champagne phase**, even though I knew he hadn't even considered the underwriting.

RUS | *После всех полагающихся вступлений банкир сказал, что скорее всего даст заем. У нас началась первичная эйфория* (**champagne phase**), *хотя я знал, что он даже не гарантирует поддержку.*

CHECKMATE (*букв.: шах и мат*). Этот термин из области шахмат прилагают в бизнесе к стратегическому моменту, когда компания или руководитель добиваются превосходства или другого решающего преимущества над конкурентом. Такая маркетинговая стратегия обычно кладет конец соревнованию.

ENG | The CEO knew it was **checkmate** when he was served with the trademark-infringement lawsuit and injunction, effectively stopping all sales of the new line of kitchen appliances.

RUS | *Исполнительный директор считал, что «поставил шах и мат» (* **checkmate** *), когда удачно остановился на новой линии кухонной утвари.*

CHEWING GUM AND WIRE (*букв.: проволока и жевательная резинка*). Описывает хрупкость плана, который плохо продуман и не основан на проверенных принципах с низкими рисками. Другими словами, он «держится на соплях» и «шит белыми нитками». Вообще-то план должен быть прочным и «стоять на твердой почве» так, чтобы риск свелся к минимуму.

ENG | Everyone knew the hurry-up marketing plan was inadequately researched and fraught with risks. «It's held together with **chewing gum and wire**», Jeff said.

RUS | *Все знали, что поспешный маркетинговый план был неадекватно исследован и чреват рисками. Все было «сделано на коленке» и «держалось на честном слове» (* **chewing gum and wire** *).*

CIRCLING THE DRAIN (*букв.: водоворот в сточной трубе*). Так описывают бизнес, стоящий на грани краха. Водоворот в трубе раскручивается тем сильнее, чем больше в нее уходит.

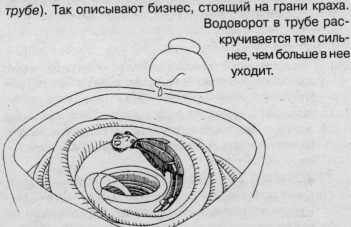

Глава 6. Бизнес-планирование, приобретения и лишения

ENG | We're trying to make some changes, but there's really very little hope. We're already **circling the drain**.

RUS | *Мы пытаемся изменить что-нибудь, но надежда очень мала. Нас уже «засосало в воронку» (**circling the drain**).*

COURSE CORRECTION (*букв.: коррекция курса*). Смена направления в бизнес-плане, призванная нацелиться на другую аудиторию или вернуть его «в нужную колею». Лучшие фирмы делают это регулярно и быстро.

ENG | When we realized that our margins were shrinking due to salesperson abuse of cutthroat pricing options, it was time for a **course correction** to immediately begin enforcing the sales policies.

RUS | *Когда мы поняли, что наши прибыли падают из-за огромных скидок, предоставляемых торговыми агентами, настало время «разворота» (**course correction**) к немедленному усилению политики продаж.*

CROP FAILURE (*букв.: неурожай*). Предприятие, подразделение или проект, потерпевшие неудачу. Это похоже на зерно, которое не взошло, а также было уничтожено вредителем или непогодой.

ENG | There was clearly a **crop failure** in the box division as evidenced by their dismal sales and huge losses.

RUS | *Стало ясно, что отдел упаковки переживает «неурожай» (**crop failure**): об этом говорят и уменьшение продаж, и большие потери.*

CUTTING BONE AND MUSCLE (*букв.: срезая кости и мясо*). Исключение из штата большего числа работников, чем реально необходимо. В идеале при увольнениях должен «отсекаться только лишний жир». Иногда, если требуются надрезы поглубже, некоторые ставки также сокращаются, хотя от них зависит благополучие фирмы. Трудно сказать, где «кончается жир и начинаются кости и мясо». (См. *Surgery with a butter knife.*)

ENG | When we had cut jobs too deeply in our turnaround effort, we decided to quickly rehire our veterans as justified by the company's revival, but after **cutting bone and muscle**, we quickly lost good employees to our competitors.

RUS | Когда мы переборщили с увольнениями, обновляя штат, решено было вернуть в строй наших ветеранов — мол компания возрождается. Только вот «с водой мы вылили и ребенка» (**cutting bone and muscle**) — сотрудников уже переманили конкуренты.

DANCING ON THE HEAD OF A PIN (букв.: танцуя на булавочной головке). Манера жестко вести переговоры, проталкивая пункты обсуждения в стиле, неприятном всем участвующим сторонам. Такой подход широко используют венчурные капиталисты, но его можно наблюдать и в общении любых больших «шишек» или людей с гипертрофированным самомнением. Вам нравится зрелище соперников, которые толкаются в поисках выхода и все же пытаются остаться *на булавочной головке*? Это напоминает гадание, кто первый упадет с бревна в лужу во время петушиных боев.

ENG | The underwriter and the CEO were **dancing on the head of a pin** during the transaction because there simply wasn't enough money to give everyone what they wanted.

RUS | *Исполнительный директор и его партнер «танцевали на булавочной головке»* (**dancing on the head of a pin**) *в течение всей сделки, поскольку у них попросту не было столько денег, чтобы выплатить каждому все необходимое.*

DEAL FATIGUE (букв.: деловая усталость). Состояние, обычное для долгих переговоров, где директора начинают чувствовать, что им неважно, чем все закончится. Они морально и физически опустошены, не в последнюю очередь — патовой ситуацией в переговорах. (См. также: *Deals that fund (close) quickly, fund (close), those that don't, don't.*)

ENG | After a year of negotiations and many unresolved issues concerning the merger of our two companies, **deal fatigue** had invaded both camps.

RUS | *После года переговоров и множества нерешенных вопросов, касающихся слияния двух компаний, оба лагеря «поразила деловая усталость»* (**deal fatigue**).

DEFENESTRATE (*букв.: дефенестрация*). Слово, восходящее к XVII веку и изначально означавшее «казнь посредством выбрасывания из окна», снова вошло в обиход и теперь означает закрытие или сворачивание операции, предприятия, деятельности или продукта.

ENG | Let's **defenestrate** this old marketing strategy and adopt a new one.

RUS | *Давайте «выкинем за борт»* (**defenestrate**) *эту старую маркетинговую стратегию.*

DIRECTIONALLY CORRECT (*букв.: корректно направлено*). Запущенные в правильном направлении предприятие, начинание или план. При увеличении отчетного показателя (например продаж) растет и уверенность, что программа движется куда надо. Иногда это всего лишь внутренний голос, подсказывающий, что цель будет достигнута. Если новые программы прорыва приняты, но выпуск падает в первую же неделю, расчеты, конечно же, направлены некорректно. Поиск правильных с этой точки зрения путей — хорошая гарантия успеха или проблемы. (См. также: *You don't know what is right, but you know what is wrong.*)

ENG | The sales department had missed several milestones and it was obvious that the trend was not **directionally correct**.

RUS | *Отдел продаж упустил несколько важных контрактов, и стало ясно, что процесс пошел не туда (not **directionally correct**).*

DOG (*букв.: собака*). Недвижимость, которая всегда приносит убытки и скоро будет выставлена на торг. Также применяется при описании компании, плохо справляющейся с делами.

ENG | The CEO made it clear that if the Bloomington plant couldn't solve their labor unrest, that **dog** would be placed on the market for sale.

RUS | *Директор дал нам понять, что если завод в Бирлингтоне не сможет разрешить свои трудовые споры, этот «неликвид» (**dog**) выставят на торги.*

DON'T FORGET WHAT STAGE OF THE PROCESS YOU'RE IN (*букв.: не забывайте, на какой стадии процесса вы сейчас находитесь*). Будьте осторожны в высказываниях и поступках во время переговоров, приобретения, продажи и других этапов нового предприятия. Каждый из них может потребовать разного подхода. Если вы сейчас слишком сдадите (или не отстоите) позиции, вы можете убить все дело, а то и окажетесь, как говорят в Америке, на переговорах с самим собой. (См.также: *Negotiating with yourself*, а также: *Ozone thinking, Your baby is ugly* и *Negotiating with ourselves.*)

ENG | We paid too much for the bargain acquisition because we **forgot what stage of the process we were in**. We talked ourselves into believing that our recently submitted offer wasn't good enough, so we proposed a sweetener before we even heard back from them on the original offer.

RUS *Мы слишком много заплатили за приобретение, поскольку забыли, на какой стадии процесса находимся* (**forgot what stage of the process we were in**). *Мы почему-то решили, что наше предыдущее предложение не «прокатило», поэтому сформулировали более интересное, еще не получив ответ на оригинал.*

DRAIN THE SWAMP (*букв.: осушить болото*). Оборот часто используется в сфере слияний и приобретений. Им обозначают решение всех проблем и прояснение бухгалтерских вопросов после поглощения бедствующей компании. Болото — штука мерзкая и противная, и сушить его не очень-то интересно. Но в бизнесе это часто открывает доступ к истории махинаций (см. *Cooked books* и *Cookie jar accounting*), после чего все цифры встают на свои места. Более того, *просушка* позволяет посмотреть, что внутри: мошенничество, потери или еще какой-нибудь «скелет в шкафу».

ENG We paid top dollar for our biggest competitor, only to discover we had to **drain the swamp** to locate the cost overruns at the source and revive profits.

RUS *Мы заплатили больше, чем главные конкуренты, только чтобы понять: после покупки нам предстоит «чистить авгиевы конюшни»* (**drain the swamp**).

ELEVATOR PITCH (*букв.: лифтовый бросок*). Быстрая презентация, захватывающая внимание аудитории и доносящая основные положения проекта за время подъема в лифте. Это полезный инструмент, поскольку многим инвесторам нужен лишь «щелчок по носу», дабы решить, стоит ли двигаться дальше. Кроме них есть еще массы зевак, которым нужен лишь беглый обзор.

ENG | Bob knew that he only had a few minutes until the meeting ended, so instead of his planned presentation, he gave an **elevator pitch**.

RUS | *Боб понял, что до конца совещания осталось несколько минут, поэтому вместо отработанной презентации он начал «лобовую атаку»* (**elevator pitch**).

FINGERNAILS ON A BLACKBOARD (*букв.: ногтями по классной доске*). Нечто сильно раздражающее или досадное. (См. также: *Makes my teeth itch.*)

ENG | The way that Mike kept disrupting the meeting by tapping his pen constantly on his notebook became like **fingernails on a blackboard** to everyone else in the room.

RUS | *То, каким образом Майк вмешался в совещание, стуча ручкой по ноутбуку, стало для всех присутствующих «скрежетом гвоздя по стеклу»* (**fingernails on a blackboard**).

FOREPLAY (*букв.: прелюдия*). Относится к играм, в которые мы играем друг с другом, делая круги и постепенно приоткрывая подлинные намерения. (См. *Leg sniff.*)

ENG | As with sexual partners, some business dealings and relationships require more **foreplay** than others. When we talk with our candy vendor, Jogo James, we always have to sample the latest sugary products and listen to her rant about Wal-Mart's rock-bottom pricing demands.

RUS | *Как и в любовной игре, в некоторых деловых отношениях очень важна прелюдия* (**foreplay**). *Разговоры с нашей продавщицей сладостей Джуди Джеймс всегда нужно предварять демонстрацией новейших кондитерских штучек и выслушивать ее жалобы на ценовую политику сети* Wal-Mart.

GET PREGNANT (*букв.: забеременеть*). Стать настолько связанным с данной сделкой или вложиться в процесс, что переговоры просто не могут не завершиться успешно.

Глава 6. Бизнес-планирование, приобретения и лишения 245

Это как в случае с беременностью и сожалениями, что с этим можно было повременить. Теперь принимать решение поздно. В успешных сделках все участники вовлекаются в дело, сами того не заметив, что уже не могут «повернуть лыжи вспять», как бы им ни хотелось.

ENG | Even though there were many suitors in the beginning of merger negotiations, the proposal's original corporate sweethearts both **got pregnant**, and had to continue working to give birth to the transaction.

RUS | *Хотя в начале переговоров о слиянии выступило множество наших поклонников, те две фирмы, на которые мы изначально делали ставку, «забеременели» (**got pregnant**) этой идеей и желали, чтобы сделка принесла плод.*

GREEN WEENIE (*букв.: зеленая крошка*). Впервые услышав это выражение (с него все и началось), я понял, что есть другой язык, используемый в деловом мире: язык с таинственными словами и эвфемизмами, иногда насмешливыми, а то и прямо-таки жуткими, иной раз просто сумасшедшими. Некоторые из них имеют скрытые значения, вплоть до откровенно вызывающих. Вообразите, как должна выглядеть сарделька, забытая в отключенном холодильнике на целых полгода. Это наверняка грозит отравить все остальные продукты.

В бизнесе так называют неприятный сюрприз, обнаруженный задним числом и неотъемлемо сопутствующий сделке или проекту. Например, если под конец переговоров с поставщиком вы обнаруживаете, что предполагаемый производитель обанкротился еще год назад.

ENG	Chip learned three days before closing a merger that a huge delayed order of dealer returns was expected to arrive at the merger partner's warehouse two weeks after consummating the merger, resulting in a post-closing write-off. That **green weenie** could kill the deal.
RUS	*За три дня до оформления слияния Чип случайно узнал, что большой пакет со списком его отклоненных предложений должен через две недели прийти партнерам по почте. Эта «тухлая мышь» (* **green weenie** *) грозила убить всю блестящую партию.*

GROUNDHOG (*букв.: сурок*). Руководитель, который, как страус, любит «прятать голову в песке», увиливая от ответственности.

ENG	Jeremy came out of his office when he heard complaints about the new incentive program, but after listening to his workers voice their discontent, he quickly became a **groundhog** and retreated back to his desk.
RUS	*Иеремия вышел было из конторы, встревоженный критикой новых программ, но, выслушав жалобы работников, вернулся за стол и «воткнул голову в песок» (became a* **groundhog***).*

HAIR ON IT (*букв.: волосы на этом*). Обозначает плохое и вообще нежеланное состояние, причем становящееся все хуже. Волосы или определенные части тела еще вполне жизнеспособны, зато большинство других органов гниет заживо. Хуже «зеленой крошки» может быть только она же, *поросшая волосами*. Плохо, когда эти *волосы* растут на цифрах, бюджете или истории операций.

ENG	Brent knew when he saw the reports on Plant No. 7's production levels, which were 30 percent off, that his problem had a lot of **hair on it**.
RUS	*Увидев отчет Седьмого завода о падении выпуска на 30%, Брент понял: «дело пахнет керосином» (a lot of* **hair on it***).*

HONEY BUCKET (*букв.: ведро меда*). Выражение навеяно историей Винни-Пуха, который едва не всю жизнь посвятил попыткам залезть в дупло или в бочонок с медом. В бизнесе так называют все желанное или ценное, включая новые группы потребителей, а также новые возможности.

| ENG | When it opens its markets, China will be the mother of all **honey buckets** to American companies. |
| RUS | *Открыв свои рынки, Китай станет самым «лакомым кусочком» (mother of all* **honey buckets***) для компаний Америки.* |

HORSE RACE (*букв.: скачки*). Пытаясь продать то, что нужно лишь одному из покупателей, вы всегда хотите большего. Наличие конкурентов, как и в области гонок, заставляет «перебирать лапками».

| ENG | When both Verizon and Quest sought to buy MCI, the **horse race** drove MCI share prices beyond anyone's expectations. |
| RUS | *Когда продавать MCI стали фирмы Verizon и Quest, гонка (* **horse race***) подвигла MCI изменить цены сильнее, чем можно было ожидать.* |

HOW DOES THAT PLAY IN PEORIA? (*Букв.: как это играет в Пеории?*) Комический способ спросить, что скажет об этом средний потребитель. Компании, использующие фокус-группы, часто задаются этим вопросом. Город Пеория в штате Иллинойс стал для демографов райским местом, поскольку отражает большинство процессов по всей стране. Многие компании именно там обкатывали новые разработки.

| ENG | Anne had an idea for a new widget, but I'm not sure **how well it will play in Peoria**. |
| RUS | *У Анны была идея нового устройства, но я не знаю, как отнесется к нему Вася Иванов (* **how well it will play in Peoria***).* |

ICE CUBE IN THE OCEAN (*букв.: кубик льда в океане*). Неадекватное решение проблемы. Представьте себе, что вы бросили кубик льда в ванну с водой, намного меньше океана, в надежде понизить общую температуру. Выражение может также относиться к крошечной, несущественной доле на рынке.

| ENG | We asked our attorney to offer $ 1,000 cash in upfront settlements to the 1,000-plus plaintiffs claiming our electronic dog «fences» electrocuted their pets. It was nothing more than an **ice cube in the ocean**; they each wanted $ 50,000. |

RUS | *Предложение магазинам по тысяче долларов за продвижение нашей электрочесалки для собак оказалось «каплей в море» (ice cube in the ocean): каждый из них хотел в 50 раз больше.*

ICEBERG PRINCIPLE (букв.: *принцип айсберга*). Выражение навеяно представлением о том, что любая проблема показывается на поверхности только малой частью, оставляя самые важные стороны скрытыми от невооруженного глаза.

ENG | Always remember the **iceberg principle** when reviewing a manager's report on the cost overruns by his department. He'll reveal some, but not all, of the problems.

RUS | *Всегда помните о «принципе айсберга» (iceberg principle), оценивая отчет о ценовых превышениях в том или ином отделе.*

IN THE TENT (букв.: *в палатке*). Не просто быть включенным в проект, но и активно действовать, участвовать в дискуссиях и переговорах, видеть весь план целиком. Оставлять солдат в шатре иногда опасно: это вводит их в курс всего, что делает полководец. Впрочем, именно так вы завоюете их поддержку. Ищите оптимальный момент для впускания людей внутрь, например: после того как план начал работать и презентация отрепетирована. (См. также: *Peek under the tent.*)

ENG | We didn't need to let others **in the tent** because they were on a «need to know» basis.

RUS | *Мы не хотели пускать всех «на кухню» (in the tent): им следовало знать лишь основной контур проекта.*

INBOX DREAD (букв.: *страх входящих*). Утреннее состояние, похожее на то, что мучает больных и беременных. Так чувствует себя пользователь, «погребенный под лавиной» электронной почты.

ENG | As she neared the office, Kelly felt herself overcome with the familiar feeling of **Inbox dread**, knowing she would have several emails from disgruntled staffers.

RUS | *По мере приближения к конторе Келли почувствовала знакомый «страх входящих»* (**Inbox dread**), *зная, что получит несколько писем от раздраженных коллег.*

IT WILL NEVER FLY (букв.: *оно никогда не взлетит*). Идея или предложение, которые никогда не будут работать, как обещают. Как самолет без крыльев, они просто *не оторвутся от земли*. (См. выражения *Stillborn* и *Nonstarter*.)

ENG | After realizing all the holes in Rob's plan, I knew **it would never fly**.

RUS | *Пересчитав все слабые места в плане Роба, я понял, что эта конструкция «никогда не взлетит»* (**it would never fly**).

JUST IN TIME LEARNING (букв.: *обучение как раз вовремя*). Обучение уже на заводе новым процессам или оборудованию, а для руководителей — вхождение на практике в дела новоприобретенной компании.

ENG | The delays in installing the new printing press meant that Doug had to do some **just in time learning** to meet the paper's first deadline.

RUS | *Отсрочки в установке новой типографии означали, что Дожу придется «учиться плавать методом бросания в озеро»* (**just in time learning**), *чтобы первая газета вышла в намеченный срок.*

KEEP YOU AWAKE/UP AT NIGHT (*букв.: не дает заснуть ночью*). Характеристика практически неразрешимых слабых мест в плане, или других опасностей, которые вас тревожат и могут заставить проснуться в холодном поту.

ENG | Jeff knew his team could hit the production goals, but maintaining quality **kept him up at night**.

RUS | *Джеф считал, что его команда справится с нужным количеством продукции — но вот качество не давало ему спать спокойно* (**kept him up at night**).

LASER GUN VS. BOW AND ARROW (*букв.: лазер против стрел и лука*). Оценивает способность выполнить намеченное. Когда американцы говорят, что кто-то «палит из пушки по воробьям», это не имеет того значения, что в России: наоборот, его поведение расценивают как предусмотрительное и полезное, пусть и со склонностью к перестраховке. (См. *Surgery with a butter knife*.)

ENG | Since Steven always produces perfect blueprints, he was selected for the next project because it required the precision of a **laser gun vs. a bow and arrow**.

RUS | *Поскольку Стивен всегда производит лучшие чертежи, его отобрали для следующего проекта, требующего «преимущества лазера над луком и стрелами»* (**laser gun vs. a bow and arrow**).

LEG SNIFF (*букв.: обнюхивание лап*). Ранняя стадия приема в штат ценного работника, когда все стороны стараются увериться, что повстречались не зря. Когда собаки встречаются и думают, стоит ли продолжать общение, они обнюхивают друг друга в разных местах. Выражение также используют в сфере приобретений, аренды и при подборе партнеров, где каждый стремится скорее *обнюхать* другого, определяя к нему свое отношение. (См. также: *Foreplay*.)

ENG | Before he was hired, Lee Iacocca and Chrysler's directors eyed each other like dogs meeting for the first time. After the **leg sniffs**, they discovered they needed each other and could work well together.

RUS | *На первой встрече Ли Якокка и другие директора Chrysler смотрели на него, как собака на кошку. Присмотревшись* (**leg sniffs**)*, они выяснили, что нужны друг другу и могли бы работать вместе.*

LENS HASN'T BEEN INSTALLED (*букв.: линза не была установлена*). Оборот применяют в случае, когда что-то не было проверено так, как следует, а лишь осмотрено «с высоты птичьего полета» (см. *30,000 feet above*). Такая проверка не выявит достоинств, зато заметит недостатки. Если в результате объект проверки не будет отметен как негодный, *поставят линзу* и исследуют все более тщательно. (См. также выражения *Scrub it* и *You don't know what is right, but you know what is wrong.*)

ENG | Steve knew there were some problems in the fulfillment department, but since the **lens hadn't been installed** yet, he couldn't explain to his manager exactly where they originated.

RUS | *Стив понимал, что в отделе исполнения решений есть кое-какие сложности, но, не вникнув в ситуацию поглубже* (**lens hadn't been installed**)*, он не мог объяснить начальнику, откуда они берутся.*

LONG POLE IN THE TENT (*букв.: длинный столб в палатке*). «Большая шишка» или самый важный человек в данном деле. Обычно это выражение относится к главному инвестору или возможному первому кредитору — тому, кто обеспечивает сделку деньгами. Без длинного шеста палатка падает; равно как и дело безденежного человека. Важно знать, кто сейчас является таковым, и оказать ему полный почет и уважение, предоставив всю требуемую связь с прочими держателями акций.

ENG | Pete is the **long pole in the tent** and we can't make a material change in the business plan without his buy in.

RUS | *Пит — это наш «становой хребет»* (**long pole in the tent**), *и мы не можем сделать серьезные изменения в плане без его ведома.*

LOOKY LOO (*букв.: сортирный зевака*). Компания или человек, просто желающие осмотреть предложения на рынке недвижимости, хотя и претендующие порой на статус серьезного покупателя. Этот человек любопытен, а такой подход может приоткрыть ему завесу над условиями рынка. Оборот также применяют к зевакам на ДТП и любителям рассматривать витрины. К сожалению, раскрутить их на сделку очень трудно. (См. также: *Confirmatory vs. exploratory*.)

ENG | Real estate brokers always try to slip out the back door when they spot a **looky loo**. Browsers can sure rob a broker of valuable time that could be spent with serious shoppers.

RUS | *Агенты недвижимости всегда стремятся уйти через заднюю дверь при виде любопытного* (**looky loo**). *Он отнимает массу времени, которое стоит посвятить серьезному покупателю.*

LOT OF WOOD TO CUT (*букв.: много дерева для рубки*). Задание, которое кажется трудновыполнимым: оно заставляет вас «объявить аврал и свистать всех наверх».

ENG | Josh looked over the projections showing lots of growth, and commented «**lots of wood to cut**».

RUS | *Посмотрев на планы резкого увеличения выпуска, Джоши сказал: «Тут еще "пахать и пахать"* (**lots of wood to cut**)».

LOW-HANGING FRUIT (*букв.: низко висящий плод*). То, что легко сорвать. В бизнесе это издержки, которые не были пересмотрены, или свободные пока рыночные сегменты. (См. также: *Bird nest on the ground.*)

ENG | Following the acquisition, we found lots of **low-hanging fruit**, including travel expenses that were triple industry norms.

RUS | *Идя вслед за этим приобретением, мы нашли много «легкой добычи» (**low-hanging fruit**), включая командировочные расходы, втрое превышавшие норму.*

MACARONI DEFENSE (*букв.: макаронная защита*). Подход, избираемый компанией, которая не хочет быть поглощенной, вследствие чего выставляет огромное количество обременений, которые должны быть выкуплены по высокой цене. Ценность этих нагрузок «разваривается», подобно лапше, и заставляет покупателя платить намного больше, чем следовало бы, притормаживая процесс покупки.

ENG | The CEO made it clear that the **macaroni defense** would either thwart the buyers or put lots of extra money in the bondholders' pockets.

RUS | *Исполнительный директор пояснил, что «макаронная защита» (**macaroni defense**) должна либо расстроить планы покупателей, либо влить много дополнительных денег в карманы гарантодержателей.*

MAKES MY TEETH ITCH (см. *Fingernails on a blackboard*).

MAKING THE SOUP (*букв.: делая суп*). Процесс разработки стратегии или плана. Сюда вовлекается много элементов, решений, исходных данных и расписаний — это *ингредиенты и приправы вашего блюда*. Добавьте презентации, уговоры, продвижение и рекламу — *помешивание и пробу*. (См. также: *Soup to nuts* and *Cradle to grave.*)

ENG | Kathi made the requisite phone calls, reserved the room, lined up the reports for copying, scheduled the presentations and arranged for refreshments to make our conference a successful one. She **made the soup**, and we were grateful to her, as it was a complex endeavor.

RUS | *Кэтти сделала все положенные звонки, заказала зал, разложила отчеты для копирования, составила расписание презентаций и подготовила напитки, чтобы сделать конференцию успешной. Именно она все устроила* (**made the soup**)*, так что ей в первую очередь мы благодарны за всеобъемлющую поддержку.*

MANAGEMENT BY SPREAD SHEET (*букв.: управление по распростертой бумаге*). Стиль управления, при котором все решения принимаются исходя лишь из сухой статистики, без учета изменившейся ситуации.

ENG | When Ted reduced salesperson payroll by 20 percent, he failed to consider that although 20 percent of the dollars were gone, those employees produced 30 percent of the sales. That's when he realized the error in **management by spread sheet**.

RUS | *Урезав платежную ведомость на 20%, Тед вскоре осознал, что хотя пятая часть денег уходила на премии лучшим продавцам, эти работники обеспечивали 30% продаж. Так он признал ошибку в «управлении по бумажке»* (**management by spread sheet**).

MANHATTAN PROJECT (*букв.: проект «Манхэттен»*). Срочный или очень важный проект, требующий увеличения штата, денег и, возможно, уровня секретности. Во время Второй мировой войны выражение обозначало разработки атомной бомбы, курируемые правительством США. Узнав, что нацисты тоже озабочены аналогичными поисками, американские военные увеличили размах деятельности, не жалея на это времени и средств. Сейчас в деловых кругах *проектом «Манхэттен»* называют предприятие, требующее полной отдачи. Возможно, по той же, что у военных, причине: времени в обрез, а успех дела — вопрос жизни и смерти.

ENG | We knew it was going to be a **Manhattan Project** as we were simply too far behind our competitor in development. The only way to catch up was by compressing the time needed, and that was going to mean more people working 24 hours a day and greatly increased cost.

Глава 6. Бизнес-планирование, приобретения и лишения

RUS | *Предприятие напоминало «стройку века» (**Manhattan Project**), настолько сильно мы отставали от конкурента. Единственный способ догнать его заключался в сжатии временны́х рамок, что сильно повышало капиталовложения и заставляло людей работать в три смены.*

MEASURE WITH A MICROMETER, MARK WITH A PAINT BRUSH AND CUT WITH AN AX (*букв.: мерить штангенциркулем, отмечать кистью и рубить топором*). Так говорят о том, кто слишком много сил посвящает подготовке решения и вообще долго раскачивается, когда быстрота процесса важнее, чем его аккуратность. Подобный зануда с повышенным вниманием к деталям грозит «погубить на корню весь проект».

NEGOTIATING WITH OURSELVES (*букв.: переговоры с нами самими*). Мысль о том, что вы якобы соревнуетесь с кем-то на переговорах (о продаже, слиянии или приобретении), — и соответствующее поведение. Важно понять не только, кто ваш соперник, но и есть ли он вообще. Обычно партнер по переговорам создает у вас образ соперника, даже если это совсем не так, — как девушки порой хвастаются воображаемыми поклонниками. Поняв, что «в спину никто не дышит», вы избежите поспешных выводов и не потратите сил на «борьбу с ветряными мельницами».

Оборот применим и к отдельному человеку. Например: на собеседовании с работодателем вам кажется, что вы хотите слишком многого — и вы просите жалование ниже, чем реально заслуживаете. На деле же вы беседуете сами с собой, и за язык вас никто не тянет. Всегда помните, чью сторону в переговорах вы защищаете. На собеседовании вам нужно продать свои опыт и способности — а много ли даст шеф за невротика с заниженной самооценкой? Когда станет очевидно, что вы «самая крутая девчонка на дискотеке», кончайте торг и наконец называйте сумму. (См. также: *Don't forget what stage of the process you're in*.)

ENG | We're upset about all the concessions we made; we were essentially **negotiating with ourselves** before we learned the other supposed contender wasn't a viable buyer since they had no cash.

RUS | Мы были разочарованы договором; выяснилось, что мы «воевали с собственной тенью» (**negotiating with ourselves**), пока не узнали, что предполагаемый покупатель-соперник вообще не имел наличных.

NO BRAINER (*букв.: безмозглый*). То, что «понятно даже ежу или безмозглому идиоту», совсем не бином Ньютона. Не надо прилагать усилий и проверять, вправду ли дважды два четыре.

ENG | Adding extended warranties for addon fees was a **no brainer**. It improved our sales, margins and customer satisfaction with no downside.

RUS | *Расширение срока гарантии выглядело шагом, «понятным даже ежу» (no brainer). Оно подняло наши продажи, прибыли и мотивацию покупателей без каких-либо материальных затрат.*

«NO» USUALLY MEANS «YES, IF...» (*букв.: «нет» обычно значит «да, если...»*). Отказ не всегда стоит понимать буквально. У деловых людей он обычно означает согласие с некими оговорками: убедитесь, что вы перечислили партнеру все исключения и чрезвычайные случаи, и уже потом решайте, что ваш план отвергли. Продавец почти всегда берет чуть меньше, чем собирается на словах, а покупатель почти всегда платит чуть больше, чем изначально намерен.

ENG | During union negotiations, the union representatives said no to any wage reductions; however, when management offered to increase job security with the condition of lowering wages, the union conceded. Just goes to show that **no usually means yes if** the terms are right.

RUS | *Во время переговоров представители профсоюза просили нас не соглашаться на сокращения жалований. Но когда шеф предложил улучшить охрану труда и снизить зарплаты, союз уступил. Это лиш-*

ний раз подтверждает: «нет» значит «да» (**no usually means yes if**), если правильно поставить условия.

ON A NAPKIN (*букв.: на салфетке*). Так называют состряпанный кое-как план, контракт или ведомость; обычно это лишь черновик, набросок серьезного документа. Зачастую руководители высокого уровня и партнеры по переговорам пишут подобные «записки на манжетах» во время обеда или коктейля. Оборотом также пользуются юристы, имея в виду, что письменное соглашение не требуется законом и может оформляться лишь «на коленке» — хотя это и не очень благоразумно. (См. также: *Back of the envelope* и *Quick and dirty*.)

ENG | We worked out the basics for our joint marketing campaign at lunch. The key ideas were written **on a napkin**. Now we've got the big job: writing a detailed proposal in legalese.

RUS | *Принципы совместной маркетинговой кампании мы набросали за обедом «на коленке» (**on a napkin**). Теперь нам предстояла большая работа: создать на их основе подробное предложение о сотрудничестве.*

ON THE BEACH (*букв.: на пляже*). Относится к человеку, который, уйдя с надоевшей работы, с удовольствием предается временному безделью.

ENG | Chris had made plenty of money with his last company, so he bought a new house and decided to spend some time **on the beach** before looking for his next job.

RUS | *Крис так хорошо заработал на делах фирмы, что смог купить новый дом и позволить себе поваляться на пляже (**on the beach**), прежде чем искать следующую работу.*

PEEK UNDER THE TENT/SHEETS (*букв.: взгляд украдкой под палатку/простыню*). Оборот, означающий «проблеск в темном деле», означает также появление новой информации о проекте, подогревшее интерес к таковому. Этой «вспышкой» может стать обещание перспективному работнику новых сияющих высот при высоких темпах работы. Выражение, впрочем, может иметь ироничный подтекст. (См. также: *In the tent.*)

ENG | Our limited stock offering presentation gave them a **peek under the tent**, so we could determine their level of interest in the underwriting.

RUS | *Ограниченный выпуск наших акций дал конкурентам «подсмотреть в щелочку»* (**peek under the tent**), *так что дальнейшую их реакцию легко было предсказать.*

PERCOLATE (*букв.: просочиться*). То, что следует за презентацией или предложением: процесс изучения заинтересовавшего предложения с анализом информации. Процесс похож на фильтрование кофе или дальнейшую варку, если пить его еще рано. Предложению нужно дать «отстояться», дабы собеседник «утрамбовал» в сознании все возможные варианты, последствия и скрытые смыслы. Впрочем, иной раз все ясно без лишних слов. (См. также: *Soak time.*)

ENG | Any new deal takes some time to **percolate** through the heads of the decision makers. Sometimes proposed corporate mergers can take a year or two before consummation.

RUS | *Каждому новому делу нужно дать время «перевариться»* (**percolate**) *в мозгах у тех, кто принимает решения. Порой подготовка к будущему слиянию занимает год, если не два.*

PILE OF SHIT THAT STINKS THE LEAST (*букв.: куча дерьма, которая воняет меньше*). Меньшее из двух или нескольких зол. Выбор между Сциллой и Харибдой, где вас проклянут как за любое решение, так и за отказ выбирать; но все же одна из бед окажется менее страшной. В деловом мире выбор между плохим и очень плохим возникает чаще, чем вы думаете. (См. также: *Between the devil and the deep blue sea* и *Devil you know is better than the one you don't.*)

ENG | The big fine from the district attorney was better than a full trial, so we chose it as the **pile of shit that stinks the least**.

RUS | *Большой штраф в пользу уполномоченного был все же лучше, чем суд, так что мы выбрали потерю денег как меньшее из зол (**pile of shit that stinks the least**).*

POCKETS OF RESISTANCE (*букв.: карманы устойчивости*). Оборот из лексикона военных, означающий человека или группу людей, пытающихся задержать, запутать или сгноить некую инициативу. Обычно они саботируют дело тайком, не доходя до откровенного ропота.

ENG | **Pockets of resistance** were bound to pop up across the corporate hierarchy as the executive board attempted to cut the fat out of our administrative labor costs.

RUS | *Когда начальство решило понизить расценки труда администраторов, бюрократы (**pockets of resistance**) возопили, что это подорвет представления об иерархии.*

POOH-POOH (*букв.: делать пух-пух*). Выражать неприятие и/или презрение.

ENG | I had a great idea but Tom **pooh-poohed** it.

RUS | *Я выдвинул отличную идею, но Том поднял ее на смех (**pooh-poohed** it).*

PREGNANT (см. *Get pregnant*).

PRESSURE TEST (*букв.: проверка давлением*). Не будучи уверены, что идея жизнеспособна, мы испытываем ее на прочность, проверяя финансовую и правовую подоплеку. Когда проект выдерживает «давление», его можно опробовать на всем остальном персонале, почти не опасаясь сюрпризов. (См. также выражения *Stress test* и *War games*.)

ENG | If we change the commissions of our sales department, sales will increase by 20 percent in a week. Let's **pressure** test the idea by changing the compensation of only one of the sales staff and see if it works.

RUS | *Есть вероятность, что стоит нам изменить комиссионные, продажи возрастут на 20% в неделю. Давайте «обкатаем»* (**pressure** *test*) *эту идею, взяв систему компенсаций одного из агентов и посмотрев, что получится.*

PROBABLE DEATH IS BETTER THAN CERTAIN DEATH (*букв.: возможная смерть лучше верной смерти*). Оборот похож по смыслу на необходимость выбрать меньшее из двух зол. Возможные неприятности все же лучше, чем непременные. (См. также: *Devil you know is better than the one you don't*, *Pile of shit that stinks the least* и *Between the devil and the deep blue sea*.)

ENG | If opting to stay independent against superior competitors is going to doom the company for sure, and merging with one of those "big boys" is also likely to end in failure, then **probable death is better than certain death**, so we'll opt for the merger.

RUS | *Когда независимость от крупных соперников наверняка сулит фирме гибель, а слияние с одним из них все равно чревато крушением... Двум смертям не бывать, а одной не миновать (***probable death is better than certain death***), так что попробуем слиться.*

RASPBERRY (*букв.: малина*). Поощрение наоборот. В английском языке raspberry — эвфемизм, обозначающий всем известный неприличный звук. Тот, кто дает подобную «черную метку», явно не одобряет человека или проект.

ENG | The new widget had a lot of problems, so we gave it the old **raspberry**.

| RUS | *Новое устройство работало так плохо, что «мы махнули на него рукой» (gave a **raspberry**).* |

RIDGE RUNNER (*букв.: бегун по краю*). Человек, пытающийся остаться в стороне от неприятностей, откладывая трудное решение. «Балансируя на лезвии бритвы», он надеется не упасть ни в ту ни в другую сторону, а значит, не набить ни одной шишки. Хотя осторожность и вправду никому не мешает, хороший руководитель не станет ждать слишком долго. Иначе падение все равно неизбежно — причем тогда, когда его вовсе не ожидают.

| ENG | I was always accused of being a **ridge runner**, because I could never decide whether to buy a mutual fund or bonds, which meant I just earned sub par interest in cash accounts. |
| RUS | *Меня всегда называли перестраховщиком (**ridge runner**), поскольку я не мог решить, стоит ли покупать акции, сулящие прибыль чуть больше номинальной цены.* |

RUN IT UP THE FLAGPOLE (*букв.: водрузи на флагшток*). Дерзни опытным путем выяснить, насколько желанно для остальных твое новое начинание. (См. также: *Balloon.*)

| ENG | Warren's idea looks good on paper, but we had better **run it up the flagpole**. |
| RUS | *Идея Уоррена пока что выглядела удачной, и мы решили «водрузить ее на флагшток» (**run it up the flagpole**).* |

SACRED COW (*букв.: священная корова*). Неприкосновенные для критики проекты компании. Даже если они неприбыльны, это не мешает им оставаться любимыми детищами больших «шишек» из руководства и не бояться, что финансирование ослабнет.

| ENG | We're losing money on the fitness clubs, but they're David's **sacred cow**. I doubt they'll be sold. |
| RUS | *Фирма теряет деньги на фитнес-клубах, но Дэвид относится к ним как к «священной корове» (**sacred cow**). Сомневаюсь, что мы их когда-нибудь продадим.* |

SAND BELOW OUR FEET (*букв.: песок под (нашими) ногами*). Слабый, рыхлый, плохо проработанный план. «Воздвигнутое на песке» долго не простоит; серьезные программы требуют надежного обоснования. (См. также: *Buttoned up*).

ENG | The banker called our business plan **sand below our feet** because it wouldn't stand up to the winds of change or the storms of competition. Then he swiftly denied our loan request.

RUS | *Банкир обозвал бизнес-план «построенным на песке» (***sand below our feet***), сказав, что идея не выстоит под натиском «ветра перемен или бурь конкуренции». Затем он мягко отклонил наш запрос о кредите.*

SCALABILITY (*букв.: соразмерность*). Так называют способность плана или процесса работать эффективно при разных режимах или расценках. Идеальная программа не просто приносит прибыль сейчас, но и не нуждается в последующих перестройках, чтобы успешно работать по новым правилам. Любой компонент такого подвижного плана можно варьировать. Например: занимаясь утильсырьем мы платили за разбор машин сдельно, а не окладом или «почасовкой», так что наши затраты менялись в зависимости от выхода. (См. также: *Cradle to grave* для полной ясности.)

ENG | By computerizing the order fill department, we achieved increased productivity, but we also got **scalability**. Now business can double, and although we will need additional order fillers, we won't need to add personnel to process paperwork.

RUS | *Снабдив компьютерами отдел заказов, мы добились не только роста продуктивности, но и повышения приспособляемости (***scalability***). Теперь, даже если наши обороты удвоятся, нам не потребуется дополнительный персонал.*

SCIENTIFIC/SOPHISTICATED WILD ASS GUESS (SWAG) (*букв.: дикая догадка ученой/утонченной задницей*). Догадка образованного человека все равно лучше, чем предположения неуча. (См. также: *WAG.*)

Глава 6. Бизнес-планирование, приобретения и лишения

ENG | The directors were anxious to understand how big the potential market was. They wondered if it was bigger than a breadbox or smaller than a car. Ted had a WAG, but the CEO wanted to get at least a **SWAG** before he allocated any funds to research the issue.

RUS | *Руководство, сгорая от нетерпения, ожидало данных о размерах потенциального рынка. Они пытались получить хоть приблизительное представление – как говорится, «больше хлебницы, но меньше автомобиля» (bigger than a breadbox or smaller than a car). Тед кое-что «чувствовал задницей» (had a WAG), но исполнительный директор хотел по меньшей мере предчувствия головой (SWAG), прежде чем выделять на исследование какие-то средства.*

SCRUB IT (*букв.: поскреби это*). Процесс «протыкания вилкой», то есть проверки готовности частей плана или предложения. Если картофелину поскрести, то под шелухой обнаружится многое, не заметное сразу. Не отвергайте помощь в этом других: почти наверняка они «отшлифуют» проект, сделав его только лучше. (См. также: *Lens hasn't been installed*.)

ENG | Mike wanted to make sure the capital investment math was well **scrubbed** prior to presentation to the board.

RUS | *Майк хотел быть уверен, что расчет инвестиций проверяли «на вшивость» (scrubbed) до его представления совету директоров.*

SEX WITHOUT MARRIAGE (*букв.: секс без женитьбы*). Затянувшиеся переговоры по слиянию или приобретению, закончившиеся неудачей.

ENG | The office staff worked 20 hour-days for more than two weeks hoping the deal would close, but felt it was like **sex without marriage** when the deal collapsed.

RUS | *Две недели весь персонал работал по 20 часов в сутки в надежде закрыть эту сделку; но она сорвалась, и все поняли, что партнер нас «поматросил и бросил» (sex without marriage).*

SHOTGUN CLAUSE (*букв.: оговорка дробовика*). Условие покупки-продажи, используемое партнерами при заключении договоров. Его смысл в том, чтобы при снижении или повышении цены общих акций оба партнера обогащались или терпели убытки на одинаковых основаниях.

ENG | In order to make sure we could have a fair dissolution of the partnership, we all agreed that a **shotgun clause** would be required.

RUS | *В надежде сделать расторжение партнерства обоюдно безболезненным мы согласились, что потребуется «оговорка дробовика»* (**shotgun clause**).

SLEEPING BEAUTY (*букв.: спящая красавица*). Компания, которая созрела для поглощения; ее дела испытывают застой от множества плохо используемых активов. Такая фирма обычно недооценена и обладает большим потенциалом — вот только ее руководство не предпринимает никаких шагов в защиту проекта.

ENG | Their assets were worth double the asking price, making it a true **sleeping beauty**, but the investors wanted out at any price.

RUS | *Их активы стоили как минимум вдвое больше запрашиваемой цены, делая фирму «спящей красавицей»* (**sleeping beauty**), *но руководство думало лишь о том, как бы поскорее сбыть дело с рук.*

SLOW TARGET (*букв.: медленная (т. е. легкая) цель/мишень*). Любая цель, конкурент, работник или отдел, которые отличаются не очень успешной работой.

ENG | Because he hadn't hit a sales goal in more than a year, Pete had become a **slow target** for some other aspiring employee who wanted his position.

RUS | *Не выполнив план продаж ни разу за целый год, Пит стал «легкой мишенью»* (**slow target**) *для тех, кто рад был занять его место.*

SOUP ISN'T MADE YET (*букв.: суп еще не готов*). Еще сыроватый проект, план или начинание. Супы требуют множества составляющих; так говорят, когда какие-то из них отсутствуют, когда похлебка не перемешана или не доварена до конца.

ENG	My boss asked me about the project and I had to tell him that the **soup isn't made yet**.
RUS	*Шеф спросил, в каком состоянии наш проект, и я вынужден был признаться, что он пока «сыроват» (**soup isn't made yet**).*

SOUP TO NUTS (*букв.: от супа до орехов*). Всеобъемлющее решение, включающее любые нужные компоненты: от планирования и выполнения до сбора «урожая» и вселяющего надежду успеха. Оборот может обозначать и процесс, обеспечивающий все необходимое для исполнения службы. (См. выражения *Making the soup* и *Cradle to grave*.)

ENG	Ted's plan was brilliant and completely well thought out from **soup to nuts** with no further documentation needed.
RUS	*Блестящий план Теда был полностью продуман от А до Я (from **soup to nuts**), не требуя даже оформления новых бумаг.*

STILLBORN (*букв.: мертворожденное*). Некоторые плохие (равно как и хорошие) идеи или предложения долго не выживают. Порой они чахнут так же легко, как появились на свет. (См. также выражения *Nonstarter* и *It will never fly*.)

ENG	When Nelda suggested paying each employee a $1,000 bonus for meeting his or her sales goal every month, we knew her idea was **stillborn**, there just wasn't room in the budget.
RUS	*Когда Нельда предложила доплачивать тысячу в месяц каждому, кто выполнит план продаж, ее идея была воспринята как мертворожденная (**stillborn**): у фирмы просто не было таких средств.*

STRAW MAN (*букв.: соломенный человек*). Предварительный набросок или предложение, вносимое с целью «прощупать почву»; способ «проверить воду под килем».

Такую лодку легко сбить с курса и даже перевернуть (делается-то она из соломы), но она может стать прообразом корабля. (См. также: *Balloon*.)

ENG | We knew we needed a new customer service policy, so Danny was asked to prepare a **straw man** to start the departmental discussion that would lead to a serious proposal.

RUS | *Мы думали, что нужна новая политика обслуживания клиентов, так что Дэнни предложили заготовить «рыбу» (**straw man**) доклада, с которого началось бы обсуждение в отделе, а в перспективе — на уровне предприятия.*

STRENGTHS, WEAKNESS, OPPORTUNITIES AND THREATS (SWOT) (*букв.: силы, слабость, возможности и угрозы*). Этой аббревиатурой в школе предпринимательства обозначают четыре условия, принимаемых во внимание при оценке нового рынка, идеи, продукта или услуги.

ENG | Our in-depth surveys and other market research covered the **SWOT** for the Dallas market; we're not going to be surprised by any market condition there.

RUS | *Наши глубокие обследования и другие замеры объяли все аспекты (**SWOT**) рынка в Далласе; так что теперь нас ничто не должно удивлять.*

STRESS TEST. См. выражения *Pressure test* и *War games*.

SUCKS LIKE A HOOVER (*букв.: сосет, как пылесос Hoover*). Выражение применяют и к результату, и к процессу или предложению. Услышав его, не ждите уже ничего хорошего. В основу ироничного оборота лег беспричинный комплимент фирме *Hoover*, намекающий, что их пылесосы работают лучше всех.

ENG | Cindy just laughed at Paula's silly idea, adding «Boy, that **sucks like a Hoover**».

RUS | *Синди лишь посмеялась над глупой идеей Пола, добавив: «Полный отстой (**sucks like a Hoover**)».*

SUDDEN WEALTH SYNDROME (*букв.: синдром внезапного преуспевания*). Недуг, поражающий тех, кто, внезапно разбогатев (не столько размеренными усилиями, сколько от непредвиденного дохода, скажем, от игры на бирже), скупает все подряд, но счастливее не становится.

ENG | As Tim sat by his pool admiring his new Ferrari, he realized that his new belongings didn't satisfy him the way he had expected. It was a classic case of **sudden wealth syndrome**.

RUS | *Сидя у бассейна и пялясь на новый «феррари», он понял, что эта игрушка веселит его куда меньше, чем он ожидал. Беднягу сразил «чистой воды недуг новых русских» (**sudden wealth syndrome**).*

TAKE IN STRAYS/STRAY DOGS (*букв.: взять бродяжек (бездомных собак)*). Покупка компаний, которые никому больше не нужны. Хотя такие приобретения могут быть заманчиво дешевы, это не всегда стратегически верно.

ENG | Erwin had raised so much money on stock sales during his stint as CEO that the funds were inexhaustible, and he just kept **taking in stray dogs**.

RUS | *В бытность исполнительным директором Эрвин столько нагреб на биржевой игре, что фонды казались неистощимыми, и он продолжал «подбирать бродяжек» (**taking in stray dogs**).*

TARGET RICH (*букв.: богаты на цели*). Так называют мечту предпринимателя, например бизнес-среду со множеством видимых и заманчивых целей. Это и открытие новых рынков, отличающихся множеством потребителей, и отсутствием конкуренции. Или фирма, которой нужно избавиться от нерадивых работников, способная сильно сократить штат без ущерба для производства.

ENG | China is said to be **target rich** in nearly every consumer market sector since it has the highest populations at every level from ultra rich to ultra poor, as well as the fewest suppliers.

RUS | *Говорят, что Китай — «настоящий рай»* (**target rich**) *чуть ли не в каждой клиентской нише: там много потребителей во всех слоях, включая самых бедных и самых богатых, и очень мало поставщиков.*

THREE FINGER BOOGER (букв.: козявка на три пальца). Положение, внезапно пошатнувшееся (как правило, неожиданно), так что теперь крайне затруднительно избавиться от груза прошлого и выйти сухим из воды: все по уши в дерьме. Оборот применяют также к неожиданному результату, чью «печать» вы теперь долго не сможете «смыть».

ENG | Mike got a new client referral, but it turned out that the client had all kinds of problems nobody expected to have to deal with, and was a general pain in the ass. His friend that referred the client said, «Man, I'm sorry, I didn't mean to send you a **three finger booger**».

RUS | *Получив очередную жалобу от клиента, Майк понял, что с такими претензиями никто никогда не сталкивался; случай стал «геморроем» абсолютно для всех. «Прости, — сказал друг, направивший жалобщика, — кто же знал, что это такое "болото"* (**three finger booger**)*».*

THUMB EXPERT (букв.: эксперт по большим пальцам). Прозвище чудака, помешанного на технических наворотах и всяческих мини-приборах, требующих невиданной ловкости пальцев. (См. *Chipmunking.*)

ENG | We could see that Dave was a **thumb expert** by the way he was taking notes on his Blackberry during the meeting.

| RUS | Мы поняли, что Дейв — прирождённый «нажиматель кнопок» (**thumb expert**), из того, как он всё совещание делал пометки в карманном компьютере.

TIN HANDSHAKE (*букв.: оловянное рукопожатие*). Маленький компенсационный пакет уходящему работнику, сделавшему плохую работу.

| ENG | Bruce had been coasting for the past several months, even after repeated warnings, so all he got when they let him go was a **tin handshake**.

| RUS | *Брюс недобирал все последние несколько месяцев, даже после неоднократных предупреждений, так что при увольнении получил лишь «мышкины слёзки» (**tin handshake**).*

TINS. Сокращение от two incomes, no sex (два оклада без секса): брак между двумя амбициозными личностями, похожими на трудоголиков.

| ENG | As they passed each other in their own driveway, each on their way to work, Mary realized that theirs had become a **TINS** marriage.

| RUS | *Видя, как они разъезжаются каждый из своего гаража по работам, Мария поняла, что это союз двух карьеристов (**TINS** marriage).*

TRUST SLUG (*букв.: корпоративный слизняк*). Отпрыск богатого бизнесмена, которого друзья папы не принимают всерьёз. Похоже, что у сынка нет ни амбиций, ни трудовой этики; но ему они ни к чему. Так, Пэрис Хилтон наверняка не берёт в голову, считают ли её белоручкой.

| ENG | Don't ask Ken for career advice! He's nothing but a **trust slug** and has never worked a day in his life!

| RUS | *Не спрашивай у Кена, как строить карьеру! Он всего лишь папенькин сынок (**trust slug**) и не работал ни дня в своей жизни.*

TURN THE BOX UPSIDE DOWN (*букв.: переверни коробку вверх дном*). Перевернуть всё вверх дном, осуществив большой сдвиг и в корне поменяв status quo. Когда ящик переворачивают вверх дном и трясут, многое выпадает наружу. Иной раз операцию сопровождают потряхиванием, из-за чего вываливается еще больше.

ENG | When Disney CEO Eisner fired COO Lovitz for incompetence and paid him $ 140 million in a severance package, the major shareholders were ready to **turn the box completely upside down** by firing Eisner and the rest of his management team.

RUS | *Когда Айснер, директор фирмы Disney, уволил Ловица за некомпетентность и дал ему 140 миллионов отступного, ведущие акционеры готовы были сделать «полную перетряску»* (**turn the box completely upside down**), *уволив и Айснера, и остатки его команды.*

VETTING OR VETTED (*букв.: проверь или проверят тебя*). Проверка, исследование или испытание. В мире руководителей никого не нанимают без серьезной «проверки на дорогах», производимой отделом кадров и командой начальников рангом пониже. (См. также: *Buttoned up.*)

ENG | After the new product launch plan had been vetted by all the senior staff, it was ready for final deployment. The sales manager also wanted all applicants for the new marketing area thoroughly **vetted to avoid** bad hires.

RUS | *После того как план запуска новой линии был проверен младшим звеном, настало время высочайшего одобрения. Начальник отдела продаж хотел, чтобы все претенденты на новую сферу рынка были тщательно «проверены на дорогах»* (**vetted to avoid**) *во избежание кадровых неурядиц.*

WHITE SPACE OPPORTUNITY (*букв.: возможность белого листа*). Ситуация, когда у вас, как на белом листе бумаги, нет заранее намеченного сценария. Оборот при-

Глава 6. Бизнес-планирование, приобретения и лишения

ложим к делу, начатому без предварительного знания или хотя бы предубеждения.

ENG | For mom-and-pop grocers, adopting frequent-shopper cards amounts to a **white space opportunity**; much more research is needed to figure out a way to exploit the space.

RUS | *Вручение простым бакалейщикам бланков для подсчета покупателей лишь «напускает туману»* (**white space opportunity**); *нужны куда более серьезные исследования, чтоб понять, как «разрабатывать эту жилу».*

WILD ASS GUESS (WAG) (букв.: *дикая догадка задницей*). Догадка человека, не столь образованного. (См. также: *SWAG*).

WON'T HOLD WATER (букв.: *не будет держать воду*). Так говорят, когда довод или идея не до конца обдуманы и грешат многочисленными огрехами.

ENG | His plan to finance that addition by the beginning of the year **won't hold water**. He hasn't even considered the fact that the bank won't finance work on the site of an old gas station until a clean environmental survey has been obtained.

RUS | *Его план финансировать это расширение с начала года «не будет держать воду»* (**won't hold water**). *Он не учел, что банк не даст денег на перекопку площади бывшей газовой котельной, пока эксперты-экологи не дадут свое заключение.*

YOUR BABY IS UGLY (букв.: *ваш младенец урод*). Во время сделок или переговоров этот оборот используют, ругая предпочитаемую другой стороной повестку дня или кандидатуру. «Младенец» обозначает любую материю, к которой чувствителен ваш партнер. Назвать ее уродом

чревато тем, что именно им окажется «плод» всего совещания.

Такие слова могут неблагоприятно повлиять на переговоры, особенно если вы забываете, на какой стадии процесса находитесь. Например: если с самого начала покупатель объявляет, что ему не нравится ваш бухгалтер (сын вашего же директора), — «пиши пропало». Тогда как если бы ваш партнер «придержал язык» до завершения сделки, все могли бы расстаться друзьями. (См. также: *Don't forget what stage of the process you're in.*)

ENG	We knew better than to say **your baby is ugly**, because we wanted to resolve the major issues as smoothly as possible.
RUS	*Мы решили сдержать слова «ваш младенец урод (**your baby is ugly**)», поскольку еще надеялись «спустить дело на тормозах».*

Часть II

УСЕРДИЕ ВСЕ ПРЕВОЗМОГАЕТ

Эти главы, конечно, развлекут вас не так, как предыдущие. Некоторым из приводимых в них выражений уже дали определения в бесчисленных справочниках. Я пытался включить только те обороты, которые использовал сам, или те, что наиболее важны и нужны для усвоения этой книги. Как ни странно, некоторые слова и выражения, часто употребляемые в бизнесе, не попали в состав бизнес-словарей. Это, например, *Disclosure schedule* (список разоблачений) или *Indemnification* (страховое возмещение), которым я решил дал приют. Кроме того, я почти везде обхожусь без примеров употребления — толкование оборотов здесь, как правило, вопросов не вызывает.

Глава 7

ЖАРГОН

ABORTION (*букв.: выкидыш*). Проект, который «сгнил на корню, несмотря на попытки его подлатать». (См. *FUBAR*).

ADMINISTRIVIA (*букв.: администрутина*). Мелкие досадные задания администраторам — хотя и занудные, но все же необходимые.

ADVENTURE TRAVEL (*букв.: путешествие с приключениями*). Инспекция на новооткрытый бизнес, завод или в контору с целью увидеть новых работников, оценить ход операций и производственные мощности.

ALLIGATOR (*букв.: крокодил*). Так говорят, когда бо́льшая часть прибыли от акций уходит на выплату процентов по долгу. Таким образом «заживо» съедается львиная доля прибыли вкладчика.

ARM AROUND THE SHOULDER (*букв.: рука на плече*). Способности, которые просто обязан иметь хороший начальник: то есть знание, когда кого поддержать, обнять или отругать. Иной раз достаточно похлопать работника по плечу, чтобы он почувствовал себя среди своих и расслабился. Я всегда удивляюсь, как много управленцев этого не умеют: они делают все по книгам и неизменно остаются резкими и суровыми.

ARMCHAIR QUARTERBACK (*букв.: ведущий игрок в кресле*). Отрицательный отзыв о тех, кто считает, что справился бы с заданием лучше. Легко сидеть на диване с пивом и воблой, смотреть на игру и ругать игроков за неправильный пас. Куда труднее выйти на поле и сделать как надо. Подразумевается, что *кресельный ведущий игрок* должен заткнуться: он не столь ловок, как ему кажется. (См. *Peanut gallery*.)

BACK DOOR (*букв.: задняя дверь*). «Войти с черного хода» — так обычно говорят о делишках не слишком честных или приличных; но этот оборот приложим и к маленькому междусобойчику, кружку по интересам. Обычно черный ход не так виден, как парадный, так что многие проникают туда-сюда незамеченными.

BACK IN THE SADDLE (*букв.: снова в седле*). Готовность снова *браться за поводья* и бросать вызов. Многих «выбивают из седла» болезни, депрессия, семейные неурядицы. В какой-то момент, хочется надеяться, каждый снова займет свое место и двинется вперед.

BAIT AND SWITCH (*букв.: приманка и фальшивка*). Неэтичная практика продаж, когда покупателей заманивают в магазин огромными скидками, которые, как выясняется, существуют только в рекламе.

BANG FOR THE BUCK (*букв.: взрыв ради доллара*). Самая большая отдача на каждый вложенный доллар. Эффективные компании получают за свой доллар *фееричные взрывы*.

BASKET CASE (*букв.: случай корзины*). Попасть в совершенно безнадежную и запутанную ситуацию. Такой случай обычно требует немедленного внимания, поскольку дела приняли отчаянно дурной оборот.

BELLS AND WHISTLES (*букв.: свистки и бубенцы*). Выражение означает, что продукт подвергся «наворотам» и прочему «тюнингу», чтобы стать привлекательнее; *свистки и бубенцы* на технике заставляют забыть о реальных показателях работы. Вложения денег тоже могут снабжаться дополнительными приманками. Оборот используется и в других областях. Например, если при покупке кваса по выходным вам бесплатно вручают пакетик пряников, они-то и есть *bells and whistles*.

BLACK-BOX ACCOUNTING (*букв.: бухгалтерия черного ящика*). Столь сложная бухгалтерская отчетность, что финансовые документы почти невозможно правильно расшифровать. Естественно, этот метод применяют и для сокрытия компрометирующей информации. (См. также: *Voodoo math* и *Fuzzify*.)

BLOODY KNEES (*букв.: кровавые колени*). Ситуация, когда человек работает «кровь из носа», «разбивается в лепешку» и «натирает кровавые мозоли».

BOILERPLATE (*букв.: вставная накладка*). Текст, набранный мелким шрифтом, который почти без изменений кочует по контрактам и соглашениям о продажах. Изначально журналисты называли «болванкой» статью, которую следовало без изменений воспроизвести во всех газетах штата. Именно такой стандартный пакет условий предпочитает любой кредитор, тогда как заемщику тот не сулит много выгоды.

В большинстве случаев заемщик просто не имеет возможности выбора. Формально обсуждать можно что угодно, но вот на практике... Если бы мы читали весь подслеповатый текст на договорах займа или ипотеки, мы бы их не подписывали. (См. *The big print giveth and the small print taketh away*.)

BOOT CAMP (*букв.: лагерь башмаков*). Так на языке военных называются место или программа, призванные обеспечить работникам интенсивную тренировку или повышение квалификации.

BOOTSTRAPPING (*букв.: ловля ботинок в капкан*). То, что предприниматель вынужден делать, дабы помочь новому делу поскорее встать на ноги. Сюда входят и долгие часы работы, и влезание в долги по платежным ведомостям.

BRICKS AND MORTAR (*букв.: кирпичи и известка*). Физическое присутствие. В эпоху виртуальности так называют сегмент предприятия, который можно увидеть, потрогать и посетить, — в отличие от товара или услуги, которые продаются лишь через систему агентов или компьютерную сеть.

BROWNFIELD (*букв.: коричневое поле*). Существующая промзона или завод, которые модернизируются вместо открытия производства на голом месте. Оборот может означать площадку или цех, бывшие ранее в пользовании у близкородственной индустрии. Например: мастерскую по сбору автомобилей новый владелец может переоборудовать для производства газонокосилок. Такой объект называют «коричневым», поскольку «поле здесь уже вспахано». (См. *Greenfield*.)

BUCK (*букв.: олень*). Это слово в Америке может обозначать как одну денежную единицу, так и целый их миллион — смотря кто этим выражением пользуется. От него-то и пошли принятые в России «баксы».

BULL (*букв.: буйвол, бык*). Инвестор, который верит, что курсы ценных бумаг или другие котировки и дальше продолжат расти в цене.

CALLED ON THE CARPET (*букв.: вызван на ковер*). Тому, кого *вызвали на ковер*, не позавидуешь. Скорее всего, ему предъявят обвинения, и придется опровергать их или отвечать за поступки.

CARE AND FEEDING (*букв.: забота и кормление*). То, что нужно работникам или организациям для морального удовлетворения, — например, чтоб поднять настроение у банкира, когда дела «идут не шатко не валко». Сотрудникам тоже иной раз бывает грустно; не дайте им поддаться на соблазн подшабашить.

CARROT EQUITY (*букв.: морковные акции*). У фирмы, достигшей намеченного достатка, появляется возможность приобрести больше обыкновенных акций. Эта ситуация может стать очень желанной, как морковка для кролика, и мотивировать сотрудников поднапрячься.

CASH COW (*букв.: денежная корова*). Предприятие или его часть, приносящая куда больше наличности, чем оно потребляет.

CASH SPONGE (*букв.: денежная губка*). Фирма или ее отдел, требующие «вливания» (будем надеяться, кратковременного) больших денежных ресурсов. К таковым относятся новые проекты по расширению дела.

CHANNEL STUFFING (*букв.: забивка каналов*). Продажа (и зарплата) раздуваются за счет перевыполнения заказа. Похоже на запихивание в чемодан лишнего барахла: вы хотите как лучше, но рискуете надорваться и порвать тару. Если продавец привез вам 200 единиц продукции, хотя вы заказывали 100, и поступил так же еще с сотней клиентов, он доставил на 10 тысяч лишних единиц товара. И хотя у заказчика может не найтись денег для оплаты непрошеного «подарка», об этом босс продавца узнает потом, а сейчас он вынужден платить «прохиндею» процент с выросшей вдвое продажи. Подобные технологии, равно как способы вычисления реальных доходов, вызывают сейчас весьма горячие споры.

CHINESE WALL (*букв.: китайская стена*). Воображаемая стена, отделяющая инвестиционно-банковский бизнес маклерской конторы от ее торговых розничных операций. Так часто называют «железный занавес» секретности, не позволяющий отделу знать то, что ставит под угрозу партнера или другой сегмент фирмы. Например, когда компания совершает приобретение, ее начальство весьма неохотно делится информацией о финансах, продажах или работниках. Так возникает «стенка» между командой приобретателей и рядовым штатом фирмы. Важно, чтобы эта команда могла положиться на благоразумие сотрудников и те не были двойными агентами.

CIRCLE BACK (*букв.: оборот назад*). Обсудить еще раз.

CLAWBACK PROVISION (*букв.: условие «клешни назад»*). Условие в соглашении о приеме на руководящую работу, позволяющее компании взять назад компенсацию или объявить ее необязательной в случае, скажем, мошенничества.

CONVERGENT THINKING (*букв.: конвергентное мышление*). Способность увидеть черты сходства и провести аналогии между разными продуктами, информацией и событиями. (См. *Divergent thinking*.)

COOKIE (*букв.: печенье*). Цифровой код, которым веб-сайт отмечается на компьютере пользователя. Впоследствии этот оборот стали использовать для вычисления, кто из сотрудников чем занимался в течение рабочего дня. Тем, кто страдает шпиономанией или любопытством, это кажется «лучше сладкого пирога».

COURSE OF DEALING (COURSE OF TRADE) (*букв.: курс дела (курс торговли)*). Так говорят, когда стандартные торговые практики или прежние дела создают прецедент для условий сделки или курса, которым следует предприятие.

CRAM DOWN PROVISION (*букв.: условие пропихивания вниз*). Согласно закону о банкротстве, это условие позволяет суду одобрить план реорганизации компании, даже когда с ним согласно меньшинство акционеров или кредиторов. План просто «втискивают в глотки несогласных». (См. *Crammed down.*)

CRAMMED DOWN (*букв.: спихнуто вниз*). Иной раз коммерсанты отказываются инвестировать в проект до тех пор, пока первые акционеры компании не снизят ценность своего изначального вклада, будучи разбавлены людьми со стороны. Случается, что изначальные вкладчики, платившие, скажем, по червонцу за голос, теперь нуждаются в наличных и готовы продать часть акций. Новый владелец сможет продвинуть дело, но теперь купит их по пятерке. (См. *Cram down provision.*)

CREDIT CLIFF (*букв.: кредитный навес*). Попытки «встать на ноги» при ухудшении кредитной истории могут быть осложнены финансовыми соглашениями или «ножницами» расценок. Все это может сильно повлиять на бизнес компании или ее ликвидность. Например: кредитный договор фирмы, задолжавшей 100 тысяч, требует погасить часть обязательств, если текущие активы упадут ниже минимума. Так создается тот самый *навес*, погребающий под собой предприятие.

CROWN JEWELS (*букв.: бриллианты короны*). Самые ценные стороны проекта: скажем, прибыльность, ценность активов и потенциал роста.

DIRTY LAUNDRY (*букв.: грязное белье*). «Скелеты в шкафу»: постыдное прошлое, которое не хотят афишировать. Иногда к «скелетам бывших любовников» добавляется «грязное белье современности». (См. *Smoking gun.*)

DIVERGENT THINKING (*букв.: дивергентное мышление*). Способность увидеть различия в продуктах, информации или событиях, равно как и осознать возможные последствия разницы. (См. *Convergent thinking.*)

DIWORSIFICATION (*букв.: диверсификация*). Ситуация, когда компромисс между риском и желанием вернуть капитал осложняется скверной работой фондов, принадлежащих, как правило, к той же отрасли. Диверсификация требует, чтобы вложения распределялись по разным сферам, секторам или типам инвестирования, что увеличивает живучесть портфеля акций. Оборот применяют, когда эта цель не достигнута — например из-за отсутствия выбора.

DOESN'T AMOUNT TO A HILL OF BEANS (*букв.: не равно горке бобов*). Не стоит абсолютно ничего. (См. *Wrapped our fish in that one.*)

DOESN'T MOVE THE NEEDLE (*букв.: не двигает иголку*). Бесприбыльные и, следовательно, бесполезные дела. Всем хочется зарабатывать больше. Это как гонки — чем быстрее, тем лучше. Так, по крайней мере, думает моя жена. *Неподвижность иголки* — метафора любого застоя, так что выражение применимо к любым сферам бизнеса и даже к личной жизни. *Иголка* у вас *не сдвинется*, если вы пошли в ресторан, а готовят там так себе. Если добавка пяти рабочих не влияет на *иголку* сборочного конвейера (ни на качество, ни на количество), «стоит ли игра свеч»?

DON'T GET TOO FAR IN FRONT OF YOUR SKIS (*букв.: не забегайте слишком далеко вперед своих способностей*). «Бежать впереди паровоза». «Лезть вперед батьки в пекло». «Быть большим монархистом, чем сам король, и католиком лучше, чем папа римский».

DUMMY DIRECTOR (*букв.: директор-«марионетка»*). Директор, который, как Штирлиц, действует в интересах некоего лица, не входящего в правление фирмы. Или некий зиц-председатель Фунт, который сам ничего не решает, но представляет компанию на переговорах, пока не выбран настоящий начальник. Так называют и «темную лошадку», которую ставит в правление некто, не желающий пока открывать рычаги влияния, мотивы и способности своего протеже. (См. *Dummy shareholder.*)

DUMMY SHAREHOLDER (*букв.: акционер-марионетка*). «Подсадная утка»: тот, кто владеет акциями лишь формально, не имея права ими распоряжаться и держа их для кого-то еще. (См. *Dummy director.*)

EAGER BEAVER (*букв.: энергичный бобер*). Так зовут того, кто пышет силой и бодростью, иной раз достойными лучшего применения. Подобные люди, которых легко мотивировать, обычно имеют простые и чистые моральные принципы; вот только их кипучая энергия иной раз несколько «достает». (См. *Wide eyed.*)

EATING SOMEONE'S LUNCH (*букв.: съесть чей-то обед*). Агрессивная конкуренция, в ходе которой одно предприятие «отъедает» долю рыночной ниши другого или просто обходит его по каким-либо параметрам.

ELEPHANT (*букв.: слон*). Тот, кто контролирует существенный объем фондов; солидный вкладчик, чьи решения способны оказать большое воздействие на устойчивость биржевых котировок.

ELEPHANT HUNT (*букв.: охота на слонов*). Переговоры с крупной корпорацией о переезде в вашу местность. Как правило, это очень прибыльно, поскольку большой бизнес создает рабочие места.

ENERGY (*букв.: энергия*). Увлеченность людей, их заинтересованность в успехе дела. Подобное воодушевление продуктом или услугой всегда помогает новому начинанию. Положительную энергию следует направлять в созидательное русло, дабы она использовалась с умом или хотя бы не распылялась на ветер. Впрочем, и отрицательные моменты зачастую можно рассмотреть под другим углом и описать в положительном ключе. (См. *Lemons into lemonade*.)

ERP. Сокращение от «платформы ресурсов предприятия», то есть мощного программного обеспечения, собирающего воедино все функции. Это, скажем, бухгалтерский учет, производство, продажи и политика в отношении персонала, обеспечивающая эталон измерений и необходимый контроль. В компаниях масштаба *Peoplesoft* такие системы могут стоить десятки миллионов.

EUREKA POINT (*букв.: точка эврики*). Внезапно пришедшее на ум свежее решение. Воплощение его, впрочем, может состояться лишь путем целой серии неудачных опытов.

FACE THE MUSIC (*букв.: лицом к музыке*). Всем нам рано или поздно приходится «вызывать огонь на себя»: делать первый шаг и брать всю ответственность за поступок. Такое случается, например, когда резко падают прибыли и начинаются совещания со слезами и заламыванием рук. (См. *Step up to the plate*.)

FALLEN ANGEL (*букв.: падший ангел*). Некогда пользовавшийся почетом мощный работник, который потерял славу и «упал в цене».

FINDER (*букв.: поисковик*). Человек, который сводит дела воедино, размещая средства в корпорации, нуждающейся в наличности, собирает капиталы при слиянии или ищет цель для фирмы, желающей приобрести другие предприятия.

FLIP-OVER PILL (*букв.: балдежная пилюля*). Режим, на который начальство фирмы «подсаживает» акционеров. Он позволяет им в случае слияния покупать доли приобретаемой фирмы по сходной цене.

FORD-CHEVY ARGUMENT (*букв.: спор Ford-Chevrolet*). Бесконечный спор «остро- и тупоконечников», где все мнения одинаково обоснованы и ни одно не хуже других.

FREE RIDE (*букв.: бесплатный проезд*). Приобретение без затрат. Например, если ваш брат работает бухгалтером, он может бесплатно помочь вам разобраться в отчетности. Увы, в деловом мире такое встретишь нечасто.

FRICTION (*букв.: трение*). Все, что попадает меж двух начинаний, компаний или людей. Обычно возникают некие трения при продажах, особенно если цена чересчур высока. Не стоит пугаться больших трений между советом директоров и начальством: это не дает слишком уж расслабиться.

FRICTION COST (*букв.: затраты на трение*). Издержки, вызванные чем-то, что создает трения. Иной раз они достигают такого масштаба, что принимаются меры для снятия напряжения. Если медлительность работников переходит разумные мерки, их увольняют или понижают в должности. Когда бизнес идет «ни шатко ни валко», предприятие может какое-то время «повариться в собственном соку». Однако рано или поздно нехватка мозгов или наличности приведет ситуацию к разрешению. Тогда владелец либо «начнет все с чистого листа» и «обратит всех в новую веру» (см. *Find religion*), «либо закроет лавочку» окончательно.

Если продукт вызывает слишком много разногласий, ведущих к падению продаж, его либо уценят, либо вовсе снимут с прилавка. Трению всегда что-то сопутствует:

«либо пламя, вызванное накалом, либо водопад, который должен его погасить».

FTE (*аббревиатура от слов «эквивалент полного времени»*). Выражение используется при подсчете человеко-часов. Например, два работника на полставки, то есть на 20 часов в неделю, будут записаны как один *FTE*.

FUNGIBLE GOODS (*букв.: однородные товары*). Товары столь близкие по своей природе, что могут чередоваться; они не разделены по характеристикам и продаются на вес, как пшеница, масло или кофейные бобы. Те же предметы, что продаются поштучно и различаются по серийному номеру (компьютеры или автомобили), взаимозаменяемыми не являются.

GARAGE SALE (*букв.: гаражная распродажа*). Тот случай, когда вы «сплавляете» много товара по очень низкой цене. Обычно этим актом отчаяния вы пытаетесь сдвинуть с места продукцию, которая скопилась у вас, как плесень, на складе или на полке. Конечно, высокая цена хороша; но лучше продать по низкой, чем не продать вообще. Это относится и к тому барахлу, что вы увезли на дачу. Подобные распродажи, как правило, привлекают лишь старьевщиков и других «любителей падали» (см. *Bottom fishing.*)

GLOBASM (*букв.: глобазм*). Когда у главы компании «сносит крышу» на расширении операций, про него говорят, что он испытывает *глобазм*. Воспаряя в облака и мечтая о завоевании мира, не забывайте о парашюте и вообще о связи с реальностью.

GOLDBRICK SHARES (*букв.: доли золотых кирпичей*). Фонд, который на первый взгляд кажется надежным и ценным, но на деле стоит немного.

GOLDEN HANDCUFFS (*букв.: золотые наручники*). Привлекательное предложение одному из руководителей или работников фирмы, призванное удержать его от перехода в другую компанию или подвигнуть его стать консультантом даже после ухода из штата.

GOLDEN PARACHUTE (*букв.: золотой парашют*). Трудовое соглашение, обеспечивающее ключевым руководителям фирмы компенсацию в случае, если смена руководства или другое событие грозят поколебать их позиции. Что позволено начальнику отдела, не относится к рядовым вкладчикам.

GOPHER/GO-FOR (*от слов «ходить за»*). Низкооплачиваемый и, как правило молодой, член команды, в чьи обязанности часто входит беготня с мелкими поручениями. (См. *Scut puppy.*)

GORILLA (*букв.: горилла*). Фирма, контролирующая рынок, но не обладающая монополией.

GRAPEVINE (*букв.: виноградная лоза*). Неформальная «горячая линия» слухов в конторе. Если вы хотите знать больше, чем слышите от босса, держите «ухо востро». Информация имеет свойство «бродить, словно дикое молодое вино». (См. *Scuttlebutt.*)

GRAVEYARD MARKET (*букв.: рынок-кладбище*). Рынок, где цены настолько низки, что отвращают и покупателей, и торговых агентов.

GREENFIELD (*букв.: зеленое поле*). Открытие новой линии услуг или основание новой постройки, противопоставленное покупке существующего дела. Дилемма стара как мир: приобрести предприятие, уже существующее на рынке, или участок земли с постройками, обратив их под наши нужды? Или же «вспахать целину»: построить все с нуля в чистом поле, открыв новый завод или его филиал? Зеленое поле обработать сложнее, чем вспаханное: надо еще повыдергать всю траву. (См. *Brownfield.*)

GREENSHOE (*букв.: зеленая туфля*). Условие в письменном соглашении, позволяющее неким инвесторам покупать дополнительные доли по номиналу, даже если акции станут расти в цене.

GUNSLINGER (*букв.: меткий стрелок*). Агрессивный инвестор, который покупает спекулятивные предприятия, поскольку готов рискнуть ради большей отдачи. (См. *Bottom fishing.*)

HEAD HURT (*букв.: вред голове*). Именно это случается, когда мы лицом к лицу встречаемся с трудной проблемой или головоломной задачей. «Зачем нам эта головная боль? — думаем мы. — Сколько еще впереди геморроя!»

HIRED GUNS (*букв.: нанятые ружья*). Консультанты, законники, бухгалтера и другие внешние специалисты, набранные для ряда услуг по контракту. Своего рода «наемники в белых воротничках».

HITTER (*букв.: тот, кто хорошо бьет по мячу*). Искрометный человек, блещущий талантом как в конторе, так и за ее пределами. Его любят клиенты: он всегда знает, что им сказать. Коллеги уважают его не только из-за способностей, но и из-за умения сидеть в баре чуть ли не до рассвета, а наутро быть «свежим как огурчик».

HOLDING YOUR MOUTH RIGHT (*букв.: держа рот правильно*). Иной раз успех объясняют скрещенными пальцами или ртом на замке. А то ведь и сглазить можно.

HOT MONEY (*букв.: горячие деньги*). Фонды, от которых инвесторы ждут быстрого получения высоких процентов, поскольку вклады могут буквально завтра перетечь неизвестно куда.

INCUBATOR (*букв.: инкубатор*). Имеется в виду бизнес-инкубатор, помогающий маленькому проекту «встать на ноги». Этому служат бесплатная юридическая поддержка, аренда офиса по льготной цене и гибкая система контрактов.

INFO LUSH (*букв.: информационный пьяница*). Управленец или руководитель, который требует уточнения данных, оттягивая принятие решения.

IRONCLAD (*букв.: броня*). Имеется в виду стопроцентная гарантия, например «железное» обещание.

IT WILL BANK (*букв.: это сыграет*). Оборот значит, что данная идея, вложение, приобретение или работник вполне жизнеспособны.

JOB ENLARGEMENT (*букв.: расширение должностных обязанностей*). Добавление заданий, известное также как «горизонтальный рост», призванное расширить размах работы.

JOB ENRICHMENT (*букв.: обогащение работы*). Реорганизация дела с целью усилить мотивацию, внеся в работу элемент соревнования и преодоления новых трудностей. Иначе зовется «вертикальным ростом».

JOHN HANCOCK (*букв.: Джон Хенкок*). Роспись, например автограф босса на вашем чеке с зарплатой. Если вы пошлете мне свой экземпляр этого «Супертолкового словаря», я с удовольствием поставлю на нем своего *Джона Хенкока*.

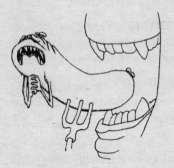

KILLING (*букв.: убийство*). Вещественная и подчас быстро достигаемая прибыль. Она могла быть заслугой кого-то другого или прийти к вам лишь потому, что вы вовремя оказались в нужном месте.

KITCHEN CABINET RESEARCH (*букв.: изыскания в буфете*). Личная точка зрения, обусловленная вашим видением проблемы. Скажем, фирма, производящая зубную пасту, может разработать новый аромат или вкус путем независимого опробования на покупателях, а может опереться на свои кабинетные данные.

KOWTOW (*букв.: низкий поклон*). Означает польстить самолюбию клиента или предупредить его потребности. Если вы думаете, как произвести впечатление на нового клиента, берите на вооружение эту тактику. Термин восходит к старинному китайскому обычаю трогать лбом землю в знак уважения к господину. (См. *Yes man.*)

KUDOS (*букв.: слава*). Похвалы и поздравления за хорошо сделанную работу. Хорошо потрудившись и достигнув намеченных целей, вы вполне заслужили лавры и фимиам.

LAST STRAW (*букв.: последняя соломинка*). Последняя проблема в серии трудностей, которая наконец вынуждает начальника или владельца что-то менять в работе или подборе кадров. Но если эту задачу создали вы сами, перемены начнутся с вас. «Последняя соломинка ломает спину верблюда». Другими словами, «песчинка может сдвинуть горы», если окажется в нужное время в правильном месте.

LEAD BALLOON (*букв.: главный пузырь*). Так называют ужасную идею, которая никогда не будет воплощена.

LEFT-BRAINED (*букв.: левополушарный*). Относится к тем, у кого лучше развито левое полушарие мозга. Эта особенность может быть положительной, когда речь идет о человеке логичном и вызывающем доверие; но может быть и отрицательной, относясь к тому, кто случайно или намеренно мешает прогрессу. *Левополушарные* могут мыслить не столь творчески, как их антиподы, но они обычно более организованны, надежны и постоянны. (См. *Right-brained.*)

LEGACY COST (*букв.: расходы на социальные нужды*). Расходы на выходные пособия, здравоохранение, пенсии и страховки.

LEMONS INTO LEMONADE (*букв.: лимоны станут лимонадом*). Так говорят в случае, когда что-то плохое оборачивается положительной стороной. Например: увольнение дает шанс найти наконец-то работу по душе. Если продажи слабоваты, но раньше были еще хуже, скажите боссу, что за отчетный период произошел их рост. (См. *Optics* и *Energy*.)

LESS THAN TRAILER LOAD (LTL) (*букв.: меньше, чем грузится в трейлер*). Если ваш груз не покрывает всей полезной площади фургона, к нему следует добавить поклажу других клиентов. Тогда, увы, на вас не распространяется скидка, предлагаемая при полном заполнении пространства.

LIFELINE (*букв.: линия жизни*). «Спасательный круг», бросаемый человеку, начинанию или фирме. Это могут быть фонды, новые ресурсы или что-то другое, позволяющее «остаться на плаву».

LIGHTNING ROD (*букв.: громоотвод*). Тот, кто провоцирует перемены; человек энергичный и даже взрывной. Оборот может обозначать того, кто притягивает проблемы.

LIP SERVICE (*букв.: служба на губах*). Двигая губами в такт музыке, не обязательно стараться, чтобы ваш голос громко прозвучал в хоре. В знак солидарности вы можете на словах поддержать начинание, хотя не собираетесь вкладываться в его успех.

LTL (См. *Less than trailer load*.)

MACHIAVELLIAN (*букв.: макиавеллист*). Имеется в виду известное изречение Николо Макиавелли о том, что цель оправдывает средства. В деловом мире так говорят о том, кто готов «идти по головам конкурентов».

MAILBOX RULE (*букв.: правило почтового ящика*). Правило в отношении контрактов, подразумевающее, что предложение принято сразу, как только письменное согласие послано почтой (то есть брошено в ящик или отдано почтальону). Тогда договор вступает в силу, как только он выходит из рук отправителя, а не когда адресат его получит. Правило действует в случае, когда отсылка почтой — обговоренное условие принятия соглашения. Если же речь идет о согласии по факсу или электронной почте, то оно вступает в юридическую силу, как только информация отослана.

MANAGEMENT INFORMATION SYSTEMS (MIS) (*букв.: управленческие информационные системы*). Оборот относится к любой системе, разработанной для организации архивов и компьютерной техники.

MARK (*букв.: метка*). Выражение из жаргона жуликов-виртуозов, означающее лоха — жертву нечестной игры на деловом поле. Может также использоваться и вполне невинно, когда речь идет о целевой аудитории для рекламы.

MONEY LEFT ON THE TABLE (*букв.: деньги, оставленные на столе*). Разница между низкой ставкой и реальной ценой работы. Будучи рассчитана более тщательно, ставка могла быть куда выше, мотивируя человека принести фирме еще больше прибыли.

MOVE THE NEEDLE (См. *Doesn't move the needle.*)

NANNY STATE (*букв.: государство-нянька*). Нежелательное положение в стране, когда правительство переходит границы разумного, вмешиваясь в деловую жизнь предпринимателей. Это же в своем роде относится к руководству компании.

NERVOUS NELLIE (*букв.: нервная Нелли*). Вкладчик, чувствующий себя неуверенно, или связанные с вкладом риски.

NEST EGG (*букв.: яйцо в гнезде*). Некие резервы, накапливаемые отдельно на случай, например, увольнения.

Если б я начал думать об этом лет в 20, то вряд ли сейчас бы писал эту книгу.

NEW BET (*букв.: новая ставка*). Так описывают новые траты фирмы в форме капитала или обыкновенных акций. Обычно это следует за первой ставкой — и, конечно, чревато определенным риском.

ON THE BACK BURNER (*букв.: на задней горелке*). Идея или проект, не относящиеся к первоочередным. Обычно они заслуживают мало внимания, если получают его вообще. Задняя горелка печи труднодоступна; туда редко заглядывают, предпочитая выпечь как следует более важные вещи.

ONE NIGHT STAND INVESTMENT (*букв.: вложение одной ночи*). Ценные бумаги, приобретаемые на длительный срок, но продаваемые на следующий день ввиду паники.

OPM. Аббревиатура от *other people's money* — «чужие деньги».

OPPORTUNITY COST (*букв.: альтернативные издержки*). Имеется в виду, что, выбрав одну возможность, мы теряем другие; всегда приходится чем-то жертвовать.

ORPHAN (*букв.: сирота*). Фонд или другой тип вложения денег, где финансовые аналитики не обещают большой отдачи и/или отсутствует серьезная торговая деятельность. Когда продукт изначально не имеет рынка и его никто не продвигает — он, увы, становится *сиротой,* и его акции падают во всех смыслах.

OUTSIDE THE BOX (*букв.: за пределами ящика*). Выражение относится к мыслям вне привычных рамок и стереотипов. (См. также: *Paradigm.*)

OVERHANG (*букв.: перевес*). Среди множества значений этого оборота я люблю положительное: когда лавочка закрывается, но кредит доверия к фирме еще не истек.

Бывает и наоборот. Если компания не застрахована, а новый «лексус» босса угнали, когда по кредиту осталось еще 70 выплат, налицо явный перевес долга.

OZZIE AND HARRIET (*букв.: Оззи и Харриэт*). Пупкин и сыновья. Традиционная семья, состоящая из двух родителей и двоих детей.

PACE-SETTER (*букв.: гончая*). Ударник капиталистического труда. Сотрудник, за которым пытаются угнаться все остальные. В отделе продаж это самые прогрессивные двигатели торговли.

PAINFUL (*букв.: болезненный*). Нечто весьма неприятное, но не в физическом смысле. Например: один из моих клиентов страдает «словесным поносом», причем никогда не говорит по делу и не отвечает на вопрос прямо. Увы, его общество надо терпеть.

PARI-PASSU. Положение, когда две стороны имеют равные права платежа или владения. Зачастую вкладчики хотят быть уверены в том, что в случае уценки все убытки поделятся поровну.

PAY FOR PERFORMANCE (*букв.: плата за исполнение*). Система выплат, более поощряющая высокую продуктивность, нежели низкую. Может принимать разные формы: от выплаты комиссионных агентам до премиальных за единицу продукции. Что касается нашего автомобильного утиля, мы внедрили для водителей плату по числу разгрузок и за каждую машину для тех, кто их разбирал. В первую же неделю объем продукции вырос более чем на 35%. Многие пособия по управлению посвящают *плате за исполнение* целые главы; одним экспертам эта система нравится, другим — наоборот. Опробовав дело с ней и без нее, я стал горячим сторонником этой системы. Впрочем, есть примерно 10% работников, которые «выворачиваются наизнанку» независимо от зарплаты: у них это заложено в генах. Таким, скажем, был мой сотрудник Боб Сварт, сама ответственность, всегда выдававший 110% плана.

PAYMENT IN KIND (PIK) (*букв.: платеж добром*). Бартер и вообще платеж, производимый не в деньгах. (См. *Consideration.*)

PIK (См. *Payment-in-kind.*)

PIPE DREAM (*букв.: трубочная мечта*). Диковинные надежды на невероятное событие. Все равно что солдат в мирное время хочет в неделю стать генералом. Изначально этим выражением описывались пылкие фантазии курильщиков опиума.

PLAY DEVIL'S ADVOCATE (*букв.: защищать интересы дьявола*). Во время мозгового штурма кому-то приходится быть *адвокатом дьявола*, предвидя возможные слабые места в плане или аргументы для потенциальных критиков. Этот человек отвечает за предотвращение проблем на стадии планирования, дабы они не мешали позже. (См. *War games.*)

POSITIONING (*букв.: позиционирование*). Понимание, кто есть твои клиенты, и создание соответствующего образа компании и услуги.

POWER LUNCH (*букв.: мощный обед*). Это куда серьезнее обычного перекуса, так что на вашем месте я бы снял галстук. Скажем, когда вам предстоит осилить «лошадиную дозу» индейки с ржаными хлебцами. Или любое другое блюдо аналогичных размеров.

PROCRASTINATION ON THE CUSTOMER'S PART ALWAYS CONSTITUTES AN EMERGENCY ON OUR PART (*букв.: промедление со стороны клиента всегда создает опасность для нас*). Значение вполне очевидно, однако эту истину стоит «знать назубок».

PUFFING YOUR CHEST (*букв.: надувать грудь*). Относится к человеку надменному, даже заносчивому, который, разбушевавшись, пытается запугивать вас угрозами.

QUALITY CIRCLE (*букв.: кружок качества*). Те штатные единицы компании, которые отвечают за соответствие продукции ГОСТу.

QUICK AND DIRTY (*букв.: быстро и грязно*). Дешево и сердито. Не самое совершенное решение задачи. Возможно, даже не самое красивое, эффективное или окончательное. Пусть «на живую нитку». Зато оно уже есть, и оно работает. (См. также: *Shake and bake, Mickey Mouse, Back of the envelope* и *On a napkin.*)

RAPID PROTOTYPING (*букв.: быстрая разработка прототипа*). Быстрое воплощение идеи в модель с целью устранить слабое место в дизайне и внести улучшения. Обычно это один из шагов к окончательной разработке продукта.

REFRIGERATOR (*букв.: холодильник*). Так называют «гроб»: старый компьютер образца 1970-х годов. Он обладал таким же размером, требовал тяжелого охлаждаемого «саркофага», не достигая при этом даже мощности современного микрочипа.

RIGHT-BRAINED (*букв.: правополушарный*). Так называют людей, которые чаще задействуют правое полушарие мозга, чем левое. Это может быть кстати, когда речь заходит о творчестве и новаторстве, или некстати, если иметь в виду их повышенную эмоциональность и невозможность сосредоточиться. Такие люди обычно менее логичны и более импульсивны, чем левополушарные; из них получаются художники, писатели и музыканты. (См. *Left-brained.*)

RON TIME (*букв.: время Рона*). Вместо Рона можно подставить любое другое имя, однако тогда не будет игры слов: «Рон» близок по звучанию слову «неверный». Так называют мои сотрудники срок, к которому я прошу их закончить работу. Так они пренебрежительно намекают, что им кажется, будто я недооцениваю сложность задания. Но я, конечно, считаю, что это не так.

RUBE GOLDBERG (*букв.: Руби Голдберг*). Выражение возникло в честь карикатуриста начала века, в рисунках которого фигурировали, в том числе, комически усложненные машины, которые на деле были весьма несовершенны. Теперь так описывают любой прибор с лишними наворотами и вообще все, что можно упростить без ущерба для результата.

RULES OF ENGAGEMENT (*букв.: брачный контракт*). Правила или требования, которые обсуждаются до некоего события, скажем совещания или презентации.

SEED CAPITAL / SEED MONEY (*букв.: деньги на посев*). Фонд финансирования первых шагов нового предприятия. Он может быть пущен на проведение исследований, разработку макета или хотя бы на оценку того, насколько идея осуществима и экономически выгодна. Это своего рода стартовый капитал.

SHOOTING STAR (*букв.: звезда из фейерверка*). Быстро растущая компания или такой же работник.

SMOKING GUN (*букв.: дымящееся ружье*). Что-то, что служит неопровержимой уликой, особенно в криминалистике. Если ружье дымиться, значит оно стреляло. (См. *Dirty laundry.*)

SPINNING OUR WHEELS (*букв.: крутя колеса*). Проще говоря, мы буксуем и никуда не едем. Может, телега застряла в канаве? (См. *Car in the ditch.*)

SPLITTING THE SHEETS (*букв.: разделяя простыни*). Раздел имущества, как при разводе. В деловых кругах это означает, что партнерство разорвано или что компания разделила сферы влияния с другой фирмой или отделом.

SQUARE HEADED GIRLFRIEND (*букв.: квадратноголовая подружка*). Иронически обозначает компьютер, владельцу которого увлечение «ящиками» не оставляет времени на личную жизнь.

STAG (*букв.: олень-самец*). Волк-одиночка. В данном случае — спекулянт на кратковременных сделках.

STEM THE TIDE (*букв.: задержать прилив*). Попытка «сбить волну», остановить возобладавшую отрицательную тенденцию. (См. *Stop the bleeding.*)

STEP UP TO THE PLATE (*букв.: шагнуть к тарелке*). Выражение означает принять ответственность за ситуацию или взять ее под активный контроль. Хорошо, если находится доброволец, когда «дело пахнет керосином». (См. *Face the music.*)

STERILE INVESTMENT (*букв.: стерильное вложение*). Вложение, не представляющее для вкладчика дохода и интереса. Возврат инвестиций полностью определен доходами в основном активе.

STICKY SITE (*букв.: липкая сторона*). Сетевая страница, привлекающая и удерживающая посетителей информацией или услугами. На большинство сайтов, увы, пользователи не «залипают», а проскакивают мимо. Хорошая «приманка» должна быть простой, привлекательной и легкой в употреблении.

STOP THE BLEEDING (см. *Stem the tide.*)

STUB DEBT (*букв.: огрызок долга*). Напоминатель наподобие корешка чека. Речь может идти о любой сумме: допустим, если из восьми тысяч займа выплачено только шесть.

SUPER BOWL INDICATOR (*букв.: индикатор суперкубка*). Примета, основанная на убеждении, что выигрыш суперкубка командой, которая до 1970 г. входила старую Американскую футбольную лигу (AFC), предсказывает падение фондового рынка на будущий год, тогда как выигрыш команды, входившей до 1990 г. в Национальную футбольную лигу (NFC), означает его подъем. Как ни странно, это сбывается в 85% случаев.

SURGICAL HIRING (*букв.: хирургический наем*). Так обозначается наем специалиста в данной области или человека с особенными навыками или опытом. На большинстве работ претендентов опрашивают, оценивают уровень подготовки, а затем, возможно, направляют на повышение квалификации. Пользуясь «тонкими инструментами», вы оставляете избранных кандидатов, порой даже переманивая их у конкурентов, и они почти не требуют настройки и «заточки» под производство. Не забывайте также, что соискатели могут иметь друзей среди ваших клиентов, и это даст им дополнительный плюс.

TAILSPIN (*букв.: воздушный штопор*). Если ваша компания *вошла в штопор*, дело идет к финалу — как и в падающем самолете.

THAT DOG WON'T HUNT (*букв.: эта собака не будет охотиться*). Выражение ввел в широкий оборот экс-президент США Линдон Джонсон. Так южане намекают, что ничего не получится.

THINGS IN THE DRAWER (*букв.: вещи в выдвижном ящике*). Вещи, которые мы храним, но пока не используем. Возможно, мы держим их про запас — скажем, для презентации на переговорах. А пока что они спрятаны от посторонних глаз в ящике стола.

TOUGH CROWD (*букв.: шпана*). Относится к участникам встречи, обменивающимся колкостями.

TURKEY (*букв.: индейка*). Вложение, приносящее неутешительные плоды.

UNDER THE TABLE (*букв.: под столом*). Имеются в виду действия, скрытые от глаз публики: тычки и пинки.

VIRAL MARKETING (*букв.: вирусный маркетинг*). Маркетинг, разгоняющий сам себя без вложения денег или ценой минимальных затрат. Это своего рода вечный двигатель, мечта любого предпринимателя: после одного толчка слава о продукте или услуге распространяется как эпидемия. Сегодня многие фирмы переходят на подобную стратегию в ущерб традиционным методам. Так, компания *Apple* позволяет опробовать свои продукты подросткам, те рассказывают своим друзьям — и молва растет словно снежный ком.

VIRAL SITE (*букв.: вирусный сайт*). Популярный ресурс, пропускающий много трафика, который часто цитируют и дают ссылки друзьям и семье.

WALLPAPER (*букв.: обои*). Так называют ценные бумаги, потерявшие какую-либо стоимость. Теперь ими можно лишь обклеивать стены.

WARM FUZZIES (см. *Kudos*).

WATCHDOG (*букв.: сторожевой пес*). Человек или группа людей, ответственные за соблюдение правил, установленных директором завода или правительством. Они не допускают беспредела и перехода свободы во вседозволенность.

WATERED STOCK (*букв.: подмоченный фонд*). Акции, пущенные в оборот ниже рыночной цены. Вкладчику могут предложить скидку, дабы побудить к инвестициям.

WHIPSAW (*букв.: удар хлыстом*). Быстрый сдвиг цены, за которым следует движение в обратную сторону. В деловых кругах так описывают любое неблагоприятное действие наподобие скачков продаж, способное нанести удар другим отраслям, например производству.

WHITE KNIGHT (*букв.: белый рыцарь*). Человек или предприятие, покупающие фирму, тем самым спасая ее от нежелательного поглощения другой стороной.

WHITE NOISE (*букв.: белый шум*). Приглушенный шум и шепот на рынке. Он почти не слышен — в отличие от «черного», который звучит громче и может перекрыть ваш рекламный посыл.

WINDOW DRESSING (*букв.: шторы*). Стратегия, к которой прибегает начальство в преддверии конца года или квартала, «пришивая к деревьям листья и крася траву в зеленый цвет». Все ради того, чтобы по всем показателям фирма предстала в своем лучшем виде. (См. *Cooking the books, Creative accounting, Gaming the numbers* и *Cookie jar accounting.*)

WINNER'S CURSE (*букв.: проклятие победителя*). Финансовая теория, которая гласит, что, если на аукционе есть несколько покупщиков из одной компании, выигравший, как правило, переплачивает.

WOMBAT (*букв.: вомбат*). Название зверька здесь толкуется как аббревиатура: *Waste Of Money, Brains And Time* — «Потеря Денег, Мозгов и Времени».

YARD (*букв.: ярд*). Миллиард.

YES MAN (*букв.: господин Да*). Работник, чье существование сведено к моментальному исполнению желаний босса еще до того, как они возникнут. Обычно все сослуживцы презирают этого подхалима. (См. *Wallpaper the meeting* и *Kowtow.*)

ZERO-SUM GAME (*букв.: игра ноль-сумма*). Пан или пропал. Боливар не вынесет двоих. Ситуация, где компромисс невозможен: один должен проиграть, а другой за счет этого выиграть.

Глава 8
ВЛОЖЕНИЯ

ABOVE PAR (*букв.: выше номинальной цены*). Оборот описывает акции или любой актив, торгуемый дороже своей цены. Это, например, 900-рублевая облигация с рыночной ценой в 950. (См. *Below par* и *Par value*.)

ACCREDITED INVESTOR (*букв.: аккредитованный инвестор*). В надежде предотвратить рискованные вложения федеральный закон о безопасности предусматривает минимум имущества или дохода для желающего стать инвестором. Базовые требования к соискателям такого статуса требуют ликвидных активов, превышающих миллион, или наличия ежегодного дохода свыше 200 тысяч в течение последних двух лет.

ANGEL (*букв.: ангел*). Разновидность вкладчика венчурного капитала, который инвестирует небольшие суммы: как правило, меньше полумиллиона.

ANTI-DILUTION CLAUSE (*букв.: договор о неразводнении*). Условие, что в случае какого-либо происшествия, способного разводнить ценность (скажем, выплаты дивидендов, новых выпусков ценных бумаг или деления фонда), каждая акция должна восстановить свою ценность исходя из условий конверсии. Например: акция, делимая на 30 долей, должна иметь условие деления на 90, если фонд этих бумаг делится три к одному.

ANTI-GREENMAIL PROVISION (*букв.: положение против зеленой почты*). Положение в уставе фирмы, удерживающее начальство от покупки большого пакета акций по льготной цене до того, как он будет предложен другим акционерам. (См. *Greenmail*.)

ASSET-BACKED SECURITY (*букв.: гарантия, финансируемая активами*). Долговая безопасность с дополнительным обеспечением; оно финансируется нормативами на счет любого актива, отличного от недвижимости.

AT-RISK RULE (*букв.: правило в случае риска*). Закон, не позволяющий вкладчикам брать назад доли, превышающие объем вложенных денег; это достигается путем ограничения вычетов до суммы, что была напрямую внесена в актив. Например: вы не можете получить компенсацию за потерю 50 тысяч, если вложили только 25: вычесть можно лишь то, чем вы рискнули первоначально. Звучит просто, однако различные мастера поднаторели в создании ситуаций, когда деньги, взятые назад, оказываются куда больше первоначального вклада.

BELOW PAR (*букв.: под ценой*). Продажа ценных бумаг дешевле рыночной цены или себестоимости. Например: акция номиналом 1200 рублей, торгуемая за 725. (См. *Par value* и *Above par.*)

BLACKOUT PERIOD (*букв.: период затемнения*). Время перед публикацией финансовой информации, в течение которого определенные сотрудники компании не могут торговать фирменными активами.

BOOK (*букв.: книга*). Документ, пускаемый в обращение с целью достичь финансирования, продать пакет акций или компанию. (См. *Private placement memorandum.*)

CARDBOARD BOX INDEX (*букв.: индекс картонной коробки*). Показатель, используемый рядом вкладчиков для оценки промышленного производства. Выпуск картонных коробок помогает предвидеть выпуск товаров повседневного спроса. Чем больше производится коробок, тем, соответственно, больше нужно товаров, чтоб их заполнить. Однако помните, что произвести товар — полдела, его еще необходимо продать.

CASINO FINANCE (*букв.: финансы казино*). Любое вложение, связанное с высокими рисками.

CATS AND DOGS (*букв.: коты и собаки*). Спекулятивные инвестиции.

COMMON STOCK (*букв.: обыкновенные акции*). Акции, не дающие своим владельцам преимуществ по дивидендам или распределению активов. Они передают право голоса и, если компания не выпустила других ценных бумаг, часто называются акционерным капиталом. Держатели обыкновенных акций являются «остаточными» владельцами корпорации: они имеют право на то, что остается после выплат всем сторонам. (См. *Conversion price, Voting stock, Debt exchangeable for common stock* и *Preferred stock.*)

CONSOLIDATION (*букв.: консолидация*). Таким термином обозначают объединение под эгидой одного концерна маленьких предприятий: ломбардов, похоронных бюро, агентств ремонта автомобилей, скорой помощи и пунктов приема утильсырья. В теории такой союз должен сделать их более прибыльными, особенно при хорошем управлении кадрами и капиталом. На бумаге все и вправду выглядит гладко, а вот на деле усилия по объединению могут перевесить призрачную выгоду и занимать месяцы и даже годы — в отличие от внезапного союза, возникающего в мгновение ока. (См. *Roll up* и *Poof offering.*)

CONVERSION PRICE (*букв.: цена конвертации*). Цена пая, по которой обычные акции будут обмениваться на обратимые гарантии или долг. (См. *Common stock* и *Convertible security.*)

CONVERTIBLE SECURITY (*букв.: конвертируемые ценные бумаги*). Ценные бумаги, которые могут обмениваться на другой актив эмитента по выбору держателя; как правило, это фиксированный набор долей обыкновенных акций. (См. *Conversion price* и *Common stock.*)

DEBT EXCHANGEABLE FOR COMMON STOCK (DECS) (*букв.: долги, что могут обмениваться на обыкновенные акции*). Долг, способный обмениваться на обговоренное число обыкновенных акций компании. Может служить наградой или защищать вкладчиков в случае, если они хотят долг вместо обыкновенных акций. Я сам вкладывал таким образом, пока наконец не выбрал обращение своих акций в долг, начав получать платежи, так как фирма не улучшала показатели и не платила дивиденды. (См. *Common stock.*)

DERIVATIVE (*букв.: производная*). Ценность бумаг или активов, которая зависит от показателей гарантии, таких как опции или фьючерсные контракты. Вычислить ее очень сложно.

DILUTION (*букв.: разводнение*). Снижение ценности паев или акций из-за эмиссии новых. Оно может быть вредным для положения существующих акционеров, поскольку снижает ценность и возможные дивиденды каждого пропорционального пая. Например: если у ста акционеров есть акция ценой в рубль, общая капитализация фирмы равна сотне рублей. Если она допечатает и раздаст еще сто акций по полтиннику, капитализация вырастет всего в полтора раза, но будет распылена между двумя сотнями участников. Так что первоначальные вкладчики пострадают.

DIRECT PLACEMENT (*букв.: прямое размещение*). Продажа новых бумаг не на публичных торгах, а напрямую ограниченному числу крупных игроков. Такие сделки могут сократить издержки. Но куда важнее то, что они не прерывают торговлю обыкновенными акциями выбросом на рынок новых паев. Это также позволяет компаниям избегать демпинга своих ценных бумаг.

DRAG-ALONG RIGHT (*букв.: право тащить за собой*). Право, позволяющее большинству акционеров заставить миноритарных держателей акций участвовать в продаже фирмы. Пользуясь этим, они могут продать фирму даже тому, кто хочет скупить 100% портфеля компании. Маленьких вкладчиков оттирают, как ракушки с борта корабля.

EARNINGS SURPRISE (*букв.: сюрприз доходности*). Такое случается, когда доходы в отчете компании отличаются от тех, что ожидает сообщество вкладчиков, или когда они не укладываются в предел, запланированный фирмой.

EPS (*букв.: прибыль на акцию*). Доход на обыкновенную акцию. (См. *LGAP*.)

FLOAT (*букв.: поплавок*). Набор долей в руках публики, способной торговаться. (См. *Float* и *Uncollected funds*.)

FOLLOW-ON OFFERING (*букв.: последующее предложение*). Добавочный выпуск, который следует за первоначальным предложением акций фирмы. Например: она может выпустить 500 тысяч акций сначала и 200 тысяч потом.

FULL VALUATION (*букв.: полная оценка*). В венчурной или другой фирме того же рода это утверждение означает, что заявленная цена слишком высока для оправданности вложения.

GOING PRIVATE (*букв.: приватизация*). Процесс, в рамках которого открытая компания имеет дополнительные доли, выкупаемые с целью не дать никому завладеть контрольным пакетом. Так поступают некоторые фирмы, уменьшившиеся в размере, поскольку оставаться открытыми им слишком дорого. Это также может происходить, когда один или несколько вкладчиков скупают все акции (скажем, по цене выше рыночной), считая, что могут лучше управлять компанией или достигать лучшего результата.

INVESTMENT BANKER (*букв.: инвестиционный банкир*). Фирма, которая функционирует как посредник между организациями, требующими дополнительных фондов, и частными лицами, а также компаниями, у которых есть свободные средства. Большинство людей хоть раз в жизни имели дело с такими банкирами. К числу последних относится и ипотечный брокер, помогающий покупателям недвижимости находить источники займа.

JUNIOR DEBT OR SECURITY (*букв.: субординированный долг или младшие ценные бумаги*). Класс долгов, имеющий более низкий статус по сравнению с другими долгами того же участника рынка. Он более рискован для вкладчика, но может обещать более высокий доход, чем более безопасный.

LOB IN A CALL (*букв.: подбросить звонок*). В ипотечном агентстве так называют телефонный звонок.

LOCKUP PERIOD (*букв.: время пребывания под замком*). Время, в течение которого сотрудники и другие первые вкладчики не имеют права продавать свои акции в недавно открытой компании.

MARKET CAPITALIZATION (*букв.: рыночная капитализация*). Общая ценность всех выпущенных в обращение акций фирмы. Рассчитывается путем умножения текущей рыночной цены доли на реальное количество акций.

NEGOTIABLE (*букв.: подлежащий переговорам*). Пункт, который может быть переуступлен или перенесен. Подобным образом обсуждаемой гарантией называется и та, что может быть перемещена или продана.

OPTION (*букв.: опцион*). Письменное соглашение, которое дает одной из сторон исключительные права на некий период времени. Вариантом этого является возможность купить что-то по специальной цене.

PE FUND. Частный фонд обыкновенных акций.

POOF OFFERING (*букв.: предложение об организации пула*). Вид преобразования, когда предприятия, возглавляемые предпринимателями-одиночками, внезапно организуют одну общую фирму. В 1992 году я таким образом объединился с несколькими другими автодилерами, что далось мне непросто. Я быстро понял, что это неразумно: не хватало стабильных бухгалтерских практик. Это называется «пшик», поскольку в один прекрасный день у вас есть четыре частных предприятия, а назавтра нечего предложить на рынке ценных бумаг. (См. *Roll up* и *Consolidation*.)

POOP AND SCOOP (*букв.: нагадь и греби*). Рыночная манипуляция, в рамках которой небольшая группа заговорщиков пытается снизить стоимость приобретения, распространяя заведомо ложную негативную информацию (гадит на репутацию жертвы), а потом скупая все по упавшей цене (гребет лопатой дешевые акции). Это, разумеется, запрещенный прием, практикуемый в основном в Интернете. (См. *Pump and dump*.)

PREEMPTIVE RIGHT (*букв.: преимущественное право*). Право вкладчика поддерживать постоянный процент неоплаченных акций фирмы. Обычно инвесторы имеют возможность приобретать паи в новом фонде пропорционально распределению тех неоплаченных долей, что у них уже есть. То есть если акционер владел двадцатью акциями из ста, а после этого были эмитированы еще двести, он имеет исключительное право купить еще сорок, дабы продолжать владеть пятой частью портфеля.

PREFERRED STOCK (*букв.: привилегированные акции*). Вид владения акциями, предусматривающий, что владелец получает фиксированный доход в первую очередь по сравнению с обычными вкладчиками. Правда, такое владение не дает права голоса. (См. *Common stock* и *Prior preferred.*)

PRICE-EARNINGS RATIO (P/E RATIO) (*букв.: отношение цены к прибыли*). Статистика данных анализа обыкновенных акций, в которой текущая стоимость ценной бумаги делится на сегодняшние или ожидаемые доходы в расчете на каждую акцию.

PRIOR PREFERRED (*букв.: сверхпривилегированные*). Вид приоритетного размещения, дающий право встать первым в очередь тех, кто идет без очереди. (См. *Preferred stock.*)

PRIVATE PLACEMENT MEMORANDUM (PPM) (*букв.: меморандум частного размещения*). Документация, предоставляющая информацию на новый выпуск ценных бумаг: похоже на проспект, но не отличается его широтой. Данный документ предоставляет бизнес-план и другие объекты интереса перспективным покупателям, таким образом документируя сделку, и может создать в ходе презентации эффект ожидания.

Тот, кто прибегает к подобному, должен быть очень осторожным, чтобы не сделать фальшивое заявление, способное стать основанием для суда. Подобные процессы встречаются чаще, чем можно подумать, ибо многие предприятия сколачивают деньгу на падении описанных документов. Говоря в общем и целом, все продажи бумаг должны регистрироваться в рамках Комиссии по ценным бумагам, хотя есть и менее частые ограничения, управляющие правилами для мелких предложений — до миллиона. (См. *Book.*)

PUBLICLY TRADED COMPANY (*букв.: публично торгуемая компания*). Фирма, чьи акции свободно торгуются на публичных рынках как через прилавок, так и в обмен, например на фондовой бирже Нью-Йорка.

PUMP AND DUMP (*букв.: накачай и сбрасывай*). Стратегия, противоположная *Poop and scoop*. Рыночная манипуляция, в рамках которой плохо торгуемые акции, собранные в одни руки, «надуваются» и продаются по высокой цене ничего не подозревающему инвестору. (См. *Poop and scoop.*)

QUIET PERIOD (*букв.: тихое время*). Период, в течение которого выпуск ценных бумаг проходит регистрацию и не может «раскручиваться» тем, кто его выпустил. Он начинается во время регистрации и заканчивается 25 днями позже начала торгов. Комиссия по ценным бумагам хочет, чтобы потенциальные покупатели принимали решение, основываясь лишь на проспекте фирмы, так что все прочие источники информации должны «молчать в тряпочку».

REAL ESTATE INVESTMENT TRUST (REIT) (*букв.: трест недвижимости*). Компания, что покупает и управляет недвижимостью или связанными с ней ссудами. Доход, заработанный этим трестом, проходит через акционеров и облагается вычетами в их пользу, а не в пользу треста.

RED HERRING (*букв.: красная селедка*). Штамп красного цвета на проспекте, сделанный Комиссией по ценным бумагам и говорящий, что бизнес-план еще не получил одобрения. (См. *Red herring.*)

REGULATION D (*букв.: правило Д*). Некоторым мелким компаниям положения Комиссии по ценным бумагам дают право предлагать и продавать ценные бумаги без регистрации сделки или по облегченным правилам.

ROACH MOTEL STOCK (*букв.: акции мотеля-тараканника*). Доли, которые трудно продать, особенно на падающем рынке.

ROLL UP (см. *Poof offering* и *Consolidation*).

SECURITIES EXCHANGE COMMISSION (SEC) (*букв.: Комиссия по ценным бумагам и биржевым операциям США*). Комиссия по ценным бумагам, независимое федеральное Агентство, основанное в 1934 году в США с целью усилить федеральное законодательство о ценных бумагах.

STAKEHOLDER (*букв.: представитель заинтересованной группы*). Любая сторона, имеющая в организации интерес, как правило финансовый. Это могут быть акционеры, держатели облигаций, клиенты, пользователи, поставщики, сотрудники и так далее. Им есть что терять и приобретать от работы компании, даже если речь идет не о деньгах.

VC FUND (см. *Venture capital firm*).

VENTURE CAPITAL (*букв.: венчурный капитал*). Пул рискового капитала, откуда ассигнования делаются доступными для маленьких новых компаний с хорошими обещаниями роста, но недостатком фондов. Большие инвесторы обычно делают вклад в другой форме.

VENTURE CAPITAL FIRM (*букв.: венчурная фирма*). Фирма, которая специализируется на том, что делает фонды доступными для компаний.

VULTURE FUND (*букв.: фонд-стервятник*). Пул денежных инвестиций, используемый для приобретения депрессивных финансовых активов по сходной цене.

VULTURE INVESTOR (*букв.: инвестор-стервятник*). Вкладчик, пытающийся достичь прибыли путем покупки долгов компаний, которые обанкротились или имеют подорванный кредит.

VOTING RIGHTS (*букв.: право голоса*). Вид голосования и контрольный пакет, который имеют владельцы класса акций.

VOTING STOCK (*букв.: голосующие акции*). Ценные бумаги, дающие их держателю право голосовать на выборах директоров, при назначениях аудиторов и в других случаях, возникающих на ежегодном совещании. Как правило, обыкновенные акции тоже относятся к таким бумагам. (См. *Common stock.*)

WARRANT (*букв.: ордер, варрант*). Вид ценных бумаг, позволяющий их владельцу приобретать особый набор долей портфеля по обусловленной цене в течение некоего срока. Например: пять долей обыкновенных акций компании АБВГД по цене 25 рублей до 17 августа 1998 года. Обычно ордера возникают как часть нового выпуска, но после эмиссии торгуются отдельно. Их ценность куда более непостоянна, чем ценность основных фондов, поэтому вклад в таких бумагах делается не для неженок. Обычно ордера предлагаются инвесторам в качестве дополнительной приманки для покупки основных акций.

WIDOW-AND-ORPHAN STOCK (*букв.: акция «вдов и сирот»*). Консервативный вклад с маленькой возможностью больших приобретений или потерь, равно как сильных скачков в цене. Он соответственно и зовется, поскольку вдовы и сироты не могут позволить себе терять деньги, и такое вложение чревато минимальными рисками.

Глава 9
БУХГАЛТЕРИЯ

ACCOUNTS RECEIVABLE TURNOVER (*букв.: оборачиваемость дебиторской задолженности*). Количество случаев за отчетный период, когда фирма конвертирует свои кредитные продажи в наличные деньги. Большое количество возвратов показывает, что компания эффективно расширяет кредитные линии и успешно собирает все платежи. Соотношение подобных счетов подсчитывается путем деления средней суммы возможных получений на годовой объем кредитных продаж.

ACCRETIVE (*букв.: приращение*). Добавление части к целому, делающее его качественно иным. Предприятие теперь нечто большее, чем простая сумма частей. Отладка одного из узлов приносит прибыль проекту в целом, положительно отражаясь на работе других компонентов. (См. *Synergy.*)

ACCRUAL ACCOUNTING (*букв.: учет методом начисления*). Подход к бухгалтерии, в рамках которого издержки относятся к тому отчетному периоду, в котором они имели место (а доход — в момент его поступления), не дожидаясь, пока дело дойдет до реальных выплат или получения наличных. (См. *Cash basis accountant.*)

ACCRUED EXPENSE (*букв.: начисленные обязательства*). Затраты, которые будут оплачены, но еще не выплачены.

ACCRUED INTEREST (*букв.: начисленные проценты*). Процент к сумме, одолженной в рост, приплюсованный к долгу, но еще не оплаченный.

ACCUMULATED DEPRECIATION (*букв.: накопленная амортизация*). Общее обесценивание актива с момента его приобретения. Например, если погрузчик был приобретен пять лет назад за 15 тысяч рублей и уценивался на 3 тысячи в год, то за три года его суммарное обесценивание достигнет 9 тысяч. В итоге агрегат, согласно бухгалтерским книгам, будет иметь остаточную ценность в 6 тысяч. Впрочем, эта цифра может меняться в зависимости от того, как он обслуживается, и от его стоимости при перепродаже. (См. также: *Book value, Depreciation, Capital gain.*)

ACID-TEST RATIO (см. *Quick ratio*).

ADDITIONAL PAID-IN CAPITAL (*букв.: эмиссионный доход*). Дополнительные вклады, сделанные акционерами после покупки ценных бумаг, превышающие утвержденный фонд акций или его номинальную стоимость.

AGING (*букв.: старение*). Выстраивание компонентов ведомости в хронологическом порядке. Этот оборот чаще всего применяют к инвентарю и получению счетов. Например: все неоплаченные квитанции принято заносить в счет отдельным списком, а затем суммировать их, основываясь на дате платежа. Благодаря этому всегда можно распределить затраты во времени: с оплатой в течение месяца, двух, трех и так далее. (См. *Tainting.*)

AMORTIZATION (*букв.: амортизация*). Уменьшение долга или нематериального актива путем уплаты процента серией взносов. Схема амортизации долга порой рассчитывается с целью определить размер платежей за его обслуживание. Для нематериальных активов сумма вычисляется с целью свести к минимуму ценность актива через период времени.

AMORTIZE (*букв.: амортизировать*). Постепенный и систематичный расчет некоей суммы за определенное время. Например, бухгалтер может амортизировать цену долгосрочного нематериального актива путем высчитывания части этой цены из дохода за каждый квартал. Оборот может применяться почти ко всему нематериальному, что полностью использовано, выплачено и так далее за отчетный период.

APPRECIATION (*букв.: повышение стоимости актива*). Поднятие ценности актива на период времени.

ASSET (*букв.: актив*). Ценный предмет или ресурс. (См. *Net worth.*)

AUDITED STATEMENT (*букв.: проверенная отчетность*). Финансовый документ, подготовленный исходя из общепринятых бухгалтерских стандартов, которые разделяются всеми финработниками. (См. *GAAP.*)

BIFURCATION (*букв.: разветвление*). В области финансов это означает отпочкование предприятия или его разделение на две части. Может применяться почти что к чему угодно, делимому надвое.

BLUE SKY LAWS (*букв.: законы синего неба; законы о торговле воздухом*). Законы, диктующие требования к исполнению или регистрации приобретения, а также к продаже ценных бумаг; могут варьироваться в разных штатах Америки. Оборот имеет в виду, что подобные ограничения призваны защищать вкладчиков от проходимцев, втюхивающих им кусок Луны или нечто столь же эфемерное, что нельзя потрогать руками.

BOOK VALUE (*букв.: нетто-капитал*). Чистая денежная ценность актива, как ее изображают на балансовом счету фирмы. Например, если здание приобретено за 1 млн рублей, но уценилось на 400 тысяч, его «книжная» ценность составляет 600 тысяч. Данное бухгалтерское понятие часто не совпадает с рыночной ценностью актива. (См. *Accumulated depreciation.*)

CALENDAR YEAR (*букв.: календарный год*). Период с января по декабрь. (См. *Fiscal year.*)

CAP EX (*укороченные слова «капитальные издержки»*). Активы, которые подлежат уценке. Оборот используют в широком смысле при планировании бюджета, когда определяют эти активы на приближающийся год. (См. *EBITDA*.)

CAPITAL GAIN (*букв.: доходы от прироста капитала*). Сумма, порожденная продажей капитальных активов по цене, превышающей основную. (См. *Accumulated обесценивание*.)

CAPITAL GAINS TAX (*букв.: налог на увеличение рыночной стоимости капитала*). Налоги на прибыли, получаемые продажей капитальных активов, как то облигации и фонд акций.

CAPITALIZATION (*букв.: капитализация*). Способы и типы долгосрочного финансирования на предприятии: удержанные заработки, долгосрочный долг, фонд обыкновенных и привилегированных акций. Фирма, имеющая капитализацию с малым долгом или без долгосрочного долга, считается финансируемой консервативно.

CAPITALIZATION RATE (*букв.: норма капитализации*). Конвертация дохода в единовременно выплачиваемую сумму, соответствующую его ценности на данный момент. Например: соотношение капитализации в 20% при ежегодном доходе в 3 тысячи обеспечивает действительную ценность в 3 тысячи, деленные на 0,2, то есть в 15 тысяч.

CASH AND EQUIVALENTS (*букв.: денежные средства и эквиваленты*). Сумма кратковременных активов, которая легко может быть конвертирована в наличные; это, например, фонд акций и облигации.

CASH BASIS ACCOUNTANT (*букв.: кассовый метод учета*). Вид бухгалтерии, в рамках которого основой документирования сделок являются квитанции и платеж наличными. Крупные корпорации не прибегают к такому виду отчетности; разве что кустарь-одиночка или малое предприятие могут использовать ее для документирования налогов. С тех пор как предприятие выбрало некий метод расчетов, оно уже не может сменить его без разрешения соответствующих инстанций. (См. *Accrual accounting*.)

CASH FLOW (*букв.: денежный поток*). Сумма денежных средств, принесенная вкладом или предприятием в течение определенного времени. Одним из показателей этого процесса является так называемый «доход, подсчитанный до процентов, налогов, обесценивания и амортизации» (EBITDA).

CASH RATIO (*букв.: норма денежных средств*). Вид соотношения, сравнивающего денежные средства фирмы и их эквиваленты с ее текущими обязательствами. Норма денежных средств фирмы определяет ее ликвидность. Чем выше соотношение, тем лучше.

CHATTEL (*букв.: движимое имущество*). Личная собственность: материальная, но не относящаяся к недвижимости. (См. *Personal property*.)

CLEARINGHOUSE (*букв.: расчетная палата*). Система, в рамках которой банки производят взаимозачет своих чеков, дабы не расставаться с наличностью. Так может называться и место, где встречаются две стороны, чтобы обменяться предметами и уладить счета.

CLOSET ACCOUNTANT (*букв.: кабинетный бухгалтер*). Так пренебрежительно зовут тех, кто претендует на звание бухгалтера, таковым не являясь. Тонкий намек на то, что свое образование человек получил «не выходя из кабинета» и соответствующего опыта у него нет.

COGS (см. *Cost of goods sold*).

CONSUMER PRICE INDEX (CPI) (*букв.: индекс потребительских цен*). Измерение разницы между относительной ценой жизни сейчас и такой же ценой жизни в течение базового периода (сейчас это 1982–1984 гг.).

CONTINGENT LIABILITY (*букв.: условное обязательство*). Такая ответственность, которая вырастает из совместного подписания или гарантии по любому финансовому обязательству, как то аренда, заем или финансовое исполнение контракта для другой стороны.

CONTRIBUTED CAPITAL (*букв.: внесенный капитал*). Фонды или собственность, переведенные в компанию держателями ее акций. Вклад может быть сделан напрямую в фонд акций; в этом случае платеж засчитывается как внесенный капитал.

COST OF LIVING ADJUSTMENTS (COLA) (*букв.: поправка на рост прожиточного минимума*). Повышение зарплаты, как правило, совпадающее с уровнем инфляции. При росте цен на 25% в год: именно столько будут ждать ваши работники, не говоря уже о дополнительном вознаграждении.

CURRENT ASSETS (*букв.: текущие активы*). Активы, которые либо высоко ликвидны, либо легко могут быть конвертированы в наличные без потери значительной ценности в течение ближайшего года. Например: инвентарь считается текущим активом, а оборудование — нет.

CURRENT LIABILITIES (*букв.: текущие обязательства*). Долги, что должны быть выплачены в течение ближайшего года. Сюда входят навлеченные, но не оплаченные издержки, текущие проценты долгосрочного долга, счета, предъявленные к оплате, краткосрочные кредиты финансовых учреждений и дивиденды, объявленные, но пока не отданные акционерам.

CURRENT RATIO (*букв.: коэффициент текущей ликвидности*). Имеется в виду способность компании выплачивать свои долги (делить текущие активы на текущие обязательства). Неписаным правилом является соотношение «два к одному», но банкиры могут принять и более низкое соотношение, если оно в пределах или выше отраслевых стандартов. Слишком низкие соотношения подлежат обсуждению, поскольку их приходится поднимать. Слишком высокие, наоборот, указывают на неиспользуемые ресурсы и могут быть знаком того, что капитал управляется неадекватно. Иногда это связывают с так называемым «соотношением работающего капитала». (См. *Liquidity ratio.*)

DEBT COVERAGE RATIO (*букв.: коэффициент обслуживания долга*). Используя это соотношение, банки-кредиторы определяют, способен ли заемщик выплачивать свой кредит. Для этого берется оперативный доход предприятия и добавляется износ, причем получившаяся сумма должна составлять, по крайней мере, 120% ваших ежегодных выплат по долгам.

Например, если оперативный доход предприятия составляет 50 тысяч долларов, что включает 5 тысяч на издержки по обесцениванию, а запрашиваемый кредит в полмиллиона потребует выплаты 6 тысяч ежемесячно, соотношение покрытия долга составляет 76% (55 тысяч делятся на требуемые 72, то есть по 6 тысяч в течение 12 месяцев).

Поэтому самый большой долговой платеж, который предприятие в состоянии произвести, оставаясь в рамках 120%-ного покрытия долга, составит 3819 долларов. Впрочем, некоторые банки хотят даже больше 120% в зависимости от других обстоятельств, таких как соотношение долга и акций, и, конечно же, от вашей кредитной истории. С немногими исключениями стандарт по размещению займов требует полагаться на реальный прошлый доход, а не на его формальный размер.

DEBT-TO-EQUITY RATIO (*букв.: соотношение заемных средств и собственного капитала*). Эта цифра показывает, насколько фонд обеспечивается кредиторами и насколько — владельцами. Данное соотношение подсчитывается путем деления долга на акции владельца; может включать только долгосрочный долг или всю неоплаченную задолженность. Оба пункта включаются в балансовую отчетность. Низкое соотношение долга и акций (ниже двух к одному), говорящее о консервативном финансировании и низком риске, приводит к меньшим потерям в больших суммах или к большим достижениям в заработках. Высокое соотношение (выше двух к одному) указывает на историю больших потерь или агрессивного финансирования, приводящую к весьма неустойчивым заработкам. Проще говоря, банки предпочитают давать взаймы два доллара за каждый доллар акций компании — но не больше.

DELTA (*букв.: дельта*). Различие двух цифр и их изменение относительно друг друга. Например, разница между 20 и 50 тысячами, то есть *дельта*, равна 30 тысячам. Если базовая величина меняется до 25 тысяч, а *дельта* остается той же, другая цифра возрастает до 55 тысяч.

DEPRECIATION (*букв.: обесценение*). Процесс изменения цены актива за некий период времени. (См. *Accumulated depreciation* и *Economic life*.)

DISCOUNTED CASH FLOW (*букв.: дисконтированный денежный поток*). Подсчет реальной ценности суммы, которая будет получена в будущем. Поскольку цена денег зависит от времени, есть связь между суммой и периодом ожидания платежа. Допустим, 100 долларов сейчас могут равняться 125 долларам через год. Иной раз трешка сейчас лучше червонца через пять лет. (См. *Time value of money*.)

DISCRETIONARY EARNINGS (*букв.: дискреционные доходы*). То, что предприятия зарабатывают без учета процентов по долгу, налога на доход, обесценивания и амортизации, неоперативных и неповторяемых издержек. Обыкновенно этот длинный оборот сокращают как EBITDA. (См. *Earnings before interest, taxes, depreciation, and amortization*.)

DIVIDEND (STOCK) (*букв.: дивиденды по акциям*). Совокупность чистых прибылей компании, распределяемая среди некоей группы держателей акций. Дивиденды выплачиваются исходя из «размера портфеля» ценных бумаг.

EARNED INTEREST (*букв.: заработанные проценты*). Процент по долгу, наросший за некое время (как правило, за день). Может как выплачиваться, так и начисляться.

EARNINGS BEFORE INTEREST AND TAXES (EBIT) (См. *Operating income.*)

EARNINGS BEFORE INTEREST, TAXES, DEPRECIATION, AND AMORTIZATION (EBITDA) (*букв.: доход до уплаты налога на прибыль, процентов и амортизации*). Распространенное измерение наличных сумм фирмы. Скептики утверждают, что такие замеры могут вводить в заблуждение, имея в виду, что компании весьма осторожны в определении суммы компонентов, используемых при подсчете. Финансовые аналитики часто используют *EBITDA* для оценки способности компании выполнить свои обязательства по долгам. Кроме того, так измеряют доходность, рассчитывая стоимость компании и сравнивая её финансовые показатели с прочими предприятиями. Вдобавок *EBITDA* не берёт во внимание фонды, которые могут потребоваться компании для капитальных вкладов (*cap ex*). В зависимости от класса активов и солидности заёмщика кредиторы могут пожелать как минимум 120% покрытия долга, имея в виду, что ежегодная *EDITDA* должна быть как минимум на 20% выше долговых платежей. (См. *Cap ex.*)

EARNINGS MULTIPLE (См. *Price-earnings ratio.*)

EBIT (см. *Earnings before interest and taxes*).

EBITDA (см. *Earnings before interest, taxes, depreciation, and amortization*).

ECONOMIC LIFE (*букв.: экономический срок службы*). Так называют время, в течение которого актив выгоден или полезен. Это не обязательно увязывается с периодом, в течение которого актив деградирует; если вы покупаете металлоконструкции 50-летней давности, вас могут обязать списать более 30 лет, даже хотя их экономическая жизнь склонна быть гораздо меньше. (См. *Depreciation.*)

ENDING INVENTORY (*букв.: конечный запас*). Товары, которые всё ещё остаются в продаже в конце отчётного периода.

EXCHANGE RATE (*букв.: обменный курс*). Ценность валюты, выраженная в других денежных единицах. Например, если российский рубль весит 75 белорусских «зайчиков», соотношение составляет 75 к одному.

EXTRAORDINARY ITEM / LOSS / GAIN (*букв.: чрезвычайная статья / потеря / добыча*). Нечто вызванное необычайным и редким событием или сделкой. Например, если компания продаёт собственное здание, это может считаться неординарным товаром, поскольку другого такого она не имеет и не планирует продавать в ближайшем будущем. Если что-то продаётся по цене меньше покупочной, это и есть *чрезвычайная потеря*. Если намного выше — такое же *достижение*.

FASB (см. *Financial Accounting Standards Board*).

FASB GOODWILL (*букв.: добрая воля FASB*). Сумма, превышающая чистую стоимость по торговым книгам, которая выплачивается за приобретение. Выражение навеяно тем, что вы не видите, за что отдаете деньги; это столь же эфемерно, как синее небо. *Добрая воля* представляет собой актив на балансовом счету приобретающей фирмы, ценность которого в ряде случаев может снижаться. (См. выражения *Blue sky* и *Blue Sky laws,* а также *Intangible asset.*)

FIFO (см. *First-in, first-out).*

FINANCIAL ACCOUNTING STANDARDS BOARD / FASB (*букв.: Совет по стандартам бухгалтерского учета*). Независимая бухгалтерская организация, определяющая стандарты финансовой отчетности. Правила, установленные FASB, влияют на цифры, которые компании показывают ревизорам, аналитикам и держателям акций. (См. *GAAP.*)

FIRST-IN, FIRST-OUT (FIFO) (*букв.: первым вошел — первым вышел*). Бухгалтерская процедура для определения порядка продаваемых или используемых предметов, а также для предварительного подсчета их ценности. В рамках FIFO самые старые единицы инвентаря предполагается продать в первую очередь.

FISCAL YEAR (*букв.: финансовый год*). Год, который начинается в любой другой месяц, кроме января. Некоторые компании почему-то любят, чтобы их финансовый и календарный год не совпадали. (См. *Calendar year).*

FIXED ASSET (*букв.: основной, капитальный актив*). Актив, который не может легко быть переведен в наличные, способные использоваться в ежедневных операциях предприятия.

FIXED COST (*букв.: фиксированная, твердая цена*). Цена, которая не меняется вне зависимости от вариаций в выпуске продукции. Оборот может описывать, например, рентные платежи в агентстве недвижимости. (См. *Variable cost.*)

FREE CASH FLOW (*букв.: свободный денежный поток*). Поток наличных, который сохраняется даже после принятия в расчет всех остальных течений, как то расходы работающего капитала, приобретения фиксированного актива и актива продажи. Очевидно, что чем он больше, тем лучше.

GENERALLY ACCEPTED ACCOUNTING PRINCIPLES (GAAP) (*букв.: общепринятые бухгалтерские принципы*). Стандартные бухгалтерские практики и процедуры. Они учреждаются Комиссией по стандартам финансовой отчетности. (См. *Financial Accounting Standards Board (FASB), Pro forma earnings, Audited statement* и *LGAR.*)

GAIN (*букв.: доходы*). Сумма, полученная в сделке сверх стоимости по бухгалтерским книгам. Например: квитанция на 7500 долларов о продаже актива, оцененного по книгам в 2500, имеет результатом прибыль в 5 тысяч. В зависимости от того, как долго актив держали, а также от других факторов приобретение и потеря капитала могут быть долго- или краткосрочными.

GOING CONCERN STATEMENT (*букв.: отчет о действующем предприятии*). Заключение аудитора о способности компании совершать сделки. Оно показывает, что есть существенный риск для держателей акций. Его издают, например, потому что фирма теряет значительные суммы денег, или, допустим, поскольку она имеет нависший долг, который, скорее всего, не может выплатить.

GROSS MARGIN (см. *Gross profit margin*).

GROSS PROFIT (*букв.: валовая прибыль*). Сумма, остающаяся после того, как из цены продукта удерживаются вычеты, связанные с производством, сырьем, хранением и внутренней перевозкой сырья. Из валовой прибыли вычитают общие и административные издержки, оставляя так называемую чистую прибыль.

GROSS PROFIT MARGIN (*букв.: маржа валовой прибыли*). Подсчитывается путем деления валовой прибыли на чистые продажи; выражается в процентах. Другими словами, это доходы, что остаются после того, как выплачена вся стоимость производства продукции. (См. выражения *Cost of goods sold* и *Net sales.*)

GROSS SALES (*букв.: валовой объем продаж*). Все абсолютно продажи за некий период с учетом скидок и возвратов. Меня бесит, когда я слышу, как люди говорят о продажах, оптовых или чистых, как о «доходе». (См. *Net sales.*)

HARD ASSETS (*букв.: твердые активы*). Вообще все материальные активы, что легко поддаются определению: мебель и приспособления, снаряжение, инвентарь, колесные устройства, инструменты, недвижимость. Их можно потрогать или увидеть — в отличие от эфемерных активов наподобие «доброй воли».

INCOME (*букв.: доход*). Доход может быть подсчитан многими способами; большинство их перечислено в данной книге. Но это отнюдь не продажи компании (валовые или чистые). Не выношу, когда люди говорят о выручке за продажу как о своем доходе. Предполагаю, что они делают так от незнания лучшего способа отчитаться, или поскольку это позволяет их компании выглядеть круче, нежели на самом деле. (См. также: *Operating income, EBITDA, EBIT*).

INTANGIBLE ASSET (*букв.: нематериальный актив*). Актив, не имеющий физических характеристик, но представляющий ценность для компании. Сюда относятся добрая воля, репутация и тому подобное. (См. выражения *Blue sky* и *FASB goodwill*.)

INTELLECTUAL PROPERTY (*букв.: интеллектуальная собственность*). Уникальные инновации или идеи, которые не являются материальной ценностью предприятия; могут защищаться патентами, торговыми марками и авторскими правами. Понятие также относится к навыкам, способностям и творческим процессам, которые развились на предприятии и не могут быть измерены в цифрах. Сюда можно отнести команду спецов по маркетингу и продажам с навыками эффективной и успешной «раскрутки» новой продукции. Эти умения могут быть осмыслены как часть интеллектуальной собственности. Патентовать это нельзя, но тем не менее нужно как следует защищать.

INTERNAL RATE OF RETURN (IRR) (*букв.: внутренняя норма доходности*). Это не просто ежегодное соотношение возврата, умноженное на количество лет. Если вы одолжили 50 тысяч и не получаете в первый год никаких процентов, но имеете 20 тысяч во второй год, реально вы заработали 10 тысяч ежегодно, так что ваш *IRR* составляет примерно 20%. Впрочем, в жизни расчеты не так просты, особенно при выходе «в ноль» в течение первого года.

Есть вариант, при котором этот показатель вычисляют как соотношение скидок, когда нынешняя ценность ожидаемого притока наличных с проекта приравнивается к такой же ценности ожидаемого оттока.

LADY GODIVA ACCOUNTING PRINCIPLES (LGAP) (*букв.: бухгалтерские принципы леди Годивы*). Теоретическая часть бухгалтерских принципов, согласно которым корпорации должны полностью открывать информацию, включая даже ту, что нечасто предоставляется вкладчикам. Такой подход включает раскрытие всех внебалансовых документов и способа подсчета пенсионных издержек. Легенда гласит, что леди Годиве пришлось проехать по деревне на коне полностью обнаженной; этот вид полного разоблачения оставляет корпорации даже без «фигового листочка». (См. *Generally accepted accounting principle, EPSs.*)

LAST-IN, FIRST-OUT (LIFO) (*букв.: последним вошел, первым вышел*). Бухгалтерский метод определения порядка, в котором предметы используются или продаются. При его применении самый недавний инвентарь предполагается продать первым.

LIABILITY (*букв.: обязательства*). Обязательство предоставить сумму денег, товары или услугу другой стороне. Балансовый счет перечисляет эти обязанности, а исполнение их — долг и честь фирмы. (См. *Net worth.*)

LIFO (см. *Last-in, first-out*).

LIQUIDITY RATIO (*букв.: коэффициент ликвидности*). Измерение того, насколько компания способна отвечать своим долгосрочным обязательствам; делается путем сравнения финансовых вариантов. (См. выражения *Current ratio* и *Quick ratio.*)

LOWER OF COST OR MARKET (*букв.: наименьшая из двух цена возможной продажи*). Метод определения ценности актива: это первоначальная стоимость или цена текущего возмещения, смотря что из них ниже. Имейте в виду, что это не совпадает с ценностью, заявленной в бухгалтерских книгах.

MATERIAL (*букв.: материал*). Термин из области бухгалтерии и инвестиций; так описывают нечто способное оказать значимый эффект на показатели компании. Смысловое наполнение здесь может варьироваться, так как недостача 100 тысяч в маленьком банке может привести к его закрытию, тогда как подобную потерю в большом банке не сочтут даже погрешностью округления — она не будет иметь *материального* эффекта.

NET PROFIT (см. *Gross profit*).

NET QUICK ASSETS (*букв.: чистые ликвидные активы*). Текущие активы, которые могут быть легко конвертированы в наличные за вычетом текущих же обязательств.

NET SALES (*букв.: чистые продажи*). Валовые продажи за вычетом возвратов, пособий, скидок и кредитов. (См. также: *Gross sales, Gross profit margin, Operating ratio.*)

NET WORTH (*букв.: чистая стоимость*). Суммарные активы за вычетом суммарных обязательств. (См. выражения *Asset* и *Liability*.)

NONRECURRING CHARGE (*букв.: случайные расходы*). Издержки, которые не ожидают встретить снова в обозримом будущем. (См. *Extraordinary item.*)

OFF THE BOOKS (*букв.: вне бухгалтерских книг*). Сделка, что совершается только в наличных или по бартеру. Люди, которые ведут предприятия за пределами конторских книг, обычно пытаются избежать налогообложения, что во многих случаях нелегально. Так что если ваш сын не отчитывается о прибыли со своей квасной бочки, он ведет «черную» кассу, и приставы могут явиться уже со дня на день.

OPERATING EXPENSE (*букв.: операционные расходы*). Необходимые траты на управление предприятием; включают в себя зарплаты, налоги, страховки и прочее. (См. *Operating rate.*)

OPERATING INCOME (*букв.: операционный доход*). Доход, производимый из ежедневных операций, которые превышают издержки, за исключением налогов. Проще говоря, это доход от нормальной деятельности предприятия. Необычные редкие случаи, такие как прибыли от продажи филиала или потери от закрытия завода, не включаются в подсчет данного вида дохода.

OPERATING RATIO (*букв.: операционная норма*). Операционные расходы, отнесенные к чистым продажам. (См. также: COGS, *Net sales, Operating expense.*)

ORDINARY INCOME (*букв.: обычная прибыль*). Доход, который не требует особого налогового подхода. Примером являются заработная плата, дивиденды и процент по долгам.

PAID IN CAPITAL (*букв.: оплаченный (акционерный) капитал*). Капитал, получаемый от вкладчиков в обмен на фонд акций. Он не является результатом финансовых операций, и это отражается в балансовых документах. Включает в себя фонды и собственность, вложенные в фирму акционерами.

PAR VALUE (*букв.: номинальная стоимость*). Денежная стоимость гарантии займа или минимальная сумма, которая вносится вкладчиками с целью приобретения некоей доли в фонде обыкновенных акций. Например, если основатель компании вкладывает 2 тысячи долларов и те распределяются между 20 тысячами акционеров, цена каждой доли составляет 10 центов; тем не менее в будущем доли могут торговаться и с другой стоимостью. (См. выражения *Above par* и *Below par.*)

PARALLEL ECONOMY (*букв.: параллельная экономика*). «Черный» рынок. Неотрегулированная, неформальная, подпольная рыночная площадка.

PASSIVE ACTIVITY (*букв.: пассивная деятельность*). Деятельность, потенциально позволяющая кому-либо получать прибыль без физического участия, или же торговля, в рамках которой налогоплательщик значительно не задействован. Например, если у вас есть работа на полную занятость, а также сдаваемый в аренду дом, он-то и будет вашей пассивной деятельностью.

PASSIVE INCOME (LOSS) (*букв.: пассивный доход / убыток*). Особая категория дохода (потерь), производимая из деятельности, в которую кто-либо не вовлечен напрямую: это ограниченное партнерство, недвижимость и другие формы вкладов со льготным налогообложением.

PERSONAL PROPERTY (*букв.: личная собственность*). Собственность, не являющаяся недвижимостью и не привязанная навечно к земле. Она материальна и может быть движима. (См. *Chattel.*)

PREPAID EXPENSE (*букв.: расходы будущих периодов*). Такая трата, что обеспечит будущие прибыли, поскольку выплачивается полностью за один раз. Зачастую это повторяемые расходы. Например, страховка, которую нужно выплатить всю сразу за год.

PRICE OF GOODS SOLD (COGS) (*букв.: себестоимость реализованной продукции*). Суммарная цена покупки сырого материала, изготовления конечной продукции и вывода на рынок товаров в определенный отчетный период. Например: если фирма покупает сырье, затем изготавливает из него конечный продукт по себестоимости в полтинник, а потом продает за сотню, продукт в итоге имеет 50 рублей COGS и 50 рублей валовой прибыли. Проще говоря, это цена изготовления продукта. (См. *Operating ratio* и *Regression analysis.*)

PRIVATELY HELD COMPANY (*букв.: компания закрытого типа*). Фирма, чьи доли распределены в узком кругу акционеров и не выставляются на публичные торги.

PRO FORMA EARNINGS (*букв.: гипотетические доходы*). Доход, который нет необходимости подсчитывать в соответствии с общепринятыми принципами бухгалтерии. Например, компания может отчитаться о формальных заработках за вычетом издержек на обесценивание и единовременных потерь наподобие пересмотра цен. (См. *Generally accepted accountant principles.*)

PRO FORMA FINANCIAL STATEMENT (*букв.: гипотетический финансовый отчет*). Финансовое утверждение, основанное на проектной или заявленной сумме. «Писано вилами по воде».

PROFIT CENTER (*букв.: центр прибыли*). Некий отдел предприятия, для которого прибыли, цены и доход подсчитываются отдельно. Начальник этого управления отвечает только за показатели этой части компании.

QUICK RATIO (*букв.: коэффициент быстрой ликвидности*). Наличные плюс торгуемые ценные бумаги, а также возможные получения, деленные на текущие обязательства. Неписаным правилом является соотношение один к одному. Если оно меньше, это указывает на нехватку ликвидных активов, необходимых для выплаты краткосрочных долгов без конвертации краткосрочных активов. (См. выражения *Acid-test ratio* и *Liquidity ratio*.)

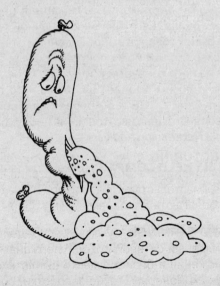

R&D. Этой аббревиатурой обозначают затраты на исследования и разработки.

RECAPITALIZATION (*букв.: рекапитализация*). Реструктурирование совокупности акций и долга фирмы, когда последний слишком велик. Обычно производится с целью сделать структуру капиталов компании более устойчивой.

REGRESSION ANALYSIS (*букв.: регрессионный анализ*). Расчет некоей возможной величины путем анализа других смежных с ней переменных. Я использую этот способ для прогнозирования т. н. цены проданных товаров, рассматривая предыдущие соотношения и возвраты. (См. *Cost of goods sold.*)

RESERVE (*букв.: резерв*). Фонды, составленные из удержанных заработков и предназначенные для выплаты возможных серьезных долгов.

RESIDUAL VALUE (*букв.: остаточная стоимость*). Цена, по которой, как ожидается, некий актив может быть продан к концу своего использования покупателем. Расчет ее требует опыта и сноровки. Допустим, арендуется новый автомобиль ценой 50 тысяч; рассчитано, что его остаточная ценность после двух лет использования составит 40 тысяч. В этом случае арендная плата будет вычисляться исходя из уценки на 10 тысяч плюс процента по долгу, деленного на 24 месяца. Если реальная стоимость оказывается ниже расчетной, арендодатель может потерять много денег.

RESTRUCTURING (*букв.: реструктурирование*). Так говорят, когда фирма экстренно перестраивает свои активы и/или обязательства. Обычно в подобных случаях все заработки облагают единовременным сбором.

RETAINED EARNINGS (*букв.: нераспределенная прибыль*). Суммарный сетевой доход, удержанный для повторного вложения в бизнес вместо выплаты его в виде дивидендов акционерам. Такие заработки, согласно балансовому отчету, есть часть пакета акций владельца.

RETURN ON EQUITY (ROE) (*букв.: прибыль на собственный (акционерный) капитал*). Мера сетевого дохода, который фирма в состоянии заработать на долю акций в руках держателей. Другими словами, возврат по акциям есть сетевой доход (за вычетом налогов), деленный на акции владельца.

RETURN ON INVESTMENT (ROI) (*букв.: норма возврата инвестиций*). Мера чистого дохода, который может зарабатывать руководство компании, плюс суммарные активы. Другими словами, это чистые прибыли (за вычетом налогов), деленные на аналогичные активы.

RETURN ON SALES (*букв.: прибыльность (рентабельность) продаж*). Часть каждого рубля, принесенного продажами, которую фирма обращает в доход, фиксируемая в виде процентного соотношения.

RIGHT SIDE OF THE BALANCE SHEET (*букв.: правая сторона балансового отчета*). Выражение относится к той стороне балансового отчета, где указаны обязательства предприятия.

ROBBING PETER TO PAY PAUL (*букв.: ограбив Петра, платим Павлу*). «Тришкин кафтан». Перемещение денег или ресурсов из одного отдела (проекта) в другой, что в итоге не приносит вам никакой прибыли.

RUN RATE (*букв.: коэффициент периода*). Расчет того, как будут выглядеть финансовые показатели фирмы, если спроецировать ее текущие результаты на некий период времени. Например, доход за последние два месяца, умноженный на шесть, может дать примерную цифру дохода в ближайший год — если, конечно, дело прочно стоит на ногах.

SHORT-TERM DEBT (*букв.: краткосрочный долг*). Часть долга, которую следует собрать в течение следующих 12 месяцев.

SHRINKAGE (*букв.: недостача*). Перечень оформленного инвентаря минус список его же в реальном наличии. Прекрасный способ понять, нет ли на складе вора.

SIMPLE INTEREST (*букв.: простой процент*). Процент по долгу, который берется только с занятой суммы, в противовес т. н. сложным процентам, когда последний насчитывается на текущий долг. Например, 7% годовых могут всего лишь означать, что вы берете в долг 100 рублей, а через год отдаете 107. Другой вариант — когда эти проценты нарастают ежедневно и насчитываются на капитал, уже немного выросший вчера. Разумеется, во втором случае доход ростовщика будет выше.

SOURCES AND USES OF FUNDS STATEMENT (*букв.: отчет об источниках и использовании фондов*). Оборот описывает источники наличных (продажи, займы) и их расходование: издержки, покупку нового оборудования, выплаты по кредитам. (См. *Statement of cash flows.*)

STATEMENT OF CASH FLOWS (*букв.: отчет о движении денежных средств*). Финансовый документ, в котором фирма отчитывается, как она получает фонды и как они тратятся за некий период. (См. выражения *Sources* и *Uses of funds statement.*)

STOCK SALE (*букв.: биржевая продажа*). Продажа бизнеса во всей его полноте: на имя покупателя переводятся все активы, обязательства и ценные бумаги компании. Это необходимо уметь отслеживать. При покупке одних активов вы не получаете всех сопутствующих акциям ценных вкладчиков и все обязательства, даже случайные и возможные.

Биржевая покупка может таить сюрпризы, особенно если компания имеет больше обязательств, чем вы ожидали. Большинство продаж мелких предприятий касаются только активов, и фирмы сохраняют свой фонд акций. Теоретически эти бумаги теперь не представляют для продавца ценности (их обеспечение сменило хозяев); однако он стремится сохранить возможные обязательства, ассоциируемые с компанией, которая, даже опустошив активы, осталась по-прежнему законным налогоплательщиком.

STRAIGHT-LINE DEPRECIATION (*букв.: равномерное начисление износа*). Метод подсчета обесценения, когда уценка регистрируется в равных долях через равные промежутки времени. Например, если актив стоит 15 тысяч, а его планируемая ценность после пяти лет использования составит 2 тысячи, тогда 13 тысяч уценки будут распределены поровну на все пять лет: по 2600 за год.

TAINTING (*букв.: порча*). Бухгалтерский оборот из области получения счетов, подразумевающий, что ценность последних ставится под вопрос из-за высокого уровня возвратов, хищений, а также любого другого ненадлежащего использования или мошенничества. Если клиент накопил много 90-дневных счетов, его старые 30-дневные долги считаются *порчеными*, поскольку вероятность собрать их довольно мала. (См. *Aging*.)

TANGIBLE ASSET (*букв.: материальный актив*). Актив, имеющий физические характеристики, например здание или часть оборудования; может быть движим и не является идеей или концептом.

TIME VALUE OF MONEY (*букв.: временна́я стоимость денег*). Идея того, что некая сумма денег тем более ценна, чем скорее она возвращается. (См. *Discounted cashflow*.)

TURNAROUND (*букв.: выход их кризиса*). Процесс выхода из периода спада, потерь или низких прибылей к более благоприятным тенденциям.

TURNOVER (*букв.: оборот*). Количество перемещений актива за отчетный период, обычно за год. Например: пятикратный оборот означает, что актив двигался туда и обратно пять раз. Впрочем, эту статистику можно вести в самых разных измерительных единицах.

UNCOLLECTED FUNDS (*букв.: неполученные средства*). Депозит или часть задатка, которая еще не получена финансовым учреждением; последние, как правило, не позволяют вам, как клиенту, выписывать чеки на еще не пришедшие деньги. Чтобы проблема несобранных фондов возникала как можно реже, банки стараются перемещать их мгновенно, сводя к минимуму т. н. *afloat* — разрыв во времени между получением ими чека и реальным снятием наличных с вашего счета. (См. *Float.*)

UNDERCAPITALIZED (*букв.: недостаточно капитализированный*). Так говорят обо всем, что связано с фирмой, не имеющей достаточных акций для поддержки своих активов.

UNDERPERFORMING ASSET (*букв.: недостаточно используемый актив*). Актив, зарабатывающий более низкую прибыль в сравнении с той, что он мог бы приносить при надлежащем использовании.

UNREALIZED LOSS (*букв.: нереализованный убыток*). Сравнение изначальной ценности актива с его сниженной ценностью. Такие потери обычно всплывают при необходимости выплатить налоги с имущества. Например, если вы покупаете автомобиль за 10 тысяч и проезжаете на нем 100 тысяч километров за два года, он явно будет стоить меньше, чем указано в конторских книгах. Когда реальная рыночная цена меньше документированной, налицо *нереализованная потеря*.

UPSTREAM-DOWNSTREAM (*букв.: течение вверх-вниз*). Способ проверить, насколько грамотно учитывается ваш инвентарь. Его единицы, хранящиеся на товарном складе, сравниваются со своим отображением в письменной или компьютерной отчетности, дабы убедиться, что все вещи прошли регистрацию. Это называется *идти вверх по течению*. Когда проверка совершается наоборот, то есть от формальной версии к складу товаров, это — *по течению вниз*.

С чего вы начнете проверку, с «низа» или с «верха», непринципиально. Сначала, как правило, исследуют маленькую выборку; если внутри нее цифры сходятся, дальнейшая верификация может стать и вовсе ненужной. Обнаружив противоречия, берут образец уже большего

объема. При значительном объеме выборки обнаруженный процент ошибок будет таким же, как в остальном фонде. Эта методика особенно полезна в области автомобильного утиля, где единицы хранения исчисляются сотнями тысяч, а ошибки в регистрации возвратов и повреждений довольно часты.

VARIABLE COST (*букв.: переменные издержки*). Затраты на производство продукции, которые варьируются прямо пропорционально количеству произведенных изделий; обычно включают в себя трудовые издержки и неоприходованные суммы. Рост этих цифр неразрывно связан с повышением объемов производства. Фирмы, у которых варьируемые данные составляют высокую пропорцию суммарных расходов, как правило, менее склонны страдать от больших перепадов в заработках: ведь при изменении продаж и доходов расценки также меняются, и примерно в том же объеме. Этим подвижные показатели лучше, чем закрепленные. (См. *Fixed cost*.)

VESTED (*букв.: утверждено законом*). Понятие из сферы проводов на пенсию или раздела прибылей; означает нечто полностью заработанное. Позволяет уточнить, как долго работник должен трудиться, прежде чем он с полным правом разделит прибыли компании, полученные с его помощью. Если же он покидает фирму до наступления некоей даты, любые фонды, что не оговорены соглашением, у него конфискуются. Оборот может также означать уровень личной вовлеченности или размер материального вклада.

WORKING CAPITAL (*букв.: работающий капитал*). Сумма текущих активов, превышающая текущие обязательства. (См. выражения *Asset* и *Liability*.)

WRITE-OFF (*букв.: списание*). Снижение ценности актива в финансовом отчете фирмы — как правило, до нуля. Обычно с ним так поступают, поскольку он уже ничего не стоит. Зачастую в конце квартала оказывается, что компания прекратила операции или свернула линейку товаров, что заставляет списать и все связанные с этим активы.

YIELD (*букв.: доход*). Возврат инвестиций, оформленный как процентное соотношение.

ZILCH. Ноль. Ничто. Кукиш. Если ваш доход на нуле, то вы либо заняты не своим делом, либо попали в шарашкину контору. Конечно, это не строгий бухгалтерский термин — но чем же, прах меня побери, занимаются финансовые директора?

Глава 10

БАНКИ: ЗАЕМ И ССУДА

ACCELERATION CLAUSE (*букв.: оговорка об ускорении*). Позволяет владельцу ценной бумаги или другого временно́го инструмента, наподобие займа, потребовать досрочно внести все платежи полностью. Так делают обычно в связи с определенным происшествием, таким как банкротство, отказ в платеже или нарушение соглашения о кредите.

BALLOON PAYMENT (*букв.: шаровой платеж*). Окончательный взнос, который предстоит сделать согласно расписке или договору о кредите; обычно это большая единовременная плата.

BANK EXAMINER (*букв.: проверяющий, ревизор банка*). Правительственный служащий, инспектирующий кредитные и другие операции банка, дабы увериться в их соответствии правительственным стандартам.

BASIS POINT (*букв.: базисный пункт*). Единица измерения процентов по долгу, равная одной сотой или одной десятитысячной будущей прибыли ростовщика.

BORROWING BASE (*букв.: база заимствования*). Активы, которые предприятие может с готовностью использовать для дополнительного обеспечения займа. В первую очередь к ним относятся оплачиваемые счета, оборудование, техника и инвентарь.

BORROWING BASE CERTIFICATE (*букв.: сертификат базы заимствования*). Свидетельство, которое заемщик представляет кредитору через некие промежутки времени, имеющее статус дополнительного обеспечения. Частота, с которой выписывают эту бумагу, обычно оговаривается в договоре о ссуде. Заимодавец может требовать ее в конце каждой недели, месяца или квартала. Порой она представляет собой перечень активов, включенных в кредитную базу: сюда входят инвентарь, получаемые счета и балансы этих счетов. Как правило, при взятии кредита активы не используются на все 100%. Например, инвентарь может обеспечивать лишь половину, а получаемые счета — три четверти текущих месячных обязательств.

BRIDGE LOAN (*букв.: промежуточный заем, заем-мост*). Краткосрочный заем, что берется на время, пока не возникнет устойчивое финансирование; этот кредит также зовут крен-ссудой. Это позволяет «замостить разверзшуюся пропасть». (См. *Interim financing*.)

CALL (*букв.: отзыв*). Требование от кредитующей организации выплатить заем раньше, чем оговаривали начальные условия. Это также и опцион, позволяющий держателю приобретать определенный актив по предрешенной цене до наступления некоей даты. (См. выражения *Call date* и *Call protection*.)

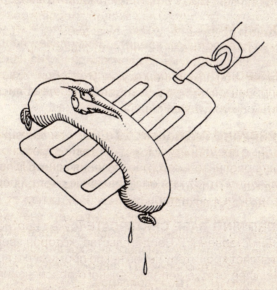

CALL DATE (*букв.: день отзыва*). Дата, когда расписка или другой документ могут быть предъявлены к оплате —

или когда ваш взнос могут затребовать полностью. (См. *Call.*)

CALL PROTECTION (*букв.: защита от отзыва*). Положение, обычно обговариваемое в частном порядке или отдельным соглашением, защищающее покупателя ценных бумаг от затребования денег на некий период времени, который может указываться в контракте. (См. *Call.*)

CLASSIFIED LOAN (*букв.: классифицированный заем*). (См. *Non-performing asset.*)

CLEAN PRICE (*букв.: чистая цена*). Назначенная цена облигации или другой ценной бумаги без наросших процентов по долгу.

COMMITMENT (*букв.: обязательства банка*). Форма, выпускаемая кредитором для перспективного заемщика, где оговариваются условия финансирования и требования, предъявляемые к должнику. (См. *Term sheet.*)

COMMITMENT FEE (*букв.: комиссионные за обязательство предоставить кредит*). Заимодавец порой выставляет заемщику счет за свои юридические издержки, связанные с оформлением ссуды. Этот сбор может быть невозвратным вообще или отдаваться назад лишь при закрытии кредитной линии.

COMPENSATING BALANCES (*букв.: компенсационные остатки*). Счет в банке, который кредитор требует обслуживать в знак дополнительного обеспечения выдаваемого кредита. Он может также предназначаться для компенсации прочих расходов, которые банк понес от имени клиента. Например, заемщик может иметь счет или свидетельство о размещении 200 тысяч долларов как дополнительное обеспечение аналогичной кредитной линии. Он может и избежать сборов за проверку счета, если на нем лежит минимум 10 тысяч долларов.

CONDUIT FINANCING OR CONDUIT LENDER (*букв.: перевалочное финансирование / перевалочный креди-*

тор). Заимодавец, использующий специальные фонды, чтобы расширить фиксированное соотношение. Так называют и долгосрочный кредит — как правило, в сфере недвижимости. Подобный кредитор полагается на приток наличности с дополнительного обеспечения для выплаты процентов по долгу. (См. *Securitization lender.*)

CONFORMING LOAN (*букв.: согласованный заем*). Общепринятая ипотека, отвечающая условиям займа и договорам, принятым домашними кредиторами Ивана Петровича и Марьи Васильевны.

COST OF CAPITAL (*букв.: стоимость капитала*). Полная цена финансирования активов фирмы (или процентное соотношение возврата), которые ее руководство ожидает выплатить по всем займам и акциям. Разные классы активов могут иметь разную стоимость; речь идет об их совокупности. Очень большие корпорации, подобные фирме *Ford*, управляют долгами на высшем уровне и не позволяют никаким другим недостачам скопиться где-либо еще. Таким путем они получают прибыль больших объемов с долгом, рассчитанным третьими сторонами; поэтому продают обязательства, ценные бумаги или другие финансовые инструменты по истинно низким ценам.

COVENANT (*букв.: соглашение*). Обычно так называют письменное обещание в соглашении о кредите, призванное защитить интересы заимодавца, поддерживая неизменным финансовый статус заемщика с момента подписания договора. Его условия определяют, что заемщик может и что не может делать для удовлетворения условиям займа. Например: ему могут не позволить залезать в новые долги с использованием неких активов как дополнительного обеспечения. (См. также: *Cure, Cross default, Positive covenant, Negative covenant* и *Subordinated debt.*)

COVERAGE RATIO (*букв.: коэффициент покрытия*). Измеренная способность корпорации покрыть определенные издержки. (См. также: *Earnings before interest, Debt coverage ratio* и *Depreciation and amortization*).

CREDIT LINE (*букв.: кредитная линия*). (См. *Line of credit.*)

CREDIT RATING (*букв.: кредитный рейтинг*). Оценка способности физического или юридического лица взять и отдать заем. Базируется на истории выплаты предыдущих займов вдобавок к доступным активам и кругу обязательств. Синоним выражения — «кредитные очки», насчитываемые ссудными учреждениями.

Вообще говоря, личный балл ниже 600 — это не очень хорошо, а выше 700 — просто замечательно. Каждое из трех кредитных бюро Америки имеет свою систему подсчета очков. Методологию держат в секрете, хотя основные ее параметры всем известны. При обращении за ипотекой кредитор, скорее всего, затребует ваши показатели во всех трех авторитетных инстанциях.

CREEPING CALL OPTION (*букв.: ползучий опцион покупателя*). Так называется опцион, который незаметно подкрадывается и меняется по мере приближения к дате затребования долга. Например: дабы соблазнить должника выплатить кредит раньше, ему могут предложить долг в 2 тысячи, выданные на два года, выплатить в половинном размере, зато в первый год. Иначе же эта тысяча будет расти на 4% в месяц, пока не увеличится до искомой суммы.

CROSS DEFAULT (*букв.: перекрестный дефолт*). Условие в кредитном договоре о том, что заемщика объявят банкротом, если он не справится с другим обязательством, как перед тем же кредитором, так и перед любым другим. Иначе возникает *перекрестное банкротство*, спутники которого — нарушение соглашения, суд или взыскание в определенном размере. (См. *Covenant.*)

CURE (*букв.: вылечить*). Распутать финансовый узел порой так же непросто, как исцелить недуг. Вылечить банкрота — значит поправить его дела, внеся последний платеж или оправдавшись за нарушение договора. (См. *Covenant*).

D&B (*аббревиатура*). Отчет о долговой состоятельности предприятия, приготовленный информбюро *Dun & Bradstreet*. Как правило, он содержит больше информации о компании, чем предоставляет среднее агентство кредитной отчетности.

IN THE CUTS (*букв.: в обрез*). Так в кругу банкиров зовут перебор кредита. Как клиент, вы не хотите попасть в денежный переплет; а если он неизбежен, остается уповать на хорошие отношения с вашим банкиром. Тогда он оплатит ваши чеки, даже когда они превышают баланс на счету. Я видел много мелких предпринимателей, неспособных войти в положение банкира и понять его беспокойство. Оплатить ваши чеки для него означает выдать своего рода кредит. Мой личный банкир Гарри Ноэль прокомментировал это так: «Не все из тех, кто попал в переплет, в итоге терпят банкротство; но, увы, каждый банкрот начинает с того, что денег стало *в обрез*».

INTER-CREDITOR AGREEMENT (*букв.: соглашение между кредиторами*). Договор, определяющий отношения между кредиторами равного и неравного калибра. Для заимодавцев одинаковых рангов (скажем, два младших застрахованных кредитора в совместном деле) соглашение обычно определяет такие моменты, как распределение траншей долга между сторонами, ведение дел в случае банкротства и процентное соотношение долга, способное голосовать за поправки. В случаях «неравенства» (это, допустим, младший и старший застрахованные кредитора) соглашение, как правило, определяет временны́е ограничения в случае банкротства для второго владельца прав удержания, прежде чем младший кредитор начнет действовать для защиты своей позиции. (См. *Tranche*.)

INTERIM FINANCING (*букв.: промежуточное финансирование*). Временное вливание средств, поддерживающее сделку вплоть до начала получения постоянных доходов. (См. *Bridge loan*.)

KITING (*букв.: использование фиктивного чека*). Схема, в рамках которой некто помещает свой чек в банк А, не покрыв его, забирает наличные с этого счета и несет их в банк В. Тут же он делает вклад в банк Б из банка В, куда он положил деньги. Таким образом создаются фантомные суммы, пока один из чеков не возвращается (или другие проблемы не заставляют превысить кредит), после чего вся «пирамида» рассыпается, как карточный домик, и «запуск змея» становится очевидным.

LETTER OF CREDIT (*букв.: кредитное письмо*). Обещание в форме письма из банка, гарантирующее, что платеж покупателя продавцу будет получен вовремя и составит нужную сумму. Другими словами, кредит заемщика обеспечивается ручательством третьей стороны.

LEVERAGED BUYOUT (LBO) (*букв.: покупка контрольного пакета акций корпорации с помощью кредита*). Финансирование большей части (или всего) долга путем использования ценных активов целевой компании, призванное обезопасить заем.

LIBOR (см. *London InterBank Offered Rate*).

LINE OF CREDIT (*букв.: кредитная линия*). Договор о займе, согласно которому финансовое учреждение соглашается ссужать клиента вплоть до некоего предела. Кредитная линия, запрашиваемая раньше, чем взаправду возникнет нужда в деньгах, дает клиенту возможность маневрировать и производить впечатление человека, который не страдает от временной нехватки наличности. (См. *Rest the credit line*.)

LOAN SYNDICATION (*букв.: синдицирование займа*). Процесс вовлечения многочисленных заимодавцев в обеспечение разнообразных частей кредита.

LOAN TO OWN (*букв.: заем для владения*). Таким оборотом описывают разновидность кредита, когда заимодавец воистину не заботится, получит ли он свои платежи, фактически дав понять, что присвоит в конце концов дополнительное обеспечение. Впрочем, это не стоит путать с ломбардом.

LOAN TO VALUE (*букв.: коэффициент обеспечения*). (См. *LTV.*)

LONDON INTERBANK OFFERED RATE (LIBOR) (*букв.: Лондонская межбанковская ставка предложения*). Базовое краткосрочное соотношение процентов по долгу на рынке евродолларов, а также пропорция, в рамках которой связываются многие евродолларовые займы и депозиты. Этим идея *LIBOR* напоминает «ведущий рейтинг» Соединенных Штатов, с той лишь оговоркой, что она не является предметом забот начальства многочисленных мелких банков. Соотношение *LIBOR* всегда ниже «ведущего рейтинга» США, где кредиты оцениваются на множество пунктов выше; однако на деле они равнозначны. Многие крупные заемщики берут кредиты, основываясь именно на *LIBOR*.

LTV (*коэффициент «кредит/стоимость обеспечения»*). Соотнесение одалживаемой суммы с ценностью объекта недвижимости, определенной путем аттестации. Заимодавцы обычно выдают ссуды в размере 80% от цены занимаемой владельцем квартиры. Если ваш домик стоит полмиллиона и вы туда уже въехали, максимальный заем для вас — 400 тысяч. В области инвестиций в недвижимость предел ставят обычно на уровне 70–75%: такова политика кредитора.

MATCH RATE FUNDS (*букв.: сбалансированные фонды*). Процент по долгу, связанный с приблизительным соотношением этого процента к источнику фондов. Например: кредитор (или посредник) может согласиться выплатить вкладчикам 4% их денег, зафиксировав эту цифру на 10 лет, и одолжить их заемщику с процентом в 4,25%. Последнего обяжут заплатить непомерный штраф при досрочной выплате кредита: ведь посредник гарантировал вкладчику 10-летний фиксированный доход. (См. *Securitization кредитор*.)

MATURITY (*букв.: зрелость*). Дата, по наступлению которой следует расквитаться с финансовым обязательством.

MIN-MAX (*букв.: минимум-максимум*). От и до. Оборот используют в области биржевых предложений, размещаемых, как правило, частным образом. Он относится к минимальной сумме, засчитываемой для вскрытия страхового счета «эскроу», и к самой большой, которая будет взята. Когда предложение превышает свой *максимум*, выходит, что покупателей акций больше, чем количество продаваемых долей. (Такая судьба постигла оба моих частных размещения). Если же не достигнута минимальная сумма, деньги со счета «эскроу» возвращаются инвесторам: предложение проваливает попытку консолидации.

MORTGAGE BANKER (*букв.: ипотечный банкир*). Банкир, делающий кредиты в недвижимости, которые впоследствии продаются другой стороне.

NEGATIVE COVENANT (*букв.: договорное обязательство о воздержании от действия*). Кредитное соглашение, предотвращающее определенную деятельность, пока на нее не согласятся все стороны. (См. *Covenant*.)

NON-PERFORMING ASSET (*букв.: недействующий актив*). Актив, не приносящий дохода. Например одолженная сумма, по которой заемщик не делает никаких выплат. Такая ссуда обязательно будет исследована банковскими ревизорами. Тот, кто получит клеймо *classified (классифицированный))*, не может рассчитывать на новые кредиты. (См. *OAEM*.)

OAEM (см. *Other Assets Especially Mentioned*).

OFF BALANCE SHEET FINANCING (*букв.: внебалансовое финансирование*). Бухгалтерские манипуляции, не позволяющие долгу по облигациям отразиться как обязательство на балансовом счете фирмы. Существуют и правила распознавания таких козней, но фантазия хитрецов безгранична. Даже аренда, если за ней не проследить, легко может исчезнуть из конторских книг.

ORDERLY LIQUIDATION VALUE (OLV) (*букв.: метод упорядоченной ликвидационной стоимости*). Один из методов, используемых для оценки активов, что покупаются или продаются. Как правило, этот тип ликвидации следует производить медленно и методично, дабы максимизировать ценность, получаемую с активов, избегая быстрой продажи первому же покупателю.

OTHER ASSETS ESPECIALLY MENTIONED (OAEM) (*букв.: прочие особо упоминаемые активы*). Оборот, используемый банковскими ревизорами для описания кредита, который находится под наблюдением из-за ненадежности и может попасть под угрозу. Если его показатели не улучшаются, он переходит в разряд *classified* (*классифицированный*). Это первая из трех категорий, куда ревизор помещает проблемный кредит, и наименее склонная к банкротству. Второй, более слабый разряд называется *substandard* (*низкостандартный*). Следующей категорией является сомнительный заем — *doubtful* (*сомнительный*).

Первые две группы обычно требуют резерва на стороне в сумме от 1 до 25% «перевеса» одолженной суммы. Как клиент, вы должны внушить уверенность в том, что ваш заем никогда не попадет ни в одну из перечисленных категорий. Кстати, некоторые типы кредитов вообще требуют 100%-ного резерва, пока не появятся надежные признаки восстановления некоторых активов, ограничивающие суммарное списание. (См. выражения *Classified loan* и *Non-performing asset*.)

PERMANENT FINANCING (*букв.: постоянное финансирование*). Долгосрочное финансирование, поддерживающее долгосрочный актив.

PERSONAL GUARANTY (*букв.: личная гарантия*). Так говорят, когда заемщик (или третья сторона) гарантирует долги компании. Малым предприятиям почти всегда требуется *личная гарантия* займов или аренды. Большие частные корпорации обычно не дают таковых — да и публичные компании делают это редко. (См. выражения *Recourse* и *Unsecured creditor*.)

POINTS (*букв.: пункты*). Сумма, выплачиваемая при закрытии ипотеки, дабы получить уменьшенный процент по долгам. Эти *пункты*, как правило, фиксируют соотношение суммы заема: один *пункт* равен 1% суммы заема. Эти взносы, как и вообще все сборы, выплачивают в первую очередь. Они увеличивают доход кредитора, при этом повышая эффективный процент по долгам для заемщика. Зачастую все или некоторые пункты делятся между третьими сторонами, вовлеченными в сделку. Например: свою порцию взносов (или *пунктов*) может получить ипотечный брокер.

POSITIVE COVENANT (*букв.: положительное соглашение*). Условие в кредитном соглашении, требующее особых действий заемщика: например, чтобы тот поддерживал некий уровень работающего капитала. (См. *Covenant.*)

PREFERRED CREDITOR (*букв.: привилегированный кредитор*). Заимодавец, которому отдают предпочтение в обход другого или других.

PRIME RATE (*букв.: прайм-рейт*). Процент по долгу, который коммерческие банки взимают со своих главных клиентов или же с тех, что имеют лучшую кредитную состоятельность (обычно это крупные корпорации). Многие сделки оцениваются по некоему набору пунктов. (См. *Sub prime loan.*)

PROMISSORY NOTE (*букв.: долговое обязательство, простой вексель*). Письменный, датированный, подписанный двумя сторонами документ, содержащий безусловное обещание, сделанное заемщиком, выплатить некую сумму по требованию держателя или по наступлению определенного дня в будущем.

RECOURSE (*букв.: право регресса*). Условие о возможности восстановить статус-кво. Если ипотека покупается с *регрессом*, а продавец ее терпит банкротство, покупатель может вынудить его приобрести товар обратно. Этой же цели служат и так называемые личные гарантии. (См. *Personal guaranty.*)

RECOURSE LOAN (*букв.: кредит с правом регресса*). Заем, в рамках которого кредитор может требовать большего, чем дополнительное обеспечение, на случай банкротства заемщика. Такие ссуды подвергают риску личные активы одалживающего.

RED LINING (*букв.: проведение красной черты*). Обычай финансовых учреждений угнетать потенциальных заемщиков в определенных географических областях путем отказа от выдачи им кредитов; проистекает из принципа расовой принадлежности.

REST THE CREDIT LINE (*букв.: оставить (в покое) кредитную линию*). Банкиры всегда надеются, что кредитная линия «отдохнула» случайно, имея в виду, что заем будет выплачен в сроки и до конца. Подобные линии обычно нужны предпринимателям с перепадами в поставках и спросе — если, скажем, доход их напрямую связан с сезоном. Если же эта линия выдерживается все время, то она, скорее всего, не нужна. По-настоящему необходим постоянный работающий капитал, то есть заем с амортизирующими выплатами каждый месяц.

REVERSE MORTGAGE (*букв.: обратная закладная*). Особый тип займа, конвертирующий обыкновенные акции в наличные деньги. Например, если у вас есть дом, за который надо платить, вы можете получить кредит под него и начать делать взносы. Такой заклад обеспечит вас доходом на ожидаемую продолжительность жизни. После вашей смерти дом будет продан для выплаты оставшейся суммы.

RULE 101 (*букв.: правило 101*). Это правило сродни тем, что учат в качестве азбучных истин в первых классах школы. Подставьте свое имя — и правило станет вашим. Нельзя сердиться на меня, поскольку вы должны мне денег и я хочу их. Клиенты, которые мне задолжали, могут вести себя как угодно, начиная с покаяния, но сердиться на меня, потому что я хочу получить назад свои деньги, категорически запрещено.

SCRIP (*букв.: временный сертификат*). Местная валюта, выпускаемая в форме долговой расписки частным лицом или корпорацией. Сюда входит все: и шпицбергенские боны треста *Арктикуголь*, и мили, начисляемые пассажирам авиалиний.

SECURED CREDITOR (*букв.: обеспеченный кредитор*). Кредитор, имеющий требование, дополненное особыми активами.

SECURITIZATION LENDER (*букв.: секьюритизационный тендер*). Тот, кто покупает или накапливает кредиты, а затем формирует из них пакеты для продажи в качестве ценных бумаг или их производных. Такие кредиты обычно финансируются посредством т. н. фондов равного соотношения. (См. выражения *Conduit lender* и *Match rate funds*.)

SECURITIZED (*букв.: секьюритизированный*). Консолидированные ипотечные кредиты, которые реализуются инвесторам для повторной продажи публике в качестве ценных бумаг. Они, как правило, фондируются в равном соотношении и поэтому чреваты большими штрафами за досрочные выплаты.

SENIOR DEBT (*букв.: старший долг*). Облигация или другое обязательство, которое имеет приоритет при выплатах в случае банкротства.

SIGHT LETTER OF CREDIT (*букв.: предъявляемое кредитное письмо*). Кредитный документ, приобретающий платежную силу, будучи предъявлен вкупе с другими надлежащими бумагами. Например, если вы отправляете морем товар на Тайвань, банк или агент покупателя обязан оплатить ваш чек, когда тот приходит, независимо от того, получили ли там груз.

SUB PRIME LOAN (*букв.: кредит, выданный лицу с плохой кредитной репутацией*). Кредит, предлагаемый по расценкам выше обычных для случаев, не подходящих под общепринятые. Большинство ссуд малому предприятию оцениваются в полтора-два пункта выше основных и отнюдь не считаются необычными. Подобные кредиты чаще оформляются для менее надежных покупателей; сюда входит рассрочка на дома на колесах, где соотношение составляет много пунктов сверх нормы. (См. *Prime rate*.)

SUBORDINATED DEBT (*букв.: субординированный долг*). Гарантия займа, что ценится ниже других, равно как требования по активам или заработкам. В области малого предпринимательства, если компания должна владельцу деньги и долг находится на балансовом счету фирмы, кредитор может потребовать, чтобы тот долг был подчинен банковскому; таким образом, владельцу не позволяется платить самому себе без предварительной выплаты банку.

Если он так поступит, это, скорее всего, будет приравнено к нарушению соглашения, и весь заем может стать причитающимся. В таких обстоятельствах кредитор склонен видеть подчиненный долг как совокупность акций, которая повышает клиентские соотношения, увеличивая его кредитоспособность. (См. *Covenant*.)

SUBORDINATION (*букв.: субординация*). Превращение первичного права удержания во вторичное по отношению к другому такому же праву. Это может делаться с целью стимулировать кредитора дать заем под коммерческую недвижимость, уже имеющую на себе право удержания. Владелец тогда склонен будет согласиться подчинить свое право удержания, дабы дать банку первенствующее положение в случае банкротства.

TERM SHEET (*букв.: письмо об условиях*). Бумага с предложенными условиями некоей сделки. Банки выпускают их для уведомления клиентов, что заявка на кредит принята. (См. также: *Commitment*.)

TRANCHE (*букв.: транш*). Так называют выплаты в среде инвесторов; новообразованные компании обычно не могут обойтись без нескольких траншей по мере роста своего дела. Облигации или другие требования также принято разделять на порции с близкими датами отзыва или аналогичным защищенным обеспечением. Например, если некие инвесторы платят 2 рубля за долю и допускаются к одному типу распределения, а другие платят 3 рубля за долю с другими правами — они попадают в разные *транши*.

Мне нравится метафорически сравнивать *транш* с окопом — ведь само это слово звучит почти как «траншея». Тогда в первом окопе окажутся акционеры, отдавшие доллар за акцию и получившие некоторые права. В другом окопе будет совокупность вкладчиков, отдавших другие деньги за другие привилегии. (См. *Intercreditor agreement*.)

UNDERWRITE (*букв.: подписываться, гарантировать*). Брать на себя риск реализации ценных бумаг путем покупки последних у выпустившей инстанции для публичной перепродажи. Скажем, гарант займа ручается за предложение выставить на торги акции *IBM*. В действительности же он соглашается покупать доли у *IBM* и отвечает за платеж до продажи акций общественности. Оборот используется во многих других случаях, равно как в малом предпринимательстве, причем чаще всего обозначает ручательство при заеме клиента. Это требует от банка уверений в том, что кредит отвечает неким стандартам.

Например: некоторые банки придерживаются правила не финансировать коммерческую недвижимость, пока та не заселена владельцем. Они могут выбрать отказ от этой политики, ища согласие других требуемых сторон. Ручательство также включает в себя анализ финансовых документов и потоков наличности фирмы. Следует знать соответствующую политику вашего кредитора, чтобы стремиться соответствовать ей — или искать другого заимодавца. Стандарты, впрочем, не слишком варьируются от банка к банку.

UNSECURED CREDITOR (*букв.: необеспеченный кредитор*). Такой заимодавец, который не имеет ни требований по активам, ни дополнительных обеспечений, кроме только добрых намерений заемщика выплатить ссуду. Большие частные и публичные фирмы сохраняют свои долги в активах, но вообще-то не дают персональных гарантий в отношении долга компании. Ручаются лишь за особенные активы. (См. *Personal guaranty*.)

Глава 11

НЕДВИЖИМОСТЬ, СТРАХОВАНИЕ И КОНТРАКТЫ

ACKNOWLEDGEMENT (*букв.: подтверждение*). Когда человек подписывает документ, требуется нотариально заверенное подтверждение, что он и вправду тот, за кого себя выдает.

ADDENDUM (*букв.: приложение*). Не стоит путать приложение с поправкой: имеется в виду письменное утверждение, вносящее в контракт дополнительный пункт или проясняющее его условия. Оно может представлять собой перечень активов, включенных в сделку; тогда последние прописываются в контракте, будучи определены как *Приложение N*. (См. *Amendment*.)

AKA. Сокращение слов «также известный как».

AMENDMENT (*букв.: поправка*). Это не то же самое, что приложение, так как *поправка* меняет контракт или соглашение, обычно путем признания исправлений. (См. *Addendum*.)

ARBITRATION (*букв.: третейский суд, арбитраж*). Третья нейтральная сторона, которая принимает решение в споре. Это не то же самое, что посредничество, когда человек дает свои предложения и рекомендации. В данном случае решение является реально обязывающим и может при согласии сторон подкрепляться законом.

AUDIT COMMITTEE (*букв.: ревизионная комиссия*). Подкомитет совета директоров корпорации, выбирающий ей внешних ревизоров.

BARE (*букв.: голый*). Ведение операций при отсутствии или превышении страховки.

BLUE LAWS (*букв.: пуританские законы*). Постановления, указы и декреты, запрещающие коммерческую деятельность по воскресеньям. Оборот относится к любым строгим законам и актам в местах, где жители разделяют веру в то, что воскресенье — это день отдыха.

BONA FIDE PURCHASER (*букв.: добросовестный покупатель*). Человек, способный совершить покупку и намеренный это сделать. Иногда покупатель идет напролом, хотя он может быть лишь «подсадной уткой», собирая информацию, а то и работая на конкурента.

BOUGHT IT OUT (*букв.: выкуплено*). Выбор продавца или субподрядчика.

BUILDER'S RISK INSURANCE (*букв.: страхование рисков застройщика*). Страховка, защищающая строителя и его клиента от потерь на период возведения объекта, пока оно не завершено и не начало действовать постоянное страхование. Может покрывать усушку, утруску и разворовывание материалов. Обычно такая страховка куда дешевле постоянной.

BYLAWS (*букв.: устав, правила внутреннего распорядка*). Деловое поведение, подчиняющееся правилам, одобренным акционером.

CHAIRMAN (*букв.: председатель*). Самая высокая позиция в компании. В больших фирмах такой человек отвечает за нечто большее, чем текущие будничные операции, хотя чаще всего по пути на эту должность он проходит ступеньку «главного исполнительного чиновника». Впрочем, кое-где он совмещает две эти должности, заодно работая президентом. А также руководит советом директоров, ставя задачи на перспективу. (См. *Chief executive officer*.)

CHIEF EXECUTIVE OFFICER (CEO) (*букв.: исполнительный директор*). Тот, кто отвечает перед советом директоров за претворение в жизнь решений этого собрания.

Самый высший чиновник, вовлеченный в повседневные операции. (См. *Chairman*.)

CLAYTON ACT (*букв.: акт Клейтона*). Так называют положение, поправившее в 1914 году Антимонопольный акт Шермана. Оно запрещает продавать один и тот же продукт отличным друг от друга людям по разной цене; спецпредложения и скидки возможны лишь в случае, если они касаются всех одинаково.

CLOSELY HELD COMPANY (*букв.: компания закрытого типа*). Компания, где доли общего фонда акций находятся во владении нескольких человек — как правило, членов одной семьи — и вообще недоступны для посторонних.

CODICIL (*букв.: дополнительное распоряжение к завещанию*). Кодициль, изменение, легально вносимое в последнюю волю умершего.

COMMINGLED (*букв.: смешано*). Оборот обычно относится к активам или фондам, сложенным воедино. Когда деловые и личные активы соединяются, это ослабляет степень ответственности корпораций и подобных им предприятий. (См. *Pierce the corporate veil*.)

CONCURRENT CONDITIONS (*букв.: взаимозависимые условия*). Условия, которые должны одновременно встретиться в контракте или соглашении, будучи взаимозависимы друг от друга. Ни одна из сторон не обязывается к чему-либо, пока эти требования не будут выполнены одновременно. (См. *Quid pro quo*.)

CONFORMING GOODS (*букв.: соответствующие товары*). Товары, отвечающие условиям контракта.

CONSIDERATION (*букв.: рассмотрение*). Обычно имеется в виду платеж деньгами, хотя возможен и расчет в другой форме. Такой контракт не является осуществимым, пока не произведена или как минимум не обещана компенсация. Оборот применяют вообще к любому изменению, отражающемуся на подписании договора. (См. *PIK*.)

CONTINGENT COMMISSION (*букв.: условные комиссионные*). Подобные вознаграждения знакомы искушенному дельцу как «откаты». Есть множество схем, в рамках которых страховщики отдают часть своих прибылей агентам и брокерам. Иной раз клиент думает, что ему предложили лучший пакет услуг по самой выгодной цене, хотя на самом деле он явно переплатил.

Один из этих методов заключается в том, что комиссия уходит обратно к брокеру, если потери наступают меньшие, чем рассчитывает клиент. Другие способы наживы включают перенаправление предприятия страховщикам, а также другим продавцам и услугам, обещающим платить за услуги структур другого посредника, и вообще всем, кто платит по некоей формуле, неизвестной клиенту.

Лучший способ избежать этого, по моему опыту, следующий. Возьмите с агента письменное обязательство не получать сейчас или когда-либо в будущем премии или платежи в любой форме из любого источника, родственного вашей деятельности, включая те самые «возможные комиссионные» — помимо плат, прописанных в соглашении.

Аналогичным образом брокер должен раскрывать любые связанные с делом третьи стороны, получающие любую долю в предприятии (например, перестраховку), или не связанные с делом структуры, платящие за определенное нацеливание. Многие посредники весьма поднаторели в таких делишках, так что вам придется попотеть, выводя их на чистую воду.

CONVEYANCE (*букв.: передача правового титула*). Реальный переход права на собственность, который возникает при подписании соответствующего документа.

COVENANT NOT TO COMPETE / NON-COMPETE CLAUSE (*букв.: соглашение (положение) об отсутствии конкуренции*). Условие контракта, запрещающее любую деятельность, которая выводит предприятие за пределы компании. Оно не должно требовать необоснованной продолжительности во времени или дальней географической области. Такие соглашения чаще всего попадаются в трудовых договорах, а также в контрактах о продаже фирмы или деловом партнерстве.

D&O COVERAGE (См. *Directors' and officers' liability insurance*).

DBA. Аббревиатура от «ведущий дело в качестве». Она обычно является торговой маркой, зарегистрированной соответствующей госструктурой.

DESTINATION CONTRACT (*букв.: контракт с оговоркой о доставке*). Пакт между покупателем и продавцом, согласно которому обязательства продавца не считаются выполненными, пока объект сделки не будет доставлен и принят клиентом. В этом случае все убытки от потери товара или его порчи при транспортировке несет продавец.

DILIGENCE (*букв.: усердие*). Быть благоразумным, заботливым и ответственным. В контрактах и бизнесе это означает делать предусмотрительные и обоснованные поступки для подтверждения информации и соответствия общим требованиям. Покупатели всегда вспоминают *усердие* при пересмотре целевых активов сделки и обязательств, при смене чиновников и других явлениях, способных оказать материальное воздействие на предприятие. (См. *Material.*)

DIRECTOR (*букв.: директор*). Член совета директоров, то есть группы людей, контролирующих компанию. *Директор* может также занимать внутри фирмы управленческую позицию.

DIRECTORS' AND OFFICERS' LIABILITY INSURANCE (D&O) (*букв.: страхование ответственности директоров и служащих*). Тип страховки, защищающий руководителей и чиновников фирмы от судебных процессов, возбужденных недовольными акционерами. Такая страховка в последние годы стала более дорогой и трудной из-за возросшего числа разбирательств. Компании предпочитают не рекрутировать директоров без собственной *страховки ответственности*.

DISCLAIMER (*букв.: отречение*). Заявление, которое пытается ограничить ответственность, а также делает предостережения или ставит условия с целью снять обязательства с корпорации или владельца бизнеса.

DISCLOSURE (*букв.: разоблачение*). Раскрытие фактов и деталей, касающихся ситуации или деловых операций.

DISCLOSURE SCHEDULE (*букв.: расписание раскрытия*). Список пунктов, которые раскрыты в отчете. Сюда относятся, скажем, высчитанные налоги, перечень транспортных средств или имеющихся у фирмы объектов недвижимости. Контракт о покупке объясняет, что именно должно быть отдано на суд общественности. Оборот звучит просто, однако таит в себе много подводных камней. Ошибка в раскрытии информации может стоить вам серьезных переживаний. (См. *Reps and warrants.*)

DUE DILIGENCE (*букв.: должное усердие*). В области контрактов этот оборот означает способность соответствовать своей хорошей репутации и безупречно вести отчетность. Это входит в набор стандартных качеств, наличие которых проверяют специально обученные люди. Очевидно, что ревизоры хотят найти у вас как можно больше несоответствий между словом и делом.

DURABLE POWER OF ATTORNEY (*букв.: длительная власть поверенного*). Официальный документ, дающий лицу полномочия вершить дела от лица кого-то другого.

DUTY OF CARE / DUE CARE (*букв.: обязанность заботы / благодаря заботе*). Высказывание разумных суждений и поведение, подобающее разумному и благоразумному человеку. В том числе имеется в виду ответственность любого порядочного предпринимателя. С формальной точки зрения тот, кто поступает иначе, может быть обвинен в преступной халатности. (См. *Tort.*)

EARNEST MONEY (*букв.: задаток*). Некая сумма, которая выплачивается, дабы затруднить соглашение или предложение сделки. В зависимости от условий договора, если покупка не сделана, эти деньги могут быть пересмотрены, а иной раз даже конфискованы.

EMPLOYEE RETIREMENT INCOME SECURITY ACT (ERISA) (*букв.: закон «О пенсионном обеспечении наемных работников»*). Принятый в 1974 году федеральный закон, регламентирующий деятельность пенсионных фондов для потерявших работу. Им устанавливаются стандарты создания пенсионных планов для занятых в частном секторе.

EMPLOYEE STOCK OWNERSHIP PLAN (ESOP) (*букв.: программа передачи служащим акций их компаний*). Такой вариант отставки, в рамках которого сотрудники могут получать часть общего фонда акций своей компании. С его помощью фирма вырабатывает у них кровную заинтересованность в успехе дела, пробуждая желание помочь росту прибылей. (См. *Vested.*)

ENDOWMENT INSURANCE (*букв.: страхование-вклад*). Тип страховки, приобретающий инвестиционный аспект в случае, если страхуемый переживет срок действия договора. В таком случае застрахованный получит выплату сам; если же этого не произойдет, выплату получат его бенефициарии.

ENVIRONMENTAL IMPACT STATEMENT / EIS (*букв.: приложение о влиянии на окружающую среду*). Документ экологического характера, обычно требуемый федеральным законом. Он описывает возможное воздействие деятельности фирмы (строительства, сноса, ремонта) на природу — и ваши поступки, которые могут за этим последовать.

ERISA (см. *Employee Retirement Income Security Act*).

ESCALATOR CLAUSE / ESCALATION CLAUSE (*букв.: положение об изменяемой зарплате*). Положение в контракте, увязывающее рост расходов с неким посторонним процессом, например зарплату, со стоимостью жизни. Оборот также относится к положению о росте компенсаций при возрастании объема или качества работы. (См. *Cost of living adjustments.*)

ESOP (см. *Employee stock ownership plan*).

EXCLUSIVITY CLAUSE (*букв.: пункт об исключительности*). Обычно такой оговорки требуют, скажем, владельцы ресторана или маникюрного салона от хозяев объекта недвижимости, когда хотят, чтобы в торговом центре их ресторан или салон был единственным. Ее же часто хотят покупатели и продавцы при слияниях и поглощениях, имея в виду, что они единственные, с кем вы заключаете подобную сделку. Это предотвращает «аукцион», хотя и создает продавцам определенные трудности, так как они заинтересованы в том, чтобы предложений было побольше.

FKA. Сокращение от слов *ранее известный как* (formerly known as).

FORBEARANCE AGREEMENT (*букв.: соглашение о воздержании от действия*). Случай, когда кредитор соглашается не предпринимать нечто, например не отбирать право выкупа заложенного имущества, в ответ на некий поступок заемщика — скажем, очередной платеж. (См. *Standstill agreement*.)

FORCE MAJEURE (*букв.: форс-мажор*). Положение в контракте, снимающее со сторон ответственность в случае непредвиденных катаклизмов, нарушающих нормальную деятельность и не дающих участникам договора выполнить свои обязательства. По-французски оборот означает «непреодолимая сила».

FOREIGN CORPORATION (*букв.: иностранная корпорация*). Фирма, которая ведет дела в одной стране, будучи зарегистрирована в другой.

GENERAL PARTNERSHIP (*букв.: полное товарищество*). Партнерство, где каждый участник ответственен за все долги фирмы. Вдобавок все партнеры имеют обязательства по отношению друг к другу. (См. выражения *Limited partnership* и *Joint and several*.)

GOING HARD MONEY (*букв.: идя по пути трудных денег*). Ведение процедур с финансовыми обязательствами при сделках в сфере недвижимости. Как правило, деньги в этих случаях держатся третьей стороной на счетах «эскроу» и обналичиваются только при совершении требуемых поступков.

GRADUATED LEASE (*букв.: прогрессивная арендная плата*). Повышение арендной платы через равные промежутки времени.

GRANTOR (*букв.: жалующий*). Продавец акций или недвижимости. (См. *Revocable trust*.)

GROSS DOMESTIC PRODUCT / GDP (*букв.: валовой внутренний продукт*). Общая стоимость конечных товаров и услуг в экономике в течение некоего периода, обычно одного года; показатель экономической мощи страны.

GROSS LEASE (*букв.: валовая аренда*). Случай, когда все расходы по обслуживанию снимаемой единицы, включая страховку и налоги, несет домовладелец. (См. также: *Net lease, NNN* и *Triple net*.)

INDEMNIFY (*букв.: защищать*). Оборот означает возмещение потерь или гарантирование *защиты* от последствий предыдущих сделок. Во многих договорах о продаже покупатель предприятия требует *защиты* от любых потерь, вызванных некоей деятельностью (судебными процессами, гарантийными обязательствами), относящейся ко времени, когда все принадлежало продавцу. (См. *Indemnity*.)

INDEMNITY (*букв.: гарантия возмещения*). Сумма, выплачиваемая с целью компенсировать возможные потери или повреждения, а также для защиты от таковых. Когда одна сторона предлагает другой *гарантию возмещения* убытков, тем самым она соглашается защищать ее и оплачивать любые издержки, вызванные покрыванием требований. Обычно при распродаже фирмы покупатель не может предвидеть все счета, которые придут новому владельцу по долгам старого. Поэтому продавец защищает его от будущих претензий, которые могут возрасти или еще не закрыты. (См. *Indemnify*.)

IRREVOCABLE (*букв.: бесповоротно*). Требование, которое не может быть аннулировано, изменено или отменено, а также отозвано. (См. *Call*.)

IRREVOCABLE TRUST (*букв.: бесповоротное соглашение*). Некий кредит, условия которого вообще не могут быть изменены с тех пор, как он был открыт.

IT'S EASIER TO GET FORGIVENESS THAN TO ASK FOR PERMISSION (*букв.: проще получить прощение, чем спросить разрешение*). Увы, это правда, особенно когда вы имеете дело с правительством или большими компаниями.

Конечно, никто не хочет нарушать закон; но если запрос чреват отговорками, оборот вполне актуален. С целью «прикрыть свои задницы» чиновники стараются запрещать даже то, что разрешено.

JOINT AND SEVERAL (*букв.: совместно и порознь*). Термин из области кредитов, означающий, что за неплатеж ответственны обе стороны и каждая из них . Это дает заимодавцу 200% гарантии покрытия долга.

JOINT TENANCY WITH RIGHT OF SURVIVORSHIP (JTWROS) (*букв.: совместное владение с правом уцелеть*). Владение активами на двух и более человек, в котором каждый держатель имеет равную долю и может отдавать или продавать ее без разрешения компаньонов. Доля также может быть завещана кому-то по его выбору.

JOINT VENTURE (*букв.: совместное предприятие*). Дело с участием двух и более человек (фирм), позволяющее им делить риск и доходы.

JTWROS (см. *Joint tenancy with right of survivorship*).

LIEN (*букв.: право удержания*). Претензия в сфере недвижимости, которая дает своему предъявителю некие преимущества на все время, пока не выплачен долг или не выполнены обязательства.

LIMITED LIABILITY (*букв.: ограниченная ответственность*). Ситуация, когда доля владельца компании не может превышать сумму, изначально вложенную им в предприятие.

LIMITED LIABILITY COMPANY (LLC) (*букв.: общество с ограниченной ответственностью*). Гибридная форма предпринимательства в ситуации, описанной выше.

LIMITED PARTNERSHIP (*букв.: коммандитное товарищество*). Компания, где один из участников несет ограниченную ответственность перед кредиторами фирмы; такой партнер не может быть вовлечен в контроль над предприятием.

LIVING DOCUMENT (*букв.: живой документ*). Документ, который нужно постоянно обновлять, дабы он соответствовал времени.

LIVING TRUST (*букв.: пожизненный кредит*). Такое попечительство или управление собственностью по доверенности, которое осуществляется другой стороной в течение всей жизни протеже.

LOI (см. *Letter of intent*).

NET LEASE (*букв.: нетто-аренда*). Арендные ставки, которые высчитываются исходя из договора, требующего от жильца уплаты налогов, страхования и обслуживания. Другими словами, владелец здания не отвечает ни за что, кроме капитального ремонта. (См. *Gross lease*).

NNN (см. выражения *Net lease*, *Triple net lease* и *Gross lease*).

NON SOLICITATION CLAUSE (*букв.: оговорка о подстрекательстве*). Этот пункт, как правило, включают в контракты о работе. Подобные оговорки запрещают подписавшему соглашение подстрекать работников или клиентов к деятельности в ущерб компании. Например выдачи конкурентам «паролей и явок» главных торговых агентов, дабы конкурентам стало проще переманить их на свою сторону. Эта оговорка не позволяет уходящему работнику брать с собой коллег на новую работу или в компанию, созданную им самим.

NOVATION (*букв.: новшество*). Положение дел, когда старый контракт сменяется новым. Выражение обычно имеет в виду появление в деле еще одной стороны.

OPERATING LEASE (*букв.: оперативная аренда*). Краткосрочная аренда (например, переходника для кабельного телевидения помесячно), в рамках которой пользователь делает рентные платежи, но сдатчик сохраняет права владельца. Такой вид сделки противоположен капитальной аренде, когда съемщик практически становится собственником.

PEO (*букв.: организация — профессиональный наниматель*). Сокращение от слов «профессиональная организация работников». Так называется агентство, поставляющее кадры для других фирм. Его сотрудники представляют собой весь штат отдела кадров, предусмотренный платежной ведомостью, и занимаются поисками управленцев, подготовкой и набором персонала. Обычно такие фирмы нацелены на компании среднего или маленького размера, которые не хотят или не могут позволить себе иметь полный штат отдела кадров — или просто избегают связанной с этим ответственности.

PIERCE THE CORPORATE VEIL (*букв.: пронзать корпоративную завесу*). Акционеры корпорации обычно несут ограниченную ответственность; однако если активы фирмы смешаны или налицо преступная халатность, статус вкладчиков может быть изменен в судебном порядке. В этом случае они отвечают за выплату всех долгов фирмы. (См. *Commingled.*)

PROPRIETOR (*букв.: собственник*). Единоличный владелец бизнеса — индивидуальный предприниматель, кустарь-одиночка.

PROXY (*букв.: доверенность, полномочия*). Письменное подтверждение полномочий говорить и действовать от чьего-либо лица.

PUNCH LIST (*букв.: лист ударов*). Перечень недостач, к которому следует обратиться при выполнении контрактных обязательств, прежде чем вам окажут поддержку или сделают выплату. (См. *Retainage.*)

QUID PRO QUO. Это латинское выражение означает равноценный обмен между физическими или юридическими лицами. А также быстрое обещание что-либо сделать за вознаграждение в будущем. (См. *Concurrent conditions*.)

QUORUM (букв.: *кворум*). Минимальное количество людей, необходимых для некоей деятельности, обычно для совещания. Оно оговаривается в соглашении о партнерстве, корпоративных инструкциях и так далее. Оборот используется и менее формально: просто дабы показать, что собравшихся достаточно для принятия решения.

RETAINAGE (букв.: *удержанная сумма*). Согласие на сохранение периодических выплат по контракту (обычно в районе 10%) с учетом того, что последняя порция будет выплачена по окончании контракта и совершении всех формальностей. (См. *Punch list*.)

REVOCABLE TRUST (букв.: *возможностью отзыва*). Такой кредит, который может быть прерван или изменен дарителем, или же созданный, дабы автоматически разорваться в оговоренный срок. (См. *Grantor*.)

S-BOX (см. *Sarbanes-Oxley Act*).

S-CORPORATION (букв.: *корпорация S*). Фирма, которая облагается налогом как партнерство, но тем не менее несет ограниченную ответственность. Прибыли в такой компании расходятся по акционерам и облагаются налогом на этом же уровне — в отличие от *корпорации типа S*, где налог снимается с дивидендов до того, как они распределяются по вкладчикам и облагаются налогом снова. Тип S применяется в основном к малому бизнесу, имея ограничение по количеству вовлекаемых акционеров. (См. *Limited liability*.)

SAFE HARBOR (*букв.: тихая гавань*). Положение, защищающее индивидуальных и коллективных (физических и юридических) предпринимателей от юридических последствий некоего поступка.

SARBANES-OXLEY ACT (*букв.: закон Сарбейнса-Оксли*). Законодательство, регулирующее некую финансовую деятельность компании ради прояснения бухгалтерской документации. Среди прочего оно не позволяет директорам и начальникам фирмы брать кредит от ее лица на личные нужды. Согласно акту финансовые документы подписываются главным бухгалтером и генеральным директором. Это защищает сотрудников и влечет уголовную ответственность за нарушение закона о ценных бумагах. Акт также требует раскрытия всех денежных потоков, не отраженных в балансовом отчете, повышая ответственность бухгалтера.

SEE-THROUGH (*букв.: смотреть сквозь*). В сфере недвижимости оборот относится к абсолютно пустому зданию, никогда не имевшему жильцов, так что, заглянув в окно, можно наблюдать вид из окон с противоположной стороны. Во время банкротств поздних 1980-х множество таких построек принадлежало фирмам *Dallas* и *Houston*.

SELF-DIRECTED IRA (*букв.: самонаправленный ППВ*). Сокращение от «персонального пенсионного вклада», позволяющего владельцу иметь широкий простор для выбора типов активов и контроля вкладов внутри своего счета.

SEVERALLY AND JOINTLY (см. *Joint and several*).

SHIPMENT CONTRACT (*букв.: контракт с отгрузкой*). Контракт между продавцом и покупателем, в рамках которого обязательства продавца выполняются сразу, как только товары погружены, и так долго, как использовался оговоренный вид перевозки. Условия такого контракта могут иметь прямое действие — в том числе и когда платеж только предлагается.

SIMPLIFIED EMPLOYEE PENSION PLAN (SEP) (*букв.: упрощенный пенсионный план работника*). Особый тип персонального увольнительного счета, создаваемого работниками для самих себя и разрешающий вклады с каждой стороны. Такой легкий в принятии и управлении план разработан специально для малых предпринимателей.

SPOUSAL IRA (*букв.: супружеский ППВ*). Личный увольнительный счет, открытый на имя неработающего супруга.

STANDSTILL AGREEMENT (*букв.: соглашение о невмешательстве*). Да, именно это оно и значит: договор ничего не делать. Может заключаться с кредитором, который не отказывает вам в праве выкупа закладной вследствие просрочки, или с компанией, согласившейся «замереть» и ничего не предпринимать до наступления оговоренного времени или события. (См. *Forbearance agreement*.)

SUBROGATION (*букв.: суброгация, замена одного кредитора другим*). Оборот, используемый среди страховых агентов, означает, что некое лицо делает все причитающиеся выплаты, а затем само разбирается со стороной, которую считает истинным виновником происшествия. Например: компания, застраховавшая дом, может возместить ущерб от огня. Но если впоследствии пожарный инспектор признает, что виной всему бракованный водогрей, иск будет вчинен уже производителю нагревательных колонок. Выражение может применяться и в более широком смысле: когда некто взыскивает ущерб с третьих лиц.

TORT (*букв.: деликт, гражданское правонарушение*). Причинение вреда или повреждений другому лицу способом, отличным от разрыва контракта; неспособность вести себя сообразно ситуации или выполнять все как следует. (См. *Due care*.)

TORTIOUS INTERFERENCE (*букв.: деликтное вмешательство*). Намеренное вмешательство третьей стороны, направленное на срыв контракта между двумя партнерами и наносящее ущерб их отношениям.

TRIGGERING EVENT (*букв.: инициирующее событие*). Некая веха или момент в утвержденном плане, которые должен пережить участник, дабы заслужить хорошее назначение. В деловых кругах это означает «спустить курок» в развитии событий, катализируя по принципу «пан или пропал» как положительные, так и отрицательные процессы.

TRIPLE NET LEASE (NET-NET-NET LEASE) (*букв.: аренда трех сетей*). Аренда, в рамках которой жилец оплачивает расходы, которые обычно возлагаются на домовладельца: обслуживание, страхование и капремонт. (См. *NNN, Gross lease* и *Net lease*.)

TRUSTEE (*букв.: попечитель*). Уполномоченное учреждение или лицо, управляющее активами от имени и ради доходов другого.

WITHOUT RECOURSE (*букв.: без права оборота*). Отсутствие возможности защититься от происков другой стороны в сделке. Если ипотека продается «без ресурсов» и продавец банкрот, покупатель не может вынудить его приобрести все хозяйство обратно; таким образом приобретающий оказывается ограничен в правах.

Глава 12

БИЗНЕС-ПЛАНИРОВАНИЕ, ПРИОБРЕТЕНИЯ И ЛИКВИДАЦИЯ

ACQUISITIVE BINGE (*букв.: стяжательский кутеж*). Такой синдром «головокружения от успехов» бывает у некоторых горе-руководителей, поглощающих больше компаний, чем можно переварить и приспособить к текущим операциям. (См. *Premature accumulation.*)

ALLOCATION (*букв.: размещение*). Изначально оборот значил порядок расстановки вещей для перевозки в грузовиках. Теперь он трактуется шире: буквально или фигурально на каждую вещь наклеивается ценник. Предпочтительно, чтоб положение о размещении чего бы то ни было подписывали обе стороны.

Например, если вы покупаете дело за 50 тысяч, продавец может приписать ценность в 8 тысяч погрузчику и в 42 тысячи инвентарю (единственному другому активу). Если по его бухгалтерским книгам погрузчик стоит всего шесть тысяч, значит, он «наварился» как минимум на две штуки — и то при условии, что погрузчик не старый. Обычно в таких *размещениях* покупатели и продавцы преследуют каждый свою цель, так что все может оказаться сложнее, чем кажется на первый взгляд.

ASSET SALE (*букв.: продажа активов*). Продажа предприятия, в рамках которой продавец передает покупателю право собственности всех активов, но не долю портфеля акций. Этот вид сделок отличается от реализации ценных бумаг, когда обязательства фирмы (известные и неизвестные) обычно остаются в прежних руках. (См. *Stock sale.*)

ASSET STRIPPER OR STRIPPING (*букв.: обдиратель или обдирание активов*). Этот человек решает, как выгоднее покупать компанию: в целом или по частям. Нужда в нем возникает, когда поджимают обязательства по долгам. А также когда надо покрыть расходы на приобретение новопоглощенной фирмы.

BASKET (*букв.: корзина*). Порции, на которые распределяются объекты фирмы для приобретений. Обычно выражение относится к ценным бумагам и другим обязательствам. Например: все таковые по окружающей среде помещаются в одну *корзину*, а в другую кладутся урезки инвентаря или другие выплаты. Все это происходит до тех пор, пока оборот не превышает установленной суммы, после чего счета предъявляются продавцу. Другими словами, *корзина* похожа на папку в компьютере, где объединяются файлы на одну тему.

BEAR HUG (*букв.: медвежьи объятия*). Когда в компании помышляют о приобретении, этот вид выкупа имеет такие преимущества, что акционеры компании, посвященные в курс дела, радостно его принимают. Ведь цена в данном случае куда выше рыночной, да и платеж совершают наличными.

BENCHMARK (*букв.: бенчмарка, эталон*). Так говорят, если фирма изучает продукцию своих конкурентов для выработки параметров, по которым можно сравнивать достижения и показатели. Иной раз такие шаблоны используют и внутри предприятия.

BLUE SKY (*букв.: синее небо*). Эфемерная ценность предприятия, отличная от осязаемых активов; то, чем некто готов расплатиться за свою репутацию или добрую волю, поскольку любая вещь стоит ровно столько, сколько за нее готовы отдать. В сделках, касающихся продажи бизнеса, эта добавленная стоимость определяется продавцом по своему усмотрению: ей не может быть присвоен ценник, поскольку она несопоставима с любыми другими активами.

Каждое предприятие имеет свою уникальную добавочную ценность, то есть разрыв между официальной стоимостью при оценке и ощущением самих его владельцев.

Например, если дело оценено в 60 тысяч, а продавец просит сто, значит, *синее небо* он оценил в сороковник. Дополнительные активы называются так еще потому, что они не подвержены веяниям времени, их нельзя потрогать, да и оценка в данном случае весьма субъективна. (См. выражения *FASB goodwill* и *Intangible asset*.)

BRIDGE (*букв.: мост*). График, наглядно показывающий переход от одного пункта плана к другому. Например, если вы планируете, что продажи возрастут со 100 до 150 тысяч, график должен демонстрировать рост по каждой из линеек продукта и их вклад в общий объем продаж. Если вы запланировали большие расходы, этот «мостик» показывает, какую сумму надо секвестировать каждый месяц, а также реальный список отстраняемых лиц. Такой график повышает ответственность и подотчетность его составителей, постепенно внушая доверие всем остальным. (См. *Bridge loan*.)

BUSINESS BROKER (*букв.: деловой брокер*). Тот, кто соединяет продавцов с покупателями. Обычно посредникам на переговорах платят комиссионные с той и другой стороны: за нахождение клиента и при закрытии сделки.

CAVEAT EMPTOR. Оборот означает, что продавец не несет ответственности: все обязательства берет на себя покупатель. В переводе с латыни выражение звучит «Будь осторожен, покупатель».

CAVEAT-VENDITOR. Продавец может быть ответственен; по-латыни оборот значит «Будь осторожен, продавец».

CHARACTER-BUILDING PROJECT (*букв.: проект построения характеров*). Проект, который наверняка будет провален, но отдается в чье-либо ведение как наказание и средство обуздания амбиций.

CLUSTERING (*букв.: кластеризация, создание кластеров*). Ситуация, когда похожие компании (занимающие одну рыночную нишу или нацеленные на одну целевую аудиторию) расположены в непосредственной близости друг от друга.

CONFIRMATORY VS. EXPLORATORY (*букв.: подтверждение против разведки*). Используется в сделках о продаже фирмы, когда вас осаждают покупатели и существует потребность понять, как серьезно они настроены, прежде чем давать им важную информацию. Если они просто пришли на «разведку», то внимания не заслуживают; а вот когда они подтверждают свои намерения, тогда другое дело. Если все идет хорошо, они склонятся к тому, чтобы максимально принять условия контракта. В обоих случаях следующий шаг — подписание соглашения о нераскрытии данных. (См. *Looky loo*.)

CORE COMPETENCIES (*букв.: стержневые компетенции*). Ключевые технологии, навыки и способности к соревнованию, формирующие фундамент деловой активности фирмы. (См. *Stick to your knitting*.)

COST/BENEFIT (*букв.: затраты / выгоды*). Анализ, в рамках которого цена изготовления (выполнения) чего-либо сравнивается с прибылью. Если себестоимость высока, а прибыль низкая, дело не пойдет. Так, например, прося своего друга Гахана Вильсона проиллюстрировать книгу, я должен был прикинуть количество иллюстраций. Понятно, что они привлекали внимание, да и художник готов был делать их не переставая. Однако чрезмерное их количество значило бы сделать выпуск книги слишком дорогим: требовалась золотая середина.

CSI (см. *Customer service/satisfaction index*).

CUSTOMER SERVICE / SATISFACTION INDEX (CSI) (*букв.: индекс клиентского обслуживания и удовлетворения*). Статистическое измерение продуктов и услуг, а также степени, до которой они в текущий момент соответствуют ожиданиям и потребностям покупателя.

DATA ROOM (*букв.: комната данных*). Когда потенциальные покупатели приходят взглянуть на продаваемую фирму, всем им, как правило, нужны одни и те же данные. В этой комнате, своего рода пресс-центре, и размещаются все необходимые лицензии и бухгалтерские книги. Таким образом, один раз изготовив пакет документов, вы можете видеть, кто, как быстро и какие из них разбирает.

DIVESTITURE (*букв.: реализация, ликвидация*). Продажа, *ликвидация* или перепрофилирование отдела или филиала и/или его активов.

EAR-NOUT (*букв.: выгода*). Положение в соглашении о сделке. Поглощающая компания соглашается сделать дополнительные выплаты продавцу или оговоренным сотрудникам при условии достижения неких показателей; это может связываться, скажем, с балансовыми счетами, выплатами зарплат или потоком наличности. Оборот может также применяться к работнику, который должен заработать некое дополнительное вознаграждение, дабы получить весь доход, на который он претендует.

EXIT STRATEGY (*букв.: стратегия выхода*). Способ, к коему собрался прибегнуть венчурный капиталист или владелец предприятия с целью освободить себя от вложения, которое он сделал; равно и план руководителя насчет того, когда и как он выйдет из компании.

FISHING EXPEDITION (*букв.: рыболовная экспедиция*). Неформальное разведывательное действие, призванное оценить потенциал еще не развитого проекта.

GOLDEN CRUMBS (*букв.: золотые крошки*). Некие крошечные рыночные ниши, не замечаемые большими компаниями.

HARDBALL (*букв.: трудный мяч*). Серьезное агрессивное соревнование; термин заимствован из бейсбола. Готовьтесь играть таким образом, если настроены на успех.

INTEGRATION (*букв.: интеграция*). Трудная задача слияния двух компаний и/или переваривания нового приобретения. Многие спотыкались на этом этапе: всегда оказывается, что процесс отнял больше времени и денег, чем планировалось изначально. Конечно, в рамках объединения можно закрыть многие совпадающие позиции управленцев и продавцов, но это создает нервозность. (См. *Plug and play*.)

JETTISONING (*букв.: аварийное сбрасывание*). Отбрасывать нечто нежелательное или тягостное: обычно это отделение, завод или линейка продуктов.

LETTER OF INTENT (*букв.: письмо о намерениях*). Письменное описание ключевых пунктов или условий возможного делового приобретения. Сей документ включает в себя комментарии относительно всего: объектов передаваемой недвижимости, продажи акций или активов, условий финансирования у продавца, цене покупки, сумме первого взноса, сопряженных с делом обязательствах и ключевых работниках, коих следует сохранить. (См. *LOI*.)

LIVE WITHIN OUR MEANS (*букв.: жить по средствам*). Выражение объясняет, что должны делать все компании, чтобы удерживаться на плаву. Расходы должны быть меньше доходов. Для Дональда Трампа *жить по средствам* означает ездить в лимузинах, тогда как для большинства владельцев предприятий это недоступная роскошь.

NICHE (*букв.: ниша*). Особая область, в которой некто имеет право выделяться, или же рынок, на который определенной фирме стоит нацелиться. Например: не разбрасываться на все автомобили, а сосредоточиться лишь на импортных или даже на одних «тойотах».

OPERATING METRICS (*букв.: операционные метрики*). Базовые показатели деятельности компании и работы ее персонала: выход продукции, эффективность, качество и так далее. Формулы их расчета могут варьироваться; моя первая книга «Как заработать миллионы в крохотной лавочке» давала подробные инструкции по их применению. Однако большинство начальников не используют эти выкладки, полагаясь на внутренний голос и здравый смысл. Тем не менее они жизненно необходимы для роста, и особенно для управления несколькими фирмами одновременно. (См. также: *Gauge, KPIs* и *Driving without a dashboard.*)

PARADIGM (*букв.: парадигма*). Общее представление или согласие с тем, каким должен быть порядок вещей. Набор правил и процедур, которым принято следовать. Неписаные законы, диктующие представление о хорошем и плохом, а также способы поддерживать первое и избегать второго. О тех, кто не разделяет общие ценности, говорят «свалился с луны» или «не от мира сего».

Например: в области автомобильного утиля многие годы *парадигма* заключалась в хранении запчастей внутри машины и вытаскивании по мере спроса. Новый неписаный закон, вошедший в моду в конце 1980-х, диктует: запчасти снимаются и выставляются на продажу раньше, чем ими заинтересуется покупатель.

Ныне компьютеры позволили нам сделать большой шаг вперед. Используются детальное планирование и сравнение целого ряда факторов: сколько частей поступило в продажу, сколько продано за отчетный период, как соотносятся запросы и предложения, каковы срок пребывания товаров на витрине и приносимая ими прибыль. (См. *Paradigm shift* и *Outside the box.*)

PARADIGM SHIFT (*букв.: сдвиг парадигмы*). Когда меняются технологии или общественные ценности, могут сдвигаться «понятия» — неписаные общественные законы. (См. *Paradigm*.)

PATH FORWARD (*букв.: тропа вперед*). Новые шаги или назначения, обычно в итоге планерок и совещаний.

PERQUISITES (*букв.: приработок*). Так называют бонусы и привилегии для ударников: расходы в дополнение к выплатам или жалованью от компании, производимые по исключительному усмотрению владельца.

PRORATION (*букв.: пропорциональность*). Раздел цены или прибыли между покупателем и продавцом. Обычно он связан с временно́й ценностью каждого пункта. По-хорошему налоги следует рассчитывать исходя из даты закрытия сделки; при этом продавец платит некую сумму за месяцы, в течение которых он владел объектом, а покупатель оплачивает только время, оставшееся до конца года.

RECYCLED MEETING (*букв.: повторно использованное совещание*). Совещание, призванное обсудить прошлую планерку и проделанную с тех пор работу.

RE-INVESTABLE EARNINGS (*букв.: реинвестируемые доходы*). Заработки, которые хороши для обслуживания долга и обеспечения владельцев прибылью; дополнительный доход можно снова пустить в развитие дела.

REPS AND WARRANTS. Сокращение от слов «представительства и ручательства»; к таковым относятся обещания, оговоренные контрактом. Когда договор выполняется, представления фактически становятся утверждениями, и даются гарантии того, что они правдивы. Это может (да так обычно и происходит) относиться к обеим сторонам. (См. *Disclosure schedule*.)

RING FENCE (*букв.: кольцевая ограда*). Действие, которое предпринимает компания с целью подержать на «карантине» новоприобретенное предприятие, пока оно представляет риск для существующего дела.

SEGUE (*букв.: продолжение*). Путь к смежной теме или проекту или логичный переход к нему.

SURGICAL INFUSION (*букв.: хирургическое вмешательство*). Вбрасывание денег в той или иной форме, призванное ответить неким своеобразным нуждам и только им.

SYNERGY (*букв.: синергия*). Так говорят, когда происходит слияние компаний, отделов или людей, причем потенциал прибылей новой структуры больше, чем мощность отдельных частей до объединения. Равным образом, когда нечто имеет эффект нарастания, оно также наделено *синергетикой*; она часто ожидается, но все же неуловима. (См. также: *Accretive*.)

TRANSPARENCY (*букв.: прозрачность*). Ситуация, когда информацию раскрывают полностью, тщательно и в нужное время. Термин подразумевает, что данные доступны для всеобщего обозрения.

WAR GAMES (*букв.: военные игры*). Проигрывание и опробование нового начинания с целью отыскать в нем прорехи. Для этого некто должен играть в «адвоката дьявола», бросая вызов предположениям и расчетам. (См. *Play devil's advocate, Pressure test* и *Stress test.*)

ТЕРМИНОЛОГИЧЕСКИЙ СЛОВАРЬ

2 × 4   *111*
30,000 feet above   *111*
80% guy   *192*
80/20 rule   *142*
800-pound gorilla   *231*
90-day witching hour   *192*

A

«A» — who has it?   *113*
A camel is a horse designed by a committee   *231*
Abortion   *274*
Above par   *301*
Above the line   *192*
Academy Award performance   *111*
Acceleration Clause   *338*
Accounts receivable turnover   *312*
Accredited investor   *301*
Accretive   *312*
Accrual accounting   *12*
Accrued expense   *312*
Accrued interest   *312*
Accumulated depreciation   *312*
Acid test   *112*
Acid-test ratio   *313*
Acknowledgement   *354*
Acquisitive binge   *371*
Acres of diamonds   *142*
Addendum   *354*
Additional paid-in capital   *313*
Administrivia   *274*
Adventure travel   *274*
Aggregated eyeballs   *157*
Aging   *313*
Air cover   *112*
Air pocket   *157*
AKA   *354*
All hands on deck   *193*

All hands on the pump *193*
All hat, no cattle *194*
All that and a bag of chips *112*
All the arrows on the back (or in the quiver) *195*
Alligator *274*
Alligator property *157*
Allocation *371*
Alpha dog *17*
Alpha pup *142*
Altitude sickness *232*
Ambulance chaser *17*
Amendment *354*
Amortization *313*
Amortize *313*
Analysis-paralysis *232*
Angel *301*
Anti-dilution clause *301*
Anti-greenmail provision *301*
Apology bonus *195*
Appreciation *314*
Arbitration *354*
Arm around the shoulder *274*
Armchair quarterback *274*
Arrow has left the bow *18*
Arrows in the/your back *18*
Asset *314*
Asset-backed security *302*
Asset sale *371*
Asset stripper or stripping *371*
Assholes and elbows *19*
At-risk rule *302*
Audit committee *354*
Audited statement *314*

B

B2B e-commerce *143*
Baby seal *143*
Back door *275*
Back in the saddle *275*
Back of the envelope *158*

Backing the truck up 159
Bad actor 195
Bad boy clause 196
Bad num 196
Badge 197
Bag of snakes 233
Bagged 113
Bagging the tiger 113
Bait and switch 275
Bake your noodle 19
Bake-off 233
Balloon 19
Balloon juice 197
Balloon payment 338
Banana problem 20
Bang for the buck 275
Bank examiner 338
Baptism of fire 20
Bare 354
Bare pilgrim 159
Basis point 338
Basket 372
Basket case 275
Batting average 197
Be careful what you ask for, you just might get it 20
Beachfront property 233
Bear hug 372
Beauty contest 234
Bee with a bone 21
Beehive 198
Bells and whistles 275
Below par 302
Belt and suspenders 22
Benchmark 372
Bend over; here it comes again (BOHICA) 198
Between the devil and the deep blue sea 22
Bifurcation 314
Big and easy analysis 114
Big Chief tablet and a No 2 pencil 198
Bigger than a breadbox or smaller than a car 23
Binaca blast 24
Bio break 24

Bird nest on the ground 143
Black-box accounting 275
Blackout period 302
Blamestorming 114
Bleeding-edge 160
Blind man and the elephant 24
Blocking and tackling 115
Blood on the floor 25
Bloody knees 276
Blue laws 355
Blue sky 372
Blue Sky laws 314
Bo Derek 160
Boil out 26
Boilerplate 276
Bona fide purchaser 355
Book 302
Book value 314
Boot camp 276
Booth bunny 26
Bootstrapping 276
Borrowing base 338
Borrowing base certificate 338
Bottom fisher (or feeder) 160
Bought it out 355
Boy scout 199
Boys in the backroom 161
Break your pick 26
Breakup fee 161
Breathing our own exhaust 144
Breeze-in-your-face marketing 161
Brick shy of a load 199
Bricks and mortar 276
Bridge 373
Bridge loan 339
Brightsizing 234
Brownfield 277
Buck 277
Builder's risk insurance 355
Bull 277
Bullet proof 144
Burn rate 162

Burning the ships on the beach *234*
Burping the elephant *235*
Business broker *373*
Business ecosystem *236*
Buttoned up *26*
Bylaws *355*

C

Caesar touring Gaul *236*
Calendar year *314*
Call *339*
Call date *339*
Call protection *340*
Call the loan, but it won't come *162*
Called on the carpet *277*
Camel's nose under the tent *115*
Can short of a six-pack *200*
Can't be the arms and legs *27*
Can't see the forest for the trees *116*
Can't walk and chew gum at the same time *200*
Cap ex *314*
Capital gain *315*
Capital gains tax *315*
Capitalization *315*
Capitalization rate *315*
Cappuccino cowboy *200*
Car in the ditch *237*
Cardboard box index *302*
Care and feeding *277*
Career ending move (CEM) *201*
Career limiting move (CLM) *201*
Carrot and stick *202*
Carrot equity *277*
Carry the abacus *162*
Cash and equivalents *315*
Cash basis accountant *315*
Cash cow *277*
Cash flow *316*
Cash ratio *316*
Cash sponge *278*
Casino finance *302*

Catch and release *202*
Cats and dogs *303*
Caveat emptor *373*
Caveat venditor *373*
Census reductions *202*
Chair plug *28*
Chairman *355*
Champagne phase *237*
Champagne tastes, beer pocketbook *202*
Changing the tires while the car is going down the road *28*
Channel stuffing *278*
Character-building project *373*
Chasing nickels around dollar bills *163*
Chattel *316*
Checkmate *237*
Cheesecake *144*
Chew on my leg *28*
Chewing gum and wire *238*
Chief executive officer (CEO) *355*
Chinese wall *278*
Chipmunking *29*
Chips and salsa *163*
Circle back *278*
Circling the dra-in *238*
Classified loan *340*
Clawback provision *278*
Clayton Act *356*
Clean price *340*
Clear all the cats in the alley *203*
Clearinghouse *316*
Clicks and chicks *164*
Clinton bond *164*
Clipping coupons *164*
Close enough for government work *29*
Close only counts in farts, grenades, atomic bombs, horseshoes and pregnancy *30*
Close to the trees or Too close to the trees *30*
Close, but no cigar *203*
Closely held company *356*
Closet accountant *316*
Closing the loop *116*
Clustering *373*

Coaster *203*
Coasting will only get you to the bottom of the hill *30*
Cockroach theory *145*
Code 18 *165*
Codicil *356*
Co-evolution *145*
COGS *316*
Color commentary *31*
Comb the hair *165*
Come-to-Jesus meeting *116*
Coming up or going down *204*
Commingled *356*
Commitment *340*
Commitment fee *340*
Common stock *303*
Company cholesterol *31*
Company rag *146*
Compensating balances *340*
Concurrent conditions *356*
Conduit financing or conduit lender *340*
Cone of silence *32*
Confirmatory vs exploratory *374*
Conforming goods *356*
Conforming loan *341*
Consideration *356*
Consolidation *303*
Consumer price index (CPI) *316*
Contingent commission *357*
Contingent liability *317*
Contributed capital *317*
Convergent thinking *279*
Conversion price *303*
Convertible security *303*
Conveyance *357*
Cookie *279*
Cookie jar accounting *165*
Cooking the books *166*
Cool beans *116*
Cool hunting *32*
Core competencies *374*
Corn/hog ratio *166*
Corvette to buy milk *32*

Cost of capital *341*
Cost of Living Adjustments (COLA) *317*
Cost/benefit *374*
Course correction *239*
Course of dealing (course of trade) *279*
Covenant *341*
Covenant not to compete / non-compete clause *357*
Cover your ass (CYA) *204*
Coverage ratio *341*
Cowboys *117*
Cradle to grave *167*
Cram down provision *279*
Crammed down *280*
Crash the car *33*
Creative accounting *167*
Credit cliff *280*
Credit line *342*
Credit rating *342*
Creepback *204*
Creeping call option *342*
Crop failure *239*
Cross default *342*
Crown jewels *280*
Crusader *33*
CSI *375*
Cubicle lizard *205*
Cure *342*
Curing cancer *33*
Current assets *317*
Current liabilities *317*
Current ratio *317*
Customer service / satisfaction index (CSI) *375*
Cutting bone and muscle *239*
Cutting the dog's tail off one inch at a time *33*
CYA *205*
Cycle back *168*

D

D&B *343*
D&O coverage *358*
Dance with the one who brought (brung) you *34*

Dancing on the head of a pin 240
Data room 375
Dawn patrol 117
DBA 358
Dead cat bounce 168
Dead Fish, Idaho 146
Dead tree version 168
Dead wood 117
Deal fatigue 240
Deal toy 169
Deals that fund [close] quickly, fund [close], those that don't, don't 169
Death from a thousand cuts 35
Debt coverage ratio 318
Debt exchangeable for common stock (DECS) 303
Debt-to-equity ratio 318
Decision rule 118
Decision tree 118
Defenestrate 241
De-horse 146
Delta 319
Demo-monkey 147
Denial 119
Depreciation 319
Derivative 304
Desk potato 205
Destination contract 358
Devil is in the details 170
Devil you know is better than the devil you don't 35
Dial it back 147
Dialing and smiling 147
Dialing for dollars 148
Diligence 358
Dilution 304
Direct placement 304
Directionally correct 241
Director 358
Directors' and officers' liability insurance (D&O) 358
Dirt in the oyster 36
Dirty fingernail person 205
Dirty laundry 280
Disclaimer 359

Disclosure 359
Disclosure schedule 359
Discounted cash flow 319
Discretionary earnings 319
Divergent thinking 280
Divestiture 375
Dividend (stock) 320
Diworsification 281
DNA 36
Do you read me? 206
Doctor's appointment 206
Doesn't amount to a hill of beans 281
Doesn't move the needle 281
Dog 242
Dog chasing and catching the car 36
Dog trick 206
Dog years 37
Dog's breakfast 37
Dog-and-pony show 170
Dollar waiting on a dime 119
Don't (or can't) know what you don't know 39
Don't change horses in midstream 38
Don't change the dog food without talking to the dog 38
Don't forget what stage of the process you're in 242
Don't get too far in front of your skis 281
Don't have a dog in the fight 39
Don't leave for Chicago until all the lights have turned green 39
Don't order yet 148
Drag an oar 119
Drag the prize to the front door for someone else to kill, drag the skins to the front door for someone else to clean, drag the kills to the front door for someone else to skin 148
Drag-along right 304
Drain the swamp 243
Drill down 170
Drinking from a fire hose 40
Driving without a dashboard 119
Dry hole 41
Dry powder 171
Duck and weave 207
Due diligence 360
Dueling data 171

Dummy director *281*
Dummy shareholder *282*
Durable power of attorney *360*
Duty of care / due care *360*

E

Eager beaver *282*
Ear candy *120*
Earned interest *320*
Earnest money *360*
Earnings before interest and taxes (EBIT) *320*
Earnings before interest, taxes, depreciation, and amortization (EBITDA) *320*
Earnings multiple *321*
Earnings surprise *305*
Earn-out *375*
Eat the elephant one bite at a time *41*
Eating someone's lunch *282*
Eating your own dog food *42*
EBIT *321*
EBITDA *321*
Economic life *321*
Elephant *282*
Elephant hunt *282*
Elevator pitch *243*
Elvis year *42*
Emotionally invested *43*
Emperor's new suit or Emperor's new clothes *43*
Employee Retirement Income Security Act (ERISA) *360*
Employee stock ownership plan (ESOP) *360*
Empty shirt or suit *44*
Empty vessels make the most noise *120*
End zone *44*
Ending inventory *321*
Endowment insurance *361*
End-to-end *172*
Energy *282*
Energy drainer *207*
Environmental impact statement / EIS *361*
Epidemic vs Isolated *121*
EPS *305*

ERISA *361*
ERP *283*
Escalator clause / escalation clause *361*
ESOP *361*
Eureka point *283*
Evangelist *44*
Exchange rate *321*
Exclusivity clause *361*
Exit strategy *375*
Extraordinary item / loss / gain *321*
Eye candy *45*
Eye test *121*

F

F**ed up beyond all repair/recognition (FUBAR) *47*
Face the music *283*
Fallen angel *283*
Farm Team *207*
FASB *322*
FASB Goodwill *322*
Fat is in the fire *208*
Feed the ducks when they are quacking, don't look for ducks to feed *45*
Feet on the street *149*
Fence-mending *208*
FIFO *322*
Filling in the potholes *45*
Financial Accounting Standards Board / FASB *322*
Financial gigolo *46*
Finder *283*
Fingernails on a blackboard *244*
First-in, first-out (FIFO) *322*
Fiscal year *322*
Fish in the boat *149*
Fishbone analysis *172*
Fishing expedition *376*
Fixed asset *322*
Fixed cost *323*
FKA *361*
Flame out *208*
Flaming e-mail *173*

Flight risk *208*
Flip-over pill *283*
Float *305*
Flying circus *46*
Foam the runway *47*
Follow-on offering *305*
Food chain *209*
Foot and tie *173*
Forbearance agreement *362*
Force majeure *362*
Ford-Chevy argument *284*
Foreign corporation *362*
Foreplay *244*
Fortune cookie *47*
Free cash flow *323*
Free ride *284*
Fresh off the boat *209*
Friction *284*
Friction cost *284*
Friends and family *173*
From your lips to God's ears *47*
FTE *285*
FUBAR *48*
Full valuation *305*
Fully baked *48*
Fungible goods *285*
Future-proof *149*
Fuzzify *48*

G

G2 *122*
Gadget trance *209*
Gain *323*
Gaming the numbers *174*
Gap analysis *174*
Garage sale *285*
Gauge *175*
Gazelle *175*
General partnership *362*
Generally accepted accounting principles (GAAP) *323*
Get (the hell) out of Dodge *49*

Get pregnant 244
Getting blood out of a rock or stone or turnip 50
Gift from God 50
Girl scout 209
Glazing 50
Globasm 285
Go back to the well 176
Going concern statement 323
Going hard money 362
Going private 305
Goldbrick shares 285
Golden crumbs 376
Golden handcuffs 285
Golden parachute 286
Good try, but no cigar 210
Gopher/Go-for 286
Gorilla 286
Graduated lease 362
Grantor 362
Granularity 176
Grapevine 286
Graveyard market 286
Gravity filing system 176
Gravy on the steak 50
Green weenie 245
Greenfield 286
Greenmail 177
Greenshoe 286
Greenwash 122
Groom or broom 210
Gross domestic product / GDP 362
Gross lease 363
Gross margin 323
Gross profit 323
Gross profit margin 324
Gross sales 324
Groundhog 246
Gunslinger 287

H

Hacker 177
Hair on it 246

Haircut *178*
Hammock pay *210*
Hamster died *211*
Hands on the wheel *122*
Hard assets *324*
Hardball *376*
Hawthorne Effect *123*
Head down *51*
Head hurt *287*
Head in the game *123*
Head up his/her ass (HUHA) *211*
Helicopter manager *211*
Helicopter skills *211*
Herding cats *51*
High-class problem *124*
Hired guns *287*
Hit and run *150*
Hit-and-run management *124*
Hitter *287*
Hockey stick *178*
Holding your breath under water *52*
Holding your mouth right *287*
Holloware *179*
Honey bucket *246*
Honeymoon *53*
Honeymoon before the wedding *53*
Horse race *247*
Hot money *287*
Hourglass mode *125*
House of termites *54*
How big is the hole, and how are we going to fill it? *179*
How does that play in Peoria? *247*
How many teeth a (the) horse has *54*
HUHA *212*

I

I can run faster than my wife, but that doesn't mean I am fast *55*
Ice cracking *55*
Ice cube in the ocean *247*
Iceberg principle *248*
Idea hamster *125*

If you can't (or don't want to) play with the big dogs, get (stay) on the porch *56*
If you can't stand the heat, get out of the kitchen *56*
In the cuts *343*
In the penalty box *180*
In the tent *248*
Inbox dread *249*
Income *324*
Incoming or incoming round *57*
Incubator *287*
Indemnify *363*
Indemnity *363*
Info lush *287*
Intangible asset *325*
Integration *376*
Intellectual property *325*
Inter-creditor agreement *343*
Interim financing *343*
Internal rate of return (IRR) *325*
Investment banker *306*
Invite me to the meeting *57*
Ironclad *288*
Irrevocable *363*
Irrevocable trust *363*
It will bank *288*
It will never fly *249*
It's easier to get forgiveness than to ask for permission *363*

J

Jekyll and Hyde *125*
Jennifer Lopez (J-Lo) *181*
Jesus Christ syndrome *212*
Jettisoning *376*
Job enlargement *288*
Job enrichment *288*
John Hancock *288*
Johnny Lunchbox *212*
Joint and several *364*
Joint tenancy with right of survivorship (JTWROS) *364*
Joint venture *364*
JTWROS *364*

Jump ball *126*
Jump out of the airplane *213*
Junior debt or security *306*
Jury out *57*
Just came (in) on a potato truck *213*
Just fell off the turnip truck *213*
Just in time learning *249*

K

Keep you awake/up at night *250*
Kevork *213*
Key performance indicator (KPI) *126*
Kickback marketing *150*
Kill the messenger *127*
Killing *288*
Kiss your sister *58*
Kitchen cabinet re-search *288*
Kiting *344*
Kowtow *289*
Kremlin syndrome *127*
Kudos *289*

L

Lackey *214*
Lady Godiva accounting principles (LGAP) *325*
Laser gun vs bow and arrow *250*
Last man standing *58*
Last straw *289*
Last-in, first-out (LIFO) *326*
Lay cards on the table *128*
Layer(s) of the onion *181*
Lead balloon *289*
Left-brained *289*
Leg sniff *250*
Leg your way into it *128*
Legacy cost *289*
Lemon squeeze *58*
Lemons into lemonade *59*
Lemons into lemonade *289*

Lens hasn't been installed *251*
Less than trailer load (LTL) *290*
Let the dead bury their dead *214*
Letter of credit *344*
Letter of intent *376*
Leveraged buyout (LBO) *344*
Levers of profit *181*
Liability *326*
LIBOR *344*
Lien *364*
Lifeboat discussion *129*
Lifeline *90*
LIFO *326*
Lightning rod *290*
Limited liability *364*
Limited liability company (LLC) *364*
Limited partnership *364*
Line of credit *344*
Lion's share *129*
Lip service *290*
Lipstick indicator *151*
Lipstick on a pig *59*
Liquidity ratio *326*
Live within our means *376*
Living document *365*
Living trust *365*
Loan syndication *344*
Loan to own *345*
Loan to value *345*
Lob in a call *306*
Lockup period *306*
LOI *365*
London InterBank Offered Rate (LIBOR) *345*
Long pole in the tent *252*
Looking for Jesus *214*
Looky loo *252*
Lose virginity *215*
Losing your virginity *182*
Lot of wood to cut *252*
Lower of cost or market *326*
Lower than whale crap *60*
Low-hanging fruit *253*

LTL *290*
LTV *345*
Lucky Strike Extra *60*

M

Macaroni defense *253*
Machiavellian *290*
Mailbox rule *290*
Makes my teeth itch *253*
Making the soup *253*
Management by spread sheet *254*
Management information systems (MIS) *291*
Managing the blood supply *129*
Manhattan Project *254*
Marching orders *215*
Mark *291*
Market cannibalization *151*
Market capitalization *306*
Massage *182*
Match rate funds *345*
Material *326*
Maturity *346*
MBA jerk-off *130*
MBWA *130*
McJob *215*
Measure with a micrometer, mark with a paint brush and cut with an ax *255*
Meatloaf *182*
Mice type *131*
Mickey Mouse *61*
Minion *131*
Min-max *346*
Mix some water with that and it will really stink *61*
Money left on the table *291*
Money truck *183*
Moose head on the table *62*
More water in the bucket to offset holes in the bucket *183*
Mortgage banker *346*
Mouse milking *62*
Move the needle *291*
Mystery house *63*

N

Nails in the 2 × 4 *216*
Nanny state *291*
Negative covenant *346*
Negotiable *306*
Negotiating with ourselves *255*
Nervous Nellie *291*
Nest egg *291*
Net lease *365*
Net Profit *327*
Net quick assets *327*
Net sales *327*
Net worth *327*
New bet *292*
New kid on the block *63*
NHL *64*
Nibbled by ducks *216*
Nibbled to death by ducks *64*
Niche *377*
NNN *365*
No brainer *256*
No such thing as an accident, only premedita-ted carelessness *64*
«No» usually means «yes, if ...» *256*
Non-performing asset *346*
Non solicitation clause *365*
Nonrecurring charge *327*
Nonstarter *217*
Nosebleed numbers *183*
Not in my back yard (NIMBY) *65*
Novation *365*

O

OAEM *347*
Off balance sheet financing *347*
Off the books *327*
Old China hand *217*
On a napkin *257*
On the back burner *292*
On the Beach *257*

One card shy of a full deck *217*
One hand in the air *131*
One night stand investment *292*
One percenter *218*
One-eyed king in the land of the blind *65*
One-trick pony *66*
One-way ticket *66*
On-the-job training (OJT) *131*
Open the window and see the weather *66*
Operating expense *327*
Operating income *327*
Operating lease *365*
Operating metrics *377*
Operating ratio *328*
OPM *292*
Opportunity cost *292*
Optics *67*
Option *306*
Optionaire *68*
Order and priority (O&P) *132*
Orderly liquidation value (OLV) *347*
Ordinary income *328*
Orphan *292*
Other Assets Especially Mentioned (OAEM) *347*
Outlier *218*
Outside the box *292*
Overdressed, overfed, overhead *132*
Overhang *292*
Ox in ditch *132*
Ozone thinking *68*
Ozzie and Harriet *293*

P

Pace-setter *293*
Paid in capital *328*
Pain points *184*
Painful *293*
Par value *328*
Parachute in *219*
Paradigm *377*
Paradigm shift *378*

Parallel economy *328*
Pareto Principle *151*
Pari-passu *293*
Passive activity *328*
Passive income (loss) *328*
Path forward *378*
Pay for performance *293*
Payment in kind (PIK) *294*
Pays like a judge *184*
PE Fund *307*
Peanut gallery *68*
Peas and carrots *69*
Peek under the tent/sheets *257*
Peel the onion *69*
Pencil brain *69*
Pencil whip *70*
PEO *366*
Percolate *258*
Permanent financing *348*
Perquisites *378*
Personal guaranty *348*
Personal property *329*
Picking your brain *70*
Pierce the corporate veil *366*
PIK *294*
Pile of shit that stinks the least *258*
Pink slip party *219*
Pipe dream *294*
Pirate *70*
Piss and vinegar *71*
Placeholder *185*
Plan B *185*
Plane money *71*
Play devil's advocate *294*
Playing football without a helmet *71*
Plug and play *219*
Pockets of resistance *259*
Points *348*
Pollyanna syndrome *72*
Poof offering *307*
Pooh-pooh *259*
Poop and scoop *307*

Popcorn and peanuts *152*
POS (piece of shit) *72*
Positioning *294*
Positive covenant *348*
Pothole in the information super highway *185*
Power lunch *294*
Prayer meeting *132*
Preemptive right *307*
Preferred creditor *349*
Preferred stock *307*
Pregnant *259*
Premature accumulation *219*
Prepaid expense *329*
Press on the flesh (от press the flesh) *152*
Pressure test *260*
Prettiest girl at the dance *73*
Price of goods sold (COGS) *329*
Price-earnings ratio (P/E ratio) *308*
Prime rate *349*
Printed on soft paper *73*
Prior preferred *308*
Private placement memorandum (PPM) *308*
Privately held company *329*
Pro forma earnings *329*
Pro forma financial statement *329*
Probable death is better than certain death *260*
Problems older than whores *132*
Procrastination on the customer's part always constitutes an emergency on our part *294*
Profit center *330*
Promised land *73*
Promissory note *349*
Promote to customer *220*
Proprietor *366*
Proration *378*
Proxy *366*
Psychic income *74*
Public hanging *220*
Publicly traded company *308*
Pucker them *220*
Puffing your chest *294*
Pull an oar *133*

Pull him through a keyhole *133*
Pump and dump *308*
Punch list *366*
Push the button, turn the crank *74*
Pushing a ball uphill *134*
Pushing a bowling ball through a snake *75*
Pushing a string/rope *75*
Put the scotch to *134*

Q

Quality circle *294*
Quick and dirty *295*
Quick ratio *330*
Quid pro quo *366*
Quiet period *309*
Quorum *367*

R

R&D *330*
RACI *134*
Radioactive *76*
Ragged edge *186*
Raggedy Ann/Andy Syndrome *76*
Rainmaker *186*
Rapid prototyping *295*
Raspberry *260*
Reaching critical mass *152*
Real estate investment trust (REIT) *309*
Recapitalization *330*
Recourse *349*
Recourse loan *349*
Recycled meeting *379*
Red Cross money *77*
Red herring *309*
Red lining *349*
Refrigerator *295*
Regression analysis *331*
Regulation D *309*
Re-investable earnings *379*

Rent before we buy *221*
Rent-a-crowd *152*
Reps and warrants *379*
Repurposing *153*
Reserve *331*
Residual value *331*
Rest of the trees start to fall *221*
Rest the credit line *350*
Restructuring *331*
Retainage *367*
Retained earnings *331*
Return on equity (ROE) *331*
Return on investment (ROI) *332*
Return on sales *332*
Revenue leakage *186*
Reverbiagizing *153*
Reverse mortgage *350*
Revocable trust *367*
Ridge runner *261*
Riding to Abilene *221*
Rifle shot *77*
Right side of the balance sheet *332*
Right-brained *295*
Ring fence *379*
Ring the bell *78*
Roach motel stock *309*
Robbing Peter to pay Paul *332*
Rode the short bus *222*
Roll up *309*
Rome burning *135*
Ron time *295*
Rot at the head *78*
Rube Goldberg *295*
Rule 101 *350*
Rules of engagement *296*
Run it up the flagpole *261*
Run rate *332*
Runaway email *187*
Running on the hub *79*
Runway *187*

S

Sacred Cow *261*
Safe harbor *368*
Sand below our feet *262*
Sand in the gears *79*
Sarbanes-Oxley Act *368*
Save from bacon *135*
S-Box *367*
Scalability *262*
Scalded cat *187*
Scalping *79*
Scarlet letter *223*
Scars on my body *80*
Scientific/sophisticated wild ass guess (SWAG) *262*
Scorched earth *80*
S-corporation *367*
Screwdriver shop *223*
Scrip *350*
Scrub it *263*
Scut puppy *223*
Scuttlebutt *224*
Seagull management *135*
Secured creditor *350*
Securities Exchange Commission (SEC) *309*
Securitization lender *351*
Securitized *351*
See some wood *81*
See-through *368*
Seed capital / seed money *296*
Segue *379*
Self-directed IRA *369*
Sell it or smell it *153*
Send a Christmas card *81*
Senior debt *351*
Septic tank level *136*
Sevareid's Law *81*
Severally and jointly *369*
Sex without marriage *263*
Shake and bake *82*
Sharing teeth *82*
Sharpest knife in the drawer *224*

Shipment contract *369*
Shit doesn't stink *83*
Shitdisturber *83*
Shoot and then aim *137*
Shooting star *296*
Short-term debt *332*
Shotgun approach *137*
Shotgun clause *263*
Shout from the tower *83*
Shovel instead of a spoon *84*
Shrink report/test *224*
Shrinkage *332*
Sight letter of credit *351*
Silent war *85*
Simple interest *333*
Simplified employee pension plan (SEP) *369*
Sister Mary's home for boys/girls *85*
Sitting on the nickel *188*
Skin in the game *86*
Skunk costs *188*
Skyscraper curse *137*
Sleep camel *225*
Sleeping beauty *264*
Slip the noose *86*
Slop guy *188*
Slow target *264*
Smoke and mirrors *138*
Smoke test *86*
Smoking gun *296*
Snake bit *87*
Soak time *87*
Soft paper report *87*
Solomon *138*
Sound bite *153*
Soup isn't made yet *265*
Soup to nuts *265*
Sources and uses of funds statement *333*
Spin him up *87*
Spinning our wheels *296*
Splitting the sheets *296*
Spousal IRA *369*
Square headed girlfriend *296*

Stag *296*
Stakeholder *310*
Stalking horse *139*
Standstill agreement *369*
Starter marriage *225*
Starters and runners *226*
Statement of cash flows *333*
Stem the tide *296*
Step up to the plate *297*
Sterile investment *297*
Stick to your knitting *88*
Sticky bottom *226*
Sticky site *297*
Stillborn *265*
Stirring the pot *88*
Stock sale *333*
Stop selling *154*
Stop the bleeding *297*
Straight-line depreciation *334*
Strategic firing *226*
Straw man *265*
Strengths, weakness, opportunities and threats (SWOT) *266*
Stress puppy *227*
Stress test *266*
Stub debt *297*
Sub prime loan *351*
Subordinated debt *351*
Subordination *352*
Subrogation *369*
Sucks like a Hoover *266*
Sudden wealth syndrome *267*
Sunk Costs *189*
Super Bowl indicator *297*
Superstitious knowledge *88*
Surgery with a butter knife *89*
Surgical hiring *297*
Surgical infusion *379*
Sweet spot *155*
Sycophant *90*
Synergy *379*

T

Tailspin *298*
Tainting *334*
Take a roll call *139*
Take away *90*
Take in strays/stray dogs *267*
Tangible asset *334*
Target rich *267*
Ten dollar solution *90*
Term sheet *352*
Testosterone poisoning *91*
That dog won't hunt *298*
The big print giveth and the small print taketh away *189*
The dance *91*
The farmer died *91*
The lick log *92*
The light is on, but nobody is home *227*
Theatre *92*
Things in the drawer *298*
Three finger booger *268*
Through the eyes — there aren't many bulbs there *227*
Throw in some Ginsu knives *155*
Thrown under the bus *92*
Thumb expert *268*
Time value of money *334*
Tin Handshake *269*
TINS *269*
Tired of dancing, ready to fuck *189*
Tombstone *189*
Ton of money *93*
Tone deaf *93*
Too close to the trees *139*
Toothpaste is out of the tube *94*
Top of the tower shouting *140*
Tort *370*
Tortious interference *370*
Totem pole *190*
Tough crowd *298*
Tourist *228*
Toxic boss *94*

Toxic worrier *228*
Train wreck envelope *95*
Training wheels *140*
Tranche *352*
Transparency *379*
Tree falls in the forest *95*
Triggering event *370*
Triple net lease (net-net-net lease) *370*
Tripping on midgets *96*
Trust slug *269*
Trustee *370*
Trying to catch a fal-ling knife *96*
Tszuj *97*
Tuition *97*
Turd in the punchbowl *97*
Turkey *298*
Turn the box upside down *269*
Turn the lights out *98*
Turnaround *334*
Turnover *334*

U

Uncollected funds *334*
Under the table *298*
Undercapitalized *335*
Underperforming asset *335*
Underwrite *353*
Union delegate *228*
Unrealized loss *335*
Unsecured creditor *353*
Upstream-downstream *335*
Use a gun on our private parts *98*

V

Value migration *155*
Value stream *99*
Vapor ware *99*
Variable cost *336*
VC fund *310*

Velvet coffin *100*
Venture capital *310*
Venture capital firm *310*
Verbal powder *100*
Vested *337*
Vetting or Vetted *270*
Victory lap *100*
Village is empty *228*
Violent agreement *140*
Viral marketing *298*
Viral site *299*
Voodoo math *190*
Voting rights *310*
Voting stock *310*
Vulture capitalist *191*
Vulture fund *310*
Vulture investor *310*

W

Walk on water *229*
Wallet biopsy *100*
Wallpaper *299*
Wallpaper the meeting *140*
War games *380*
Warm fuzzies *299*
Warrant *311*
Watchdog *299*
Watching the sausage being made *101*
Watered stock *299*
Watershed event *102*
Wave a dead chicken *229*
We eat our own dog food *156*
Weatherman syndrome *102*
Weeny window *191*
Whale *156*
What you don't know is worse than what you know *103*
When pigs fly *104*
Where the rubber meets the road *104*
Whipsaw *299*
Whisper down the lane *105*
Whistling past the graveyard *229*

White elephant *105*
White knight *299*
White noise *299*
White space opportunity *270*
Why keep a dog and bark yourself *106*
Wide eyed *141*
Widow-and-orphan stock *311*
Wiggle our hips *106*
Wild ass guess (WAG) *271*
Win or win *107*
Window dressing *300*
Winner's curse *300*
Without recourse *370*
WOMBAT *300*
Won't hear the bullet leave the chamber *107*
Won't hold water *271*
Wood is still rotten *107*
Woody *156*
Word of Mouse *191*
Working capital *337*
Wrapped our fish in that one *108*
Write-off *337*
Wrong side of the argument *108*

Y

Yard *300*
Yes man *300*
Yield *337*
You don't know what is right, but you know what is wrong (or vice versa) *109*
You won't find that pony in my stable *191*
Your baby is ugly *271*

Z

Zero drag employee *229*
Zero-sum game *300*
Zilch *337*
Zombies *230*

КНИГИ — ПОЧТОЙ

www.p-evro.ru

Все цены даны с учетом пересылки

Автор	Название книги	Кол-во стр.	Цена руб.
\multicolumn{4}{c}{Проект «Психология — лучшее»}			
Р. Бэндлер	НЛП в действии. Лучшие экспресс-техники НЛП для психологов, консультантов и психотерапевтов	224	248
М. Уорден	Семейная психотерапия. Диагностика, техники, секреты мастерства	320	248
Под ред. А. А. Реана	Психология развития личности. Средний возраст, старение, смерть	384	315
Л. Кэмерон-Бэндлер	Лучшие техники в семейной терапии. С тех пор они жили счастливо	288	248
Л. Кэмерон-Бэндлер, М. Лебо	НЛП. Интенсивный курс управления психикой. Заложник эмоций	256	240
Л. Кэмерон-Бэндлер, Д. Гордон, М. Лебо	Экспресс-курс гениальности с помощью НЛП. Ускоренное приобретение любых навыков. ЭМПРИНТ-метод	352	327
Ш. Берн	Гендерная психология. Законы мужского и женского поведения	320	298
Л. Берковиц	Агрессия: причины, последствия и контроль	512	376
Дж. Палмер, Л. Палмер	Эволюционная психология. Секреты поведения Homo Sapiens	384	340
С. Андреас, К. Андреас	50 психологических приемов, которые обязан знать каждый психолог-практик. Сердце разума	352	320
Б. Боденхамер, М. Холл	НЛП-практик: полный сертификационный курс. Учебник магии НЛП	448	339
М. Холл, Б. Боденхамер	НЛП-мастер: полный сертификационный курс. Высшая магия НЛП	544	370
А. А. Реан	Психология личности. Социализация, поведение, общение	416	312
М. Палуди	Женская психология	384	272
Р. Бэндлер, Дж. Гриндер	Структура магии. Главная книга по НЛП в мире. Т. I и II	384	319
У. Крэйн	Психология развития человека. 25 главных теорий	512	350
Г. Лефрансуа	Прикладная педагогическая психология	576	416
Р. Вердербер, К. Вердербер	Психология общения. Тайны эффективного взаимодействия	416	376
Д. Гриндер, Р. Бэндлер, Дж. Делозье	Паттерны гипнотических техник Милтона Эриксона	416	293

Автор	Название книги	Кол-во стр.	Цена руб.
Д. Майерс	Социальная психология. Интенсивный курс	512	324
Н. Смит	Психология. Современные системы	544	336
Б. Мещеряков	Психология. Тематический словарь	448	255
У. Диксон	Двадцать великих открытий в детской психологии	448	322
С. Андреас	Эффективная психотерапия. Паттерны магии Вирджинии Сатир	224	235
М. Холл, Б. Боденхамер	51 метапрограмма НЛП	256	296
А. Реан	Психология подростка	480	367
Р. Солсо, К. Маклин	Экспериментальная психология	480	252
Р. Хок	40 исследований, которые потрясли психологию	512	341
М. Холл	НЛП-тренинг. Увеличение силы ваших способностей	320	251
Под ред. Б. Г. Мещерякова, В. П. Зинченко	Современный психологический словарь	496	327
Ч. Венар, П. Companies Кериг	Психопатология развития детского и подросткового возраста	672	498
З. Фрейд	Введение в психоанализ	608	378
С. Хеллер, Т. Стил	Интенсивный курс гипноза. Монстры и волшебные палочки	256	255
Э. Аронсон	Общественное животное. Введение в социальную психологию	416	267
А. А. Реан, А. Р. Кудашев, А. А. Баранов	Психология адаптации личности. Анализ. Теория. Практика	480	289
А. А. Реан	Психология детства: учебник	352	251
А. А. Реан	Психология и психодиагностика личности. Теория, методы, исследования, практикум	256	245
Д. Гриндер, К. Бостик Сент-Клер	Шепот на ветру. Новый код в НЛП	448	265
Проект «Большая университетская библиотека»			
Дж. Прохазка, Дж. Норкросс	Системы психотерапии. Для консультантов, психотерапевтов и психологов	384	577
Р. Л. Аткинсон, Р. С. Аткинсон, Э. Е. Смит и др.	Введение в психологию	816	784
Под ред. Б. Мещерякова, В. Зинченко	Большой психологический словарь	672	578
Р. Фрейджер, Дж. Фейдимен	Личность. Теории, упражнения, эксперименты	704	649

Автор	Название книги	Кол-во стр.	Цена руб.
И. М. Кондаков	Психология. Иллюстрированный словарь	784	703
Э. Мэш	Детская патопсихология. Нарушения психики ребенка	512	620
Н. Сандберг, А. Уайнбергер, Дж. Таплин	Клиническая психология. Теория, практика, исследования	384	620
Р. Комер	Патопсихология поведения. Нарушения и патологии психики	640	840
А. А. Реан	Психология человека от рождения до смерти	656	625
А. А. Реан	Социальная педагогическая психология	576	380
Д. Майерс	Социальная психология в модулях	320	360
Проект «Лучшие психотехнологии мира»			
Р. Бэндлер, Дж. Ла Валль	Технология убеждения. Гений коммуникации. Продать за 60 секунд	256	270
Л. Кэмерон-Бэндлер, М. Лебо	НЛП. Интенсивный курс управления психикой. Заложник эмоций	256	270
С. Андреас, К. Андреас	50 психологических приемов, которые обязан знать каждый психолог-практик. Сердце разума	352	327
Л. Кэмерон-Бэндлер	Лучшие техники в семейной терапии. С тех пор они жили счастливо	288	270
Р. Бэндлер, Дж. Гриндер	Структура магии. Главная книга по НЛП в мире. Т. I и II	384	293
С. Андреас	Эффективная психотерапия. Паттерны магии Вирджинии Сатир	224	245
М. Холл, Б. Боденхамер	51 метапрограмма НЛП	256	297
Н. Еремеева	100 игр и упражнений для бизнес-тренингов	128	160
Д. Гриндер, К. Бостик Сент-Клер	Шепот на ветру. Новый код в НЛП	448	312
Д. Гриндер, Р. Бэндлер, Дж. Делозье	Паттерны гипнотических техник Милтона Эриксона	416	293
Б. Боденхамер, М. Холл	НЛП-практик. Учебник магии НЛП	448	350
М. Холл, Б. Боденхамер	НЛП-мастер. Высшая магия НЛП	544	375
Л. Кэмерон-Бэндлер, Д. Гордон, М. Лебо	Экспресс-курс гениальности с помощью НЛП. Ускоренное приобретение любых навыков. ЭМПРИНТ-метод	352	240
М. Холл	НЛП-тренинг. Увеличение силы ваших способностей	320	367
З. Фрейд	Введение в психоанализ. Лекции	608	355

Автор	Название книги	Кол-во стр.	Цена руб.
Р. Бэндлер	НЛП в действии. Лучшие экспресс-техники НЛП для психологов, консультантов и психотерапевтов	224	270
Проект «Научный бестселлер»			
Л. Берковиц	Агрессия: причины, последствия и контроль	512	384
Дж. Палмер, Л. Палмер	Эволюционная психология. Секреты поведения Homo Sapiens	384	361
Р. Кайл	Развитие ребенка	640	315
Б. Мещеряков, В. Зинченко (ред.)	Современный психологический словарь	496	350
М. Аргайл, А. Фернам	Деньги. Секреты психологии денег и финансового поведения	478	270
К. Штайнер	Обратная сторона власти. Прощание с Карнеги	256	170
М. Нэпп	Невербальное общение. Мимика, жесты, движения, позы и их значение	512	311
Р. Хок	40 исследований, которые потрясли психологию	512	325
З. Фрейд	Введение в психоанализ. Лекции	608	370
Д. Мацумото	Человек, культура, психология. Удивительные загадки, исследования и открытия	672	540
Ш. Берн	Гендерная психология. Законы мужского и женского поведения	320	330
Проект «Гарвардская школа бизнеса»			
Д. Йоффе, М. Квэк	Дзюдо стратегия. Как сделать силу конкурентов своим преимуществом	176	344
Д. Залтман	Как мыслят потребители	384	245
Проект «Современные бизнес-технологии»			
Р. Бэндлер, Дж. Ла Валль	Технология убеждения. Гений коммуникации. Продать за 60 секунд	352	270
Дж. Мэннинг, Б. Рис	Больше, чем МВА. Современный учебник продаж	576	380

ВНИМАНИЕ!
Цены указаны с учетом почтовых расходов по состоянию на сентябрь 2008 года.

Перечисленные книги возможно приобрести наложенным платежом, направив заказ по адресу Службы «Книга-почтой»:
195197, Санкт-Петербург, а/я 46, Богатыревой Е. Н.

Книги также можно заказать по телефону: **(812) 927-27-93**,
или на сайте www.p-evro.ru

Полный каталог Службы «Книга-почтой» высылается по заявке БЕСПЛАТНО.

По вопросам приобретения книг оптом обращайтесь по телефонам:
Москва: **(495) 232-17-16, 615-01-01**, Санкт-Петербург: **(812) 365-46-04**